KB049006

비교평화연구회 총서

분쟁의 평화적 전환과 한반도

비교평화연구의 이론과 실제

서보혁
권영승
엮음

박영사

서문

　잠시 2017년 후반 이후 한반도 정세를 더듬어보자. 2018년 1월 북한 김정은 정권이 평창 동계올림픽에 참가한다고 밝혔을 때, 우리 국민들은 불안했던 가슴을 쓸어내렸다. 2017년 북한은 6차 핵실험(9.3)과 장거리미사일 시험발사(11.29)를 감행하며 미 본토까지 핵공격할 능력을 시위하며 트럼프 행정부와의 대결을 최고조로 끌어올렸다. 그러다가 평창 올림픽 참가를 시작으로 일련의 남북, 북중, 그리고 최초의 싱가포르 북미정상회담을 진행하며 평화구축에 나서는 듯하였다. 김정은 국무위원장은 문재인 대통령과의 판문점 정상회담에서 "완전한 비핵화"에 합의했을 뿐 아니라, 이후 풍계리 핵실험장을 붕락시키고 동창리 미사일 시험발사대를 폐쇄하며 2차 북미정상회담을 준비했으니, 2018년만해도 평화 프로세스가 개시됐다고 말하는 것이 틀리지 않아 보였다. 그러나 2019년 2월 말 하노이에서 트럼프 대통령이 김 위원장과 영변 핵시설 해체와 제재 완화를 교환하는 소위 스몰 딜(small deal)을 거부하고 빅딜(big deal)을 추구하자, 회담은 결국 노 딜(no deal)로 끝나버렸다. 그 후 북한은 남한은 물론 미국과 협상의 문을 닫고 핵억지력에 기반해 고립적 발전전략을 추진하고 있다. 그리고는 지난 8월 김정은 정권은 그간의 경제발전 전략이 실패했음을 인정하고 내년 1월에 8차 노동당대회를 개최할 것이라고 밝혔다. 이와 같이 한치 앞을 보기 어렵고, 패턴이 보이지 않는 것 같은 패턴에 직면하여 한반도 평화를 전망하는 것이 가능한 일인가 생각해 보게 된다.

한반도 평화를 연구하는 대부분의 사람들은 북한의 행동을 집중 관찰하고 관련국들의 정책도 분석하고 있다. 그런 가운데 한국의 전문가들은 학술연구, 정책연구를 막론하고 한반도 평화구축을 위해 살아 움직이는 이해당사자들의 행동과 그 의도, 전망, 나아가 정책대안을 생각한다. 이때 '살아 움직이는' 이란 말은 역동적이란 뜻도 있지만, 여기서는 관찰과 분석으로 부적절한 대상을 말한다. 종결된 사건이나 굳어져버린 행위자를 연구할 때의 객관성이 이들 살아 움직이는 당사자들에 대한 연구에서는 근본적으로 한계가 있을 수밖에 없다. 그렇다고 한반도에 거주하는 모든 사람들의 생존과 직결된 문제를 객관성이 떨어진다고 포기할 수도 없는 노릇이다. 사실 한반도 문제를 연구하는데 연구 범위를 한반도로 한정하는 것은 지루하고 역동적이지 않은 경우가 비일비재하다. 나아가 한반도 평화가 동아시아와 세계의 평화와 무관하지 않는 것이 명백한데, 한반도 연구를 한반도에 국한시켜 연구하는 것을 시급성의 문제로 정당화 할 수 있는지도 회의가 든다. 이렇게 비교평화연구가 필요한 이유는 한둘이 아니다.

국제 평화연구계에서는 적어도 냉전이 해체되는 시기에 들어서면서 지역과 이슈에 걸쳐 다양한 방식으로 비교평화연구를 전개해왔다. 분쟁데이터를 축적하며 양적 비교연구를 하거나, 분쟁종식 직후 평화정착의 양태와 그에 대한 평가 작업을 하거나, 평화구축의 성공·실패에 관한 요인분석을 하거나, 특정 주제에 관한 비교분석을 하거나, 페미니즘(feminism)과 생태주의 등에 기반한 비판적 논의에 초점을 두거나 등등.

사실 비교는 모든 분과 학문에서 통용되는 기본적이고 일반적인 연구방법이지만, 유독 한반도 평화연구에서는 비교가 거의 이루어지지 않았다. 물론 비교가 전혀 없었던 것은 아니다. 가령, 김정일 정권과 김정은 정권의 통치이념 비교, 혹은 노무현 정부와 이명박 정부의 대북정책 비교와 같이 한반도 문제 내의 소주제별 비교는 이어져왔다. 그러나 한반도 평화와 타 지역의 평화 문제를 비교하는 경우는 거의 찾아보기 어렵고, 그런 연구가 한국국제정치학계에서도 자리잡지 못하고 있다. 한반도 평화정착을 위해 한반도 문제를 연구하기에도 벅차기 때문이었을까? 연구집단 안팎의 원인이 함께 작용했을 것이고, 그 중 대부분은 좋지 않은 관행 때문일 것이다. 한국의 작은 연구집단 규모에서 학술연구와 정책연구가 분화되어 각기의 방식으로 연구하다가 필요시 협업하는 연구 여건과 관행이 정착되지 못한 탓도 크다. 그러나 비교 없이 학문 발전은 한계가 크고, 특히 평화연구에서는 그 의의가 더욱 크다.

다른 분야와 마찬가지로, 그러나 더 뚜렷하게 평화연구는 규범적 차원과 분석적 차원을 함께 갖고 있다. 여기서 비교가 생략되면 평화연구는 규범과 분석이 연결되지 못하고 편중된 도덕과 건조한 관찰 중 어느 한쪽으로 빠지기 십상이다. 비교는 평화연구에서 연구자가 뽐낼 기교가 아니라 필수적으로 밟아야 할 연구방법이다. 우리에게 시급한 한반도 평화문제조차 비교를 건너뛰면 그 연구의 타당성이 낮고 그 결과가 정책에 기여할 바도 작을 수밖에 없다. 비교평화연구회가 창립한 이유, 여기에 뜻을 같이한 20여 명의 동료 연구자들이 만난 이유가 여기에 있다.

비교평화연구회가 창립한 지 2년이 지나가고 있다. 그 사이 연구 동아리 수준에서 시작해서 이 책을 발간할 정도로 걸어왔다. 약간 명의 평화활동가과 교육학 전공자가 있지만 대부분 정치학자들이다. 물론 정치학자들의 전공은 비교정치, 국제정치에서부터 북한연구를 포함해 지역연구자들도 있어 단조롭지는 않다. 그런 다양성으로 인해 이 책을 다채롭게 만들어낼 수 있었다. 그럼에도 평화연구는 정치학, 나아가 사회과학만으로 확립하기 어려운 존재론적 특성을 갖는다. 평화는 모든 인류의 소망이고, 모든 인류를 위한 것이므로 그에 기여하는 학문도 사회과학은 물론 인문학과 자연과학도 함께 할 때 완성에 이를 수 있다. 이는 (비교)평화연구의 운명이고 방향이다.

코로나19 사태를 계기로 유엔과 바티칸을 비롯한 세계 곳곳에서 분쟁 중단을 호소하고 코로나 극복을 위한 연대를 호소하고 있다. 코로나19 사태 이전과 이후의 세계평화를 비교하고 그 함의를 찾는 일도 평화학도가 할 일이다. 미증유의 국면으로 들어서는 인류의 발걸음이 혐오와 배제가 아니라 평화와 협력으로 나아가기를 기대한다.

이 책을 출간하는데 필자들뿐만 아니라 비교평화연구회의 다른 모든 회원들이 함께 해주었다. 필자들은 자기 연구와 업무가 있는 가운데 원고를 쓰고 고치고 편집에 동참해주어서 특별한 고마움을 전해드리고 싶다. 연구회의 다른 동료들은 초고 발표시 유익한 토론을 해주며 출간에 동참하였다. 코로나19와 한여름이 겹쳐 출판계 사정이 극도로 곤란한 가운데 출간을 결정해주신 박영사 안종만 회장님과 편집을 맡아주신 한두희 선생님에게도 감사드린다. 이 책이 학계는 물론 평화정책 및 운동계에 비교평화연구의 필요성과 의의를 공유하는 계기가 되길 기대해본다.

2020년 10월

비교평화연구회 회장 서보혁

목차

서론

연구의 목적과 범위

서보혁

I. 문제의 제기

답답할 때는 먼 산을 보라고 누가 말했던가?

일이 잘 풀리지 않을 때는 마음이 복잡해지고 생각하던 길도 엉클어진다. 그럴 때 먼 산이나 푸른 하늘을 보면 마음이 차분해지고 생각이 정돈되는 경험이 있을 것이다. 그럼 답답하기 짝이 없는 한반도 상황에서도 먼 산을 보면 평정심을 찾을 수 있을까, 나아가 어떤 해법의 단서를 발견할 수 있을까? 단지 2018년 평화 무드가 2019년 2월 말 이후 깨어지고 방향을 잃어버린 2020년 상황만을 두고 말하는 것은 아니다.

냉전체제가 붕괴된 지 30년이 지나고, 한국전쟁이 발발한 지 70년이 지나고도 언제 평화가 정착되고 언제 통일을 달성할 수 있는지를 가늠하기 어려운 현실이 한반도에 사는 사람들의 어깨를 짓누른다. 남·북한, 미국 할 것 없이 한반도 평화와 통일에 관한 입장이 왔다 갔다 했고, 많은 경우 소극적이었다. 그 이면에 장기간의 적대와 불신에 익숙할뿐만 아니라 유무형의 이익 구조가 발생해 거기에 이해관계를 가진 집단의 힘이 커진 것은 아닐까. 장기분쟁(protracted conflict), 혹은 고질적분쟁(intractable conflict)이라고 불리는 데에는 그 요인이 복잡할 뿐만 아니라, 관련 이해집단의 태도가 경직된 공통점이 있다.[1] 분단과 전쟁 이후 70여 년의 군사적 대치와 이념적 대결을 지속하고 있는 한반도는 전형적인 고질적 분쟁, 혹은 장기분쟁 사례이다. 그런데 한반도와 유사한 분쟁의 평화적 전환 사례들로부터 함의를 얻을 비교연구는 왜 보기 어려운가? 반복되는 북한의 행태나 미국의 입장만 관찰하면 지겹기도 하거니와 그로 인해 자유롭고 창의적인 발상이 제한되어온 것은 아닌가?

2017년까지 약 10년 간의 긴장과 대결 국면을 지나 2018년 조성된 한반도 평화 무드는 극적이었다. 평창, 판문점, 싱가포르, 평양 등을 거친 평화 무드는 세계여론의 주목을 받기에 충분했다. 무엇보다 한반도에서 살고 있는 사람들에게 평화에 대한 관심과 평화구축(peacebuilding)에 참여할 의지가 크게 높아졌다. 그 단적인 예가 언론과 시민단체에서 평화에 관한 담론이 활발해진 것이다. 어려운 출판계 여건 속에서도 개론서나 교양서 수준의 평화 도서도 눈에 띄게 출간되었다. 그 과정에서 평화는 우리의 마음이다, 우리의 삶이다, 믿고 공존하는 것이다, 그러기 위해서는 공감과 이해가 중요하다, 나아가 인간답게 살 정도의 경제적, 문화적 수준이 올라가야 한다 등등의 이야기가 퍼져갔다. 그러나 '어떻게'에 관한 설득력 높은 논의는 찾아보기 어려웠다. 이 책의 필자들은 그것이 비교의 결핍에서 온 것이라 판단했다.

이상의 얘기를 통해 이 책의 집필에 참여한 사람들의 문제의식을 읽을 수 있을 것이다. 세계에는 그 배경과 원인, 형태 등에 있어 무수한 갈등이 있고, 그 중 물리적 충돌을 초래하는 경우도 적지 않고, 그것이 장기 지속하는 경우도 어렵지 않게 볼 수 있다. 이 책에서 쓰고 있는 '분쟁'은 물리적 충돌을 띠는 갈등으로 정의하고 있다. 그런 사례들 중 20~30년이 넘는 분쟁을 장기분쟁, 고질적 분쟁으로 말할 수 있다. 한반도가 그렇고, 이 책에서 다루는 대부분의 사례들도 고질적 장기분쟁에 해당한다. 한반도와 같이 고질적 장기분쟁 사례가 적지 않은데, 유사분쟁사례들의 평화적 전환으로부터 한반도 평화에 주는 함의와 시사점을 얻고자 하는 취지가 이 책을 집필하게 된 동기이다. 물론 그런 문제의식은 객관적인 연구를 거쳐야 적절한 발견으로 이어질 것이다.

그렇다고 이 책이 꼭 한반도 평화라는 목적의식 하에 관련 이론과 사례를 편파적으로 선정한 것은 결코 아니다. 분쟁이라 하더라도 그 배경과 형태가 다를 것이고 그 가운데 어떤 요인들이 모이면 분쟁의 평화적 전환이 가능할 것이다. 이 추론은 평화학, 혹은 분쟁연구에서 기본적인 명제이다. 집필자들은 이런 학술적 관심을 당연히 갖고 있고 각각 이론적 검토 혹은 사례 연구를 통해 비교의 안목을 넓히는데 공감대를 형성했다. '비교'는 인간관계에서는 지양할 바이지만 사회과학에서는 기본적인 연구방법이다. 평화학이 분쟁과 평화에 관한 연구의 체계라고 한다면, 평화학은 객관적 연구와 주관적 정책개발을 겸한다. 그 하위 범주인 비교평화연구도 마찬가지이다. 다만, 비교를 통해 평화학의 정향(orientation)을 보다 구체적이고 정확도 높게 추구하는 것이다.

평화가 가장 절실한 곳에 그동안 비교평화연구를 찾아보기 어려웠던 것은 연구자집단의 게으름과 '빨리빨리'를 요구하는 연구자집단 밖의 압박이 함께 작용한 탓이다. 그 결과가 반복되는 행태－대화와 압박, 개입과 무시 등－를 보이는 북한과 미국만 지켜보는 것이다. 균형은 그 사이를 바로잡는(?) 무게중심 같은 것으로 여겨졌는데 그 실체는 모호하기 짝이 없다. 비교분석 하지 않은 지적 게으름과 당장 대북정책, 한미공조 방안을 요구하는 정치권과 여론의 압력이 사려 깊고 타당성 높은 비교 평화연구를 방해해온 것이다. 물론 이를 극복하는 것은 문제의식을 가진 사람들의 몫이다. 그것은 연구자집단 내부에서 출발하지 결코 외부에서 시작하지 않는다.

정리하자면 이 책의 연구목적은 첫째, 분쟁의 평화적 전환을 다각적인 원인 규명을 통해 설명하고, 둘째, 그런 논의들이 한반도 평화정착에 주는 시사점을 얻는데 있다.

Ⅱ. 연구의 범위와 방법

이 책에서 다루는 주제는 '분쟁의 평화적 전환'이고 그 범위는 이론과 사례를 망라하는데, 이론에 바탕을 둔 비교연구가 주를 이루기 때문에 사례가 많이 차지하고 있다.

평화학의 입장에서 볼 때 모든 사례는 크게 분쟁, 전환, 평화 등 세 영역으로 구성된다. 과거에는 분쟁과 평화로 이분하기도 했지만, 평화를 결과보다 과정으로 보는 시각이 늘어가면서 전환에 대한 관심이 높아졌다. 이때 전환이 폭력과 평화, 두 방식으로 전개될 수 있는데 평화구축을 염두에 둘 때 폭력적 전환은 별도로 논의하는 것이 적합하다. 왜냐하면 폭력적 전환을 거친 평화구축이란 성립 불가능한 이론이다. 다만 실제 그런 경우를 비판적으로 논의할 수는 있을 것이다. 그래서 분쟁 이후 평화구축은 '평화적 전환' 단계를 상정해 논의한다. 그렇다고 해도 평화적 전환의 정의, 성립 조건 혹은 시기 구분 등 다룰 문제가 작지 않고 그에 관한 이론이 통일되어 있는 것은 아니다. 평화적 전환의 시작이 분쟁 종식이라는 데는 이견이 없지만 그 끝이 무엇인지는 합의가 없다. 이 책에서도 마찬가지이다. 다만 이 책에서는 평화적 전환의 조건으로 분쟁이 재발하지 않는다는 점을 제시하고, 평화협정을 평화적 전환의 주요 지점으로 삼고 있다. 평화적 전환의 끝은 평화구축의 시작과 겹칠 수 있고, 특히 평화협정 체결 이후의 전환을 평화구축의 전 단계나 1단계로 간주할 수도 있다.

이 책에서 다루는 이론(제1부)은 분쟁의 평화적 전환과 평화구축에 관한 두 시각에 관한 것이다. 위로부터의 평화는 국가를 비롯한 정치집단이 주 행위자로서 정치적 타협의 결과로 합의사항을 위계적으로 이행하는 방식을 말한다. 아래로부터의 접근은 다양한 사회·경제집단이 위로부터의 접근과 경쟁하거나 보완하는 자발적 방식을 말한다. 1장에서 평화적 전환과 평화구축은 이 두 접근이 병행해 시너지 효과를 낼 때 가능함을 이론과 사례로 논증하고 있다. 2장은 분쟁의 평화적 전환에 관한 이론적 논의를 관련 개념 검토를 바탕으로 전환을 가져오는 대내외적 요인 분석으로 이어간다. 나아가 이론적 논의를 북아일랜드 평화프로세스에 적용하며 전환의 이론적 타당성을 논증하고 있다.

비교사례연구는 제2~3부에서 8개 분쟁사례를 통해 진행되고 있다. 시간적 범위는 제2차 세계대전 이후부터 현재까지이다. 시간 범위를 보면 제국주의 시대, 냉전체제의 형성과 붕괴 등 국제질서 변화, 해당 분쟁 지역에서의 식민통치와 강대국들의 관계가 배경으로 작용함을 알 수 있다. 공간적으로는 발칸반도, 아프리카, 근동 지역, 남아프리카, 서남아시아, 동남아시아 등인데 지역적 대표성이 없고 임의로 선정된 결과일 뿐이다. 다만, 분쟁 사례를 내전(제2부)과 국제전(제3부)으로 유형화 하고 있는데, 여기서는 개별 사례를 묶는 정도의 의미밖에 없다. 분쟁의 성격이 그 양상 및 해결 방향에 미치는 영향에 관한 연구는 많이 진행되어왔다. 결론에서 이와 관련된 함의를 토의하고 있다.[2]

평화의 내용(contents)과 그 정향은 연구 범위와 방법에 걸쳐 있는 문제로서 여기서 짚고 넘어갈 필요가 있다. 이 책에서 다루는 9개 분쟁 사례(북아일랜드 포함)는 대부분 평화협정을 담고 있다. 이들 사례에서 평화협정은 분쟁 당사자 간 전쟁 종식 및 평화우호관계 수립을 기본 내용으로 하고 다양한 관심사들을 추가하고 있다. 내전의 경우 평화협정은 화해, 인권, 소수자집단, 토지, 정치제도 등을 포함하고 있다. 국제전의 경우 평화협정은 영토, 군축, 국교정상화 등의 문제를 다루고 있다. 즉 분쟁의 평화적 전환 단계에서 이루어지는 협상 방식과 그 결과가 평화구축의 방향을, 그와 함께 관련 집단 간 역학관계가 평화구축의 지속가능성을 규정한다. 이상 시간, 공간, 내용, 세 측면에서 연구 범위를 소개했다.

이 연구의 주된 연구방법은 다면 요인분석이다. 분쟁의 평화적 전환이 이루어진 원인을 분류하자면 ① 시간적으로는 오래된 원인(遠因)과 가까운 원인(近因), ② 개인, 사회, 국가, 지역, 세계 등 수준별 원인, ③ 영역별로는 정치, 경제, 사회, 군사, 이념 등으로 나눠볼 수 있다. 여기서는 영역별 원인을 대내적, 대외적 측면으로 묶어 이들 원인이 어떻게 상호작용하며 분쟁을 평화적으로 전환했는지, 혹은 그 전환이 실패했는지를 논의하고 있다. 사례분석을 읽어보면 알겠지만 이들 원인들이 묶이는 방식에 따라 평화적 전환이 원만한 경우도 있고, 반대로 난항을 보이는 사례도 있다.

결론은 본문의 논의를 요약하고, 개별 사례들의 분석을 종합해 한반도 평화정착에 주는 함의와 시사점을 몇 가지 측면에서 토의하고 있다. 이 책이 앞서 밝힌 두 연구목적을 얼마나 달성했는지를 평가하는 것은 독자들의 몫이다. 다만, 이 책의 출간이 학술적으로는 국내에서 본격적인 평화연구를 자극하는 비교연구이자, 정책적으로는 한반도 평화구축을 궁리하는데 그 안목을 넓히는 계기가 되길 기대한다.

한국의 평화학도는 한반도 평화학이 세계 평화학과 소통하고 특색을 지닌 보편학문임을 증명할 즐거운 책무를 갖고 있다.

비교평화연구의 이론과 방법

평화로 가는 두 길: 위로부터의 평화와 아래로부터의 평화

차승주

Ⅰ. 시작하며

일상을 살아가면서 우리는 크고 작은 갈등을 끊임없이 경험하게 된다. 개인적 차원에서 노출되는 갈등에 더해 우리를 둘러싼, 또는 우리가 연루된 국가·사회적 갈등으로까지 범위를 확장해서 생각해 본다면 우리는 일상적으로 여러 층위의 분쟁에 노출되어 살아가고 있는 셈이다. 그런데 개인적 수준의 갈등은 물론이고 국가·사회적 수준에 이르기까지 갈등의 원인과 양상은 복합적이고 다층적이다. 원인이 단일하지도 단순하지도 않은 만큼 당연히 그 해결 또한 복잡하고 어려울 수밖에 없다.

분쟁과 갈등을 극복하고 평화를 구현하는 방법은 크게 보아 위로부터의 접근과 아래로부터의 접근으로 나누어 생각해볼 수 있다. 결과적으로 분쟁과 갈등을 끝내고 평화를 이루기까지의 모든 과정에서는 다양한 접근과 방법이 복합적으로 활용되겠지만, 분쟁과 갈등에서 평화로 나아가는 초기에 방향이나 분위기를 전환하는 결정적인 계기는 많은 경우 개인을 포함한 특정 주체가 조성할 수 있음을 우리는 역사를 통해 보아왔다.

분쟁과 갈등을 해결하고 평화를 구축하기 위한 위로부터의 접근은 분쟁당사국 정부나 정치지도자 또는 국제기구를 중심으로 한 국제사회가 주체가 되어 주로 정치적·법적·제도적 차원에서 문제 해결을 시도하는 방식을 의미한다. 이 경우 평화구축 과정은 최종적으로 평화협정 체결로 귀결되는 것이 일반적이다. 반면에 아래로부터의 접근은 종교, 교육, 시민사회 등이 주체가 되어 국가 간 또는 한 사회 안의 분쟁을 멈추고 아래로부터 평화를 만들어 가려는 움직임이다. 이 경우 평화구축 과정은 개개인의 의식을 변화시키고 분쟁 상대와의 만남·대화·협력을 통해 상호 간의 용서와 화해를 이루어내서 궁극적으로 한 사회 안에 또는 분쟁 국가 간에 평화의 문화를 확산시키고 정착시키는 것에 다름 아니다.

평화구축을 위한 이와 같은 위로부터의 접근 방법과 아래로부터의 접근 방법을 대표적인 사례를 중심으로 살펴보고자 한다. 이를 바탕으로 한반도의 평화구축을 위한 교훈을 모색해 보고자 한다.

Ⅱ. 분쟁과 갈등을 해결하는 큰 두 길

1. 위로부터의 접근

국가 간에 또는 한 사회 내에서 발생한 분쟁과 갈등을 해결할 수 있는 가장 직접적이고 공식적인 주체는 해당 국가의 정부일 것이다. 먼저 국가 간에 분쟁과 갈등이 발생한 상황에서 당사국 정부가 평화를 구축하는 주체로서 역할을 수행하는 가장 대표적인 방법으로 정상회담과 외교협상을 생각해 볼 수 있다.

정상회담은 두 개 또는 그 이상의 주요 국가 또는 집단을 대표하는 지도자들이 만나서 분쟁 해결을 시도하는 방법이다. 정상회담을 통하여 평화 구축의 계기를 마련한 대표적인 사례로는 1972년 닉슨과 마오쩌둥의 만남 그리고 1978~1979년 캠프 데이비드 협정을 이끌어낸 이집트 사다트 대통령의 예루살렘 방문과 이스라엘 베긴 수상과의 회동을 들

수 있다.[1] 분쟁 당사국 사이나 다자간 외교협상 또한 평화를 달성하는 매우 유용한 수단이 될 수 있다.

한편, 국가 내부에서 여러 사회구성원 또는 정치세력 간에 분쟁과 갈등이 발생한 경우에는 정부가 중재자로서 분쟁 해결을 시도할 수도 있고, 분쟁의 직접 당사자로서 협상에 임하는 주체 중 하나가 될 수도 있다. 이에 해당하는 대표적인 사례로 콜롬비아를 살펴볼 수 있다. 콜롬비아는 60여 년간 정부군과 좌·우익 불법무장조직 3자 구도 속에서 장기 내전으로 인한 폭력과 갈등의 역사를 이어왔으나 2016년에 마누엘 산토스(Manuel Santos) 정권은 국내 최대 불법무장조직인 콜롬비아 무장혁명군(FARC)과 평화협정을 체결하여 무력분쟁의 종식을 선언하였다.[2]

정부는 분쟁과 갈등의 종식뿐만 아니라 그 이후에 지속적으로 평화를 구축하는 과정에서도 중심적인 역할을 수행할 수 있는데, 그 대표적인 사례로는 남아프리카공화국과 에티오피아를 살펴볼 수 있다. 고질적인 분쟁과 갈등으로 다수의 사회구성원들이 오랜 시간 폭력에 노출되어온 사회의 경우, 분쟁과 갈등이 공식적으로 종료된 이후에 사람들 간에 화해를 이루어내고 정의를 회복하는 일이 평화를 구축하는 과정에서 필수적으로 요청된다. 이때 가장 널리 사용되는 방법이 이른바 '진실화해위원회'의 설립과 운영이다. 진실화해위원회는 대개 최근에 권한을 부여받은 정부에 의해 설립되어 과거의 악행과 잔혹행위의 진실을 밝히고 이를 바탕으로 오랜 시간 폭력으로 고통받은 사회구성원들의 치유를 촉진함으로써 사회적인 화해와 통합을 도모하는 것을 목적으로 한다. 이러한 '진실화해위원회'의 대표적인 모델로 1995년에 만들어져 3년간 활동한 남아프리카공화국의 '진실화해위원회(Truth and Reconciliation Committee)'를 들 수 있다.[3] 최근에는 아비 총리(2018.4~)의 주도적인 노력으로 적국 에리트레아와 국경문제 해결 및 관계개선을 위해 일부 영토를 전격 양보(2018.6)하며 종전선언과 평화협정을 체결한 에티오피아에서 종족(80여 개) 간 고질적인 갈등 해소를 위해 총리실 직속으로 '화합위원회'를 설립하였다. 이를 통해 이전 정부에서 반역·테러 등의 혐의로 유죄판결을 받은 재소자를 사면하는 등 국민통합을 모색하고 있다.

다음으로 제3자가 개입하여 분쟁과 갈등의 당사자들에게 도움을 주기도 하는데, 대표적으로 국제기구에 의한 중재 방식을 생각해 볼 수 있다. 3자 개입은 3자가 다른 나라들의 분쟁과정에 영향을 주어 자신이 선호하는 결과를 이끌어내려는 노력으로, 그 유형으로는 경제 제재, 외교적 노력, 평화유지군 파견과 같은 군사적 대응 등이 있다. 특히 국제기구는 관련 국가들이 만날 수 있는 장을 제공하고, 정보교환을 촉진하여 분쟁 가능성을 줄이고 문제를 평화적으로 해결하도록 영향을 행사하는 등 중재자로서의 역할을 수행하고 있다.[4] 경우에 따라서 국제기구는 무력 중재와 휴전 감독 활동, 국가 재건에 참여하기도 함으로써 평화구축 과정에 보다 적극적으로 관여하기도 한다.

2. 아래로부터의 접근

국가 간에 또는 한 사회 내에서 발생한 분쟁과 갈등을 해결하려는 아래로부터의 노력은 대표적으로 종교, 시민단체, 교육을 중심으로 추진될 수 있다. 종교계의 경우, 분쟁과 갈등의 현장에서 종교인들이 평화구축을 위해 힘쓰고 있을 뿐만 아니라 각 단체별로 분쟁과 갈등을 종식시키고 평화를 이루어내기 위해 보다 조직적이고 적극적인 노력을 기울이기도 한다. 그 대표적인 사례로 교황청에서 로마 가톨릭과 다른 종교와의 대화를 촉진시키기 위해 설립한 '종교간 대화 평의회(Pontifical Council for Interreligious Dialogue)'를 들 수 있다. 이는 제2차 바티칸 공의회에서 비그리스도교와 교회의 관계에 대한 선언으로 로마 가톨릭과 다른 종교와의 관계개선이 천명됨에 따라 로마 가톨릭과 다른 종교 간의 상호 이해와 교인들 간의 협력을 촉진하기 위해 설립되었다. 또한 교황청이 중재자로서 적극적인 역할을 수행하기도 하는데, 오랫동안 적대했던 쿠바와 미국이 프란치스코 교황의 중재에 힘입어 2014년 12월 17일 관계 정상화 선언을 한 사례가 대표적이다.

다양한 분야에서 활동하고 있는 국내외의 비정부기구들(NGOs) 또한 분쟁과 갈등의 현장에서 평화를 구현하고자 노력하는 중요한 주체이다. 여러 비정부기구들 중에서 평화운동에 보다 초점을 맞추어 활동하고 있는 단체들을 영(Nigel Young)은 다음과 같이 분류하였다.[5]

[표 1-1] 평화운동의 분류법

전통	사례
종교적 평화주의	'우정사회(퀘이커)', '팍스 크리스티나(가톨릭)', '화해의 연대'
자유주의적 국제주의	국가평화의회, 세계군축운동
징집반대	전쟁저항연맹, 국제사면기구
페미니스트적 반군국주의	평화를 위한 여성, 평화와 자유를 위한 여성의 국제연맹
생태학적 평화주의	그린피스, 녹색당
공산주의적 국제주의	세계평화위원회
핵 평화주의	핵군축을 위한 운동(CND), 유럽핵군축(END), 사회적 책임을 위한 과학자 협회, 핵전쟁예방을 위한 국제 의사협회, 핵무기 철폐를 위한 국제운동 등

한편, 교육을 통해 분쟁과 갈등을 극복하고 평화를 구축하기 위해 노력한 사례로는 북아일랜드의 경험을 참고해 볼 수 있다. 평화구축을 위한 북아일랜드의 교육적 노력은 '벨파스트 평화협정'이 체결되기 이전과 이후로 구분하여 살펴볼 수 있는데, 벨파스트 평화협정이 체결되기 이전에는 '상호이해교육(Education for Mutual Understanding)'[6]이 북아일랜

드 상황에 맞는 분단국 갈등해소를 위한 평화교육 모형으로 사용되었다. 그러나 벨파스트 평화협정 체결 이후에는 영국 정부의 교육정책 변화에 따라 평화, 인권, 민주주의 교육이 통합된 '민주시민교육'으로 대체되었다. 평화교육은 폭력과 갈등을 방지하기 위한 예방적 성격을 갖지만 동시에 체제개선을 통한 평화유지의 성격도 지니게 되는데, 이런 점에서 북아일랜드의 '상호이해교육'이 평화를 준비하고 창출해 내기 위한 단계에서의 교육이었다면, '민주시민교육'은 평화체제 이후에 미래를 준비하며 사회통합을 지향하는 교육이라 할 수 있다.[7]

또한 북아일랜드의 평화회담 진행과정에서 종교 지도자들은 교구를 중심으로 한 평화교육을 통해 정치적으로 상당한 영향력을 행사하기도 하였다. 교회와 학교는 지역사회에서 결합해 상호이해교육을 확산하는데 기여했다는 평가를 받고 있다. 북아일랜드의 평화교육에서 종교의 역할을 정리해 보면 다음과 같다.[8]

[표 1-2] 종교 기반의 북아일랜드 평화교육 활동 사례

활동 기구	평화 개념	프로그램	GO/NGO 협력
Irish School of Ecumenics	분파주의적 폭력을 극복하고 화해를 이루는 것	접경지역에서의 화해교육 지역사회 신학 강좌 중간 지도자 훈련	대학원 운영을 위한 국가보조, 정부 자문, 각종 프로젝트
Corrymeela	폭력이 아닌 용서와 화해를 통한 기독교 공동체	청소년 평화교육, 썸머캠프, 지도자 교육, 학교 연계교육	프로젝트 참여
Youth Link	다양성, 상호의존, 공존, 평등이 어우러진 공동체	교구지역사회 실태조사, 중간 지도자 교육, 교육자료 개발	정부 위원회에 참가 프로젝트 참여
Church Government Committee	지역사회 내에서 폭력이 사라지고 공존하는 것	지역 통합 목회 기독교 강좌 지역갈등 조사	교회-정부 위원회에 참여하면서 각종 권고

Ⅲ. 두 접근을 통한 분쟁 해결

1. 위로부터의 평화구축

위로부터 평화를 구축하는 대표적인 방법으로 크게 제3자의 개입으로 이루어지는 중재의 방식과 분쟁당사들 간에 이루어지는 협상의 방식을 생각해 볼 수 있다. 영토분쟁을 해결하는 과정에서 UN이나 지역 국제기구의 역할도 중요하다. 대부분의 경우 국제기구는 분쟁당사국들의 행위를 조정하기 위하여 분쟁당사국들에게 직접 교섭을 권장하거나 법적 수단에 회부할 것을 권고하는 방식을 사용하는데, 경우에 따라서는 효과적인 기법을 제공하기도 한다.[9] 이 중에서 지역 국제기구의 중재로 분쟁과 갈등을 평화적으로 해결하거나 관리한 사례로 리비아-챠드 국경분쟁, 수단 분쟁, 케냐 분쟁을 꼽을 수 있다.

먼저, 리비아-챠드 국경분쟁[10]의 경우, 양국 사이에서 중재하며 평화구축의 중심적인 역할을 한 주체는 아프리카연합기구(OAU)였다. OAU는 양 당사자에게 국제사법재판소(ICJ)에 분쟁을 회부할 것을 권장하였고, 그 후 판결이 내려졌을 때 유엔의 감시단이 안전보장이사회에 의하여 설립되어 그 판결이 이행되는 것을 도와주었다.[11]

다음으로 수단 내전[12] 상황을 종식시키기 위해 중추적인 역할을 한 주체는 동아프리카 정부간개발기구(IGAD)이다. 동아프리카 정부간개발기구(IGAD)의 전신인 가뭄과 발전에 관한 정부간기구(IGADD: Inter-Governmental Authority on Drought and Development)는 1993년에 평화위원회를 구성해 에티오피아, 에리트레아, 우간다, 케냐 등 주변 국가들과 함께 중재를 시작하였고, 1996년 동아프리카 정부간개발기구(IGAD)[13]로 개편된 후에도 중재를 계속한 결과, 마침내 북수단과 남부의 '수단인민해방운동/군(SPLM/A)'은 2005년 1월 9일 6개의 부분적 평화협정을 포함하는 포괄적 평화협정(CPA)에 서명하였다. 수단 분쟁에서 IGAD의 중재는 원조 제공국 및 국제기구들의 압력으로 시작되었는데, 미국, 영국, 이탈리아, 노르웨이가 IGAD 협력국포럼(IPF: IGAD Partners Forum)을 구성하여 IGAD가 주도하는 협상을 지지하고 재정을 지원하는 역할을 담당했다.[14]

2007년 12월 대선 결과에 대한 불복으로 발생한 무력충돌로 시작된 케냐 무력분쟁[15]은 코피 아난(Kofi Annan) 유엔 사무총장을 앞세워 41일간에 걸쳐 진행한 아프리카연합(AU)[16]의 중재 노력으로 2008년 2월 28일 평화조약을 체결하며 종결되었다. 이 과정에서 AU의 협상을 담당한 아난 총장은 케냐의 종교단체, 여성단체 등 시민사회와 연계하여 투명한 협상을 진행하고자 했다. 이에 AU는 분쟁 양측이 참여하는 대화와 화합을 위한 위원회(KNDR: Kenya National Dialogue and Reconciliation)를 구성하여 장기적 관점에서 헌법을 검토하고 개혁을 촉진할 수 있는 기반을 마련하는 한편, KNDR을 바탕으로 선거를 검토하는 위원회(IREC: Independent Review Commission)를 구성하여 분쟁의 직접적 도화선이 된 선거에 대해서도 다양한 의견들을 수렴하였다.[17]

위로부터 평화를 구축하는 또 다른 방법으로 분쟁당사국 정부 간 또는 해당 국가 내의 분쟁 세력이 주체가 되어 진행하는 협상을 생각해 볼 수 있다. 또는 정상회담을 거쳐 국교 수교 및 관계정상화로 나아가는 방식도 가능하다. 이 과정에서 분쟁 해결과 평화구축에 대한 분쟁당사국 정부 또는 정치지도자의 남다른 의지와 역량이 결정적인 변수로 작용한다. 분쟁당사국 정부 간 또는 해당 국가 내의 분쟁 세력이 주체가 되어 위로부터 평화를 구축하고자 노력한 사례로 콜롬비아와 에티오피아-에리트레아 등을 생각해 볼 수 있다.

먼저 남미 역사상 최장기 내전으로 기록된 콜롬비아 내전과 평화협정 체결 과정을 간략하게 살펴보자. 콜롬비아는 지난 60여 년간 정부군과 좌·우익 불법무장조직 3자구도 속에 장기내전을 겪으며 폭력과 갈등의 역사를 이어왔다. 콜롬비아 내전의 갈등구조는 1964년부터 시작된 좌익 반정부 단체인 콜롬비아 무장혁명군(FARC: Revolutionary Armed Forces of Colombia or Fuerzas Armada Revolucionarias de Colombia) 대 콜롬비아 정부 간의 분쟁이다. 반세기 넘게 지속된 내전으로 콜롬비아에서는 최소 26만 명이 사망하고 수백만 명이 난민으로 전락했다. 오랜 내전에 지친 콜롬비아 정부와 FARC는 1999년부터 평화협상을 시작했으나 10년 넘게 진전과 교착이 거듭됐다.[18]

10년 넘게 난항을 겪던 평화협상은 후안 마뉴엘 산토스 콜롬비아 대통령과 FARC 대표 티모셴코가 2016년 8월 24일 마침내 최종 평화협정에 합의하면서 일단락되었다. 그런데 2016년 10월 3일 정부와 FARC가 체결한 평화협정에 대해 실시한 국민투표가 찬성 49.78%, 반대 50.21%로 부결되었다. 그러자 정부와 FARC는 2차 협상에 돌입하여 평화협정의 일부 내용을 수정하였고, 이 수정안이 2016년 11월 30일 의회에서 통과됨으로써 내전이 종식되었다. 양측의 합의에 따라 FARC 반군의 무기 인도 절차가 시행됐고, 2017년 7월 27일 FARC가 유엔에 무기 7,132점의 인도를 마치면서 반세기 넘게 지속되었던 내전이 마무리됐다.[19]

평화협상을 추진한 후안 마뉴엘 산토스 콜롬비아 대통령은 국민투표 부결로 역풍을 맞긴 했지만, 평화과정을 이끌어 온 공로를 인정받아 2016년에 노벨평화상을 받았다. 그러나 지난한 과정을 거쳐 최대 반정부 무장조직이었던 FARC와 정부 간의 평화협정이 체결되고 내전 종식이 선언되었음에도 콜롬비아에서 분쟁은 여전히 지속되고 있다. 2016년 체결된 평화협정에 따라 최근까지 FARC 조직원 7천 명가량이 무기를 내려놓고 사회로 돌아갔고, FARC는 같은 이름의 정당을 만들어 일부 지도부는 정치인으로 변신하기도 했다. 그러나 평화협정 이행을 거부한 채 무장투쟁을 이어가고 있는 조직원들이 여전히 남아있고, 게다가 FARC 해체 이후 그들이 장악했던 지역을 차지하기 위해 범죄조직이 옛 FARC 조직원들과 충돌하는 경우도 자주 발생하고 있어 내전을 끝낸 지 수년이 지났음에도 콜롬비아는 여전히 평화를 구축하는 힘겨운 노력을 이어가고 있다.[20]

또한 2016년 체결된 평화협정에 따라 최대 반군이었던 FARC는 무기를 내려놓았으나 콜롬비아의 두 번째 반정부 무장조직인 민족해방군(ELN: National Liberation Army or Ejercito de Liberacion Nacional)은 여전히 활동하고 있다. 콜롬비아 정부는 2017년 ELN과도 평화협상을 개시했으나 교착상태를 거듭하다가 2019년 1월 ELN이 콜롬비아 보고타의 경찰학교에서 벌인 차량폭탄 테러로 아예 중단된 상태다.

21세기에 접어들어 국가 간 분쟁보다 내전(civil war)이 급증하는 양상을 보인다. 또 국가간 분쟁보다는 내전이 평균적으로 분쟁의 지속기간이 훨씬 더 길다. 국가 간 분쟁의 55%가 협상에 의한 합의로 종결되는 반면, 내전은 20% 남짓만 같은 방식으로 종결되고, 대부분은 분쟁 당사자 한쪽이 전멸되는 운명을 맞이하게 된다. 이는 분쟁 당사자 간 갈등을 해소하기가 그만큼 더 어렵다는 것을 의미하며 이는 콜롬비아의 사례를 통해서도 확인할 수 있다.[21]

다음으로 2018년 9월에 체결된 에티오피아와 에리트레아 간의 평화협정은 분쟁 당사국 정부가 주체가 되어 위로부터 평화를 구축한 대표적인 사례로 꼽을 수 있다. 에티오피아와 에리트레아 사이의 분쟁과 갈등은 1998년 에리트레아가 에티오피아의 북동부 티그레이 주 이르가(Yirga) 삼각지를 무력 점령하면서 시작되었다. 이에 에티오피아는 에리트레아 수도 아스마라와 아삽 항을 폭격하였고, 에리트레아는 에티오피아 북부지역을 공격했다. 1999년 양국 국민 8~10만 명이 사망하고 수십 만 명의 피난민이 발생한 끝에 전쟁은 종식되었으나 이후 양국의 관계는 단절되어 '전쟁도 없고 평화도 없는(no war, no peace)' 상태로 남게 되었다. 2000년 아프리카연합기구와 알제리 정부 중재 하에 양국은 평화협정을 체결했고, 이 협정에 근거하여 설치된 에리트레아-에티오피아 국경위원회(EEBC: EritreaEthiopia Boundary Commission)가 2002년 국경선을 획정하면서, 분쟁의 진원지인 바드메 마을을 에리트레아에 귀속시키는 결정을 내렸다. 하지만 에리트레아는 이 결정을 수용한 반면, 에티오피아가 불복하여 이행을 거부하면서 양국의 적대적 관계는 지속되었다.[22]

그러다 2018년 아비 아흐메드(Abiy Ahmed)가 에티오피아의 총리로 취임하면서, 에티오피아와 에리트레아 간 관계 개선이 빠르게 추진되었다. 2018년 7월 아비 아흐메드 총리는 20년 동안 적대관계를 유지하던 에리트레아를 전격 방문하여 이사이아스 아프웨르키(Isaias Afwerki) 대통령과 정상회담을 가졌고, 양국 정상은 양국 간 전쟁상태 완전 종식, 양국 간 협력 강화, 외교관계 재수립, 국경선 획정 판결 이행 등을 담은 평화우호공동선언(Joint Declaration of Peace and Friendship)을 발표했다. 일주일 뒤 아프웨르키 대통령은 에티오피아를 답방했다. 더 나아가 2018년 9월 에티오피아와 에리트레아는 사우디아라비아 제다에서 평화협정(Agreement on Peace, Friendship and Comprehensive Cooperation between Eritrea and Ethiopia)[23]을 체결했다. 이후 양국 관계는 급속히 개선되었다. 먼저 외교관계가 정상화되었고 대사관이 재개설된데 이어, 국경이 개방되어 경제적·인적 교류가 재개되었다. 양국 간 전화가 재개통되었고, 항공운항도 재개되어 이를 통해 이산가족 상봉이 이루어졌다. 이와 같이 외교관계 정상화, 평화협정 체결, 국경 개방 등이 불과 두 달여 동안에 급속하게 이루어진데 이어, 에티오피아의 요청으로 유엔의 에리트레아에 대한 경제제재도 해제되었다.[24]

이렇게 에티오피아-에리트레아 평화협정이 체결되는 과정에서 사우디아라비아, 아랍에미리트(UAE), 미국의 중재 노력도 에티오피아와 에리트레아의 관계 정상화에 크게 기여했다. 사우디아라비아와 아랍에미리트는 에티오피아와 에리트레아의 관계개선을 통해 자국의 안보, 경제이익을 극대화하기를 원했고, 미국은 에리트레아를 '테러와의 전쟁' 협력국으로 끌어들여 아프리카 뿔 일대에 대한 영향력을 확대하고 중국을 견제하고자 했다.[25]

에티오피아의 아비 총리는 에리트레아와의 국경문제를 해결하고 관계를 개선하기 위해 일부 영토를 전격 양보하면서 종전선언과 평화협정 체결을 주도하였다. 그는 20년에 걸친 양국 간의 분쟁을 종식시킨 공을 인정받아 2019년에 100번째 노벨평화상 수상자로 선정됐다. 에티오피아는 더 나아가 고질적인 종족 간 갈등 해소를 위해 총리실 직속으로 '화합위원회'를 설립하고, 이전 정부에서 반역·테러 등의 혐의로 유죄판결을 받은 재소자들에 대한 사면을 단행하는 등 국민통합을 위한 노력도 기울이고 있다. 하지만 뿌리 깊은 부족갈등과 분쟁의 상처, 여전히 비대한 국영부문과 취약한 민간부문 등 경제적 문제들이 산적해 있어 에티오피아가 국내의 평화를 공고히 구축하기까지 앞길이 결코 순탄치만은 않은 상황이다.[26]

2. 아래로부터의 평화구축

국가 간의 분쟁은 물론이고 한 사회 내부에서 발생한 갈등을 포함한 대부분의 분쟁은 복합적인 원인에 의해 발생하고 지속되기 때문에 일방의 또는 일부의 노력만으로는 근본적인 해결이 어렵다. 내부의 노력 또는 제3자의 중재에 힘입어 위로부터의 평화가 모색되어 평화협정이 체결되고 더 나아가 법·제도적으로 평화체제가 구축된다 할지라도, 분쟁 당사국의 국민들 또는 해당 사회 구성원들의 합의와 적극적인 참여가 부족하다면 그 평화는 구현되기 어렵다. 위로부터의 평화협상이 합의되었다고 하더라도 그에 대한 대내적 이행을 감시하고 적대집단 간, 그리고 시민들의 적대감을 평화의식으로 전환시키는 일은 시민사회의 몫이다. 아래로부터의 평화구축이 중요한 이유가 여기에 있다.

분쟁과 갈등을 해결하려는 아래로부터의 노력은 대표적으로 종교, 시민단체, 교육을 중심으로 추진될 수 있다. 특히 종교는 중세 십자군 전쟁으로부터 최근 IS에 이르기까지 무력분쟁을 불러일으키는 원인과 배경이 되기도 하지만 갈등을 벌이는 행위자들을 감화시키거나 설득함으로써 오랜 분쟁을 종식하는데 공헌하기도 한다. 세계 각지에서 발생한 많은 분쟁들이 종교 갈등과 관련된 것이기도 하지만 반면에 종교단체가 오랜 갈등을 벌어온 국가들을 화해시키고 평화를 되찾게 만드는 역할을 해온 사례도 적지 않다. 그러한 대표적인 사례가 비글(Beagle Channel)해협을 둘러싼 칠레－아르헨티나 분쟁 해결과 미국－쿠바 국교정상화를 위한 비밀협상에서 교황이 핵심적인 중개 역할을 수행한 것이다.[27]

먼저 칠레－아르헨티나 간의 분쟁 해결과정을 살펴보면, 1978년 비글해협에 관한 중재판정의 이행을 둘러싸고 칠레와 아르헨티나 사이에 갈등이 격화되어 전쟁이 임박했을 때, 교황 요한 바오로 2세는 안토니오 사모레 추기경을 중개자로 내세워 양국이 수용할 수 있는 제안을 제시하여 양국 간 영토분쟁을 성공적으로 해결하였다.[28]

남아메리카 최남단에 위치한 비글해협에 대해 아르헨티나와 칠레가 오랫동안 이 지역 섬들에 대한 영유권을 서로 주장해왔다. 1971년 양국은 영국의 엘리자베스 2세를 중재자(arbitrator)로 삼아 협상을 시작하였고, 1977년 해당 도서가 칠레에 속한다는 중재결정이 만들어졌다. 하지만 아르헨티나가 이를 거부함으로써 양국 간 갈등이 고조되었다. 이에 스페인 국왕과 미주기구(OAS: Organization of American States)의 중재가 시도되었으나 별다른 성과를 얻지 못했다. 그러자 양국의 가톨릭 지도자들이 교황청에 도움을 요청하였고, 요한 바오로 2세가 중재에 나서

1979년 5월부터 로마에서 양국 간 협상이 시작되었다. 그 결과 중재 회부와 무력행사금지, 군대철수를 내용으로 하는 두 개의 몬테비데오 선언이 체결되었다. 이를 토대로 중재가 개시되어 1980년 칠레의 판텔레리아(PNL) 도서군에 대한 영유권을 인정하고, 비글해협 수역은 양국 공유의 비무장수역으로 하며, 판텔레리아 섬의 인접수역내에 있는 자원을 공동 개발하는 것을 내용으로 하는 중재안이 제시되었다. 그러나 이렇게 마련된 중재안을 칠레는 수락한 반면에, 아르헨티나가 또다시 거부하는 바람에 당시에는 이 중재안이 채택되지 못하였다. 그러나 이후 이 중재안을 기초로 교황청의 중재 노력이 계속된 끝에, 드디어 1984년 양국 간의 평화우호조약이 체결되었고 비글해협 분쟁은 최종적으로 해결되었다.[29]

다음으로 오랫동안 적대했던 쿠바와 미국이 프란치스코 교황의 중재에 힘입어 2014년 12월 17일 관계 정상화 선언을 한 사례를 살펴볼 수 있다. 1961년 1월, 쿠바가 미국과의 외교관계를 단절한 지 54년만인 2015년 7월에 워싱턴과 아바나에 각각 쿠바 대사관과 미국 대사관이 다시 문을 열었다. 그에 앞서 2014년 12월 양국 정상이 관계정상화 합의를 발표하자 바티칸 교황청(Holy See)은 그동안 프란치스코 교황이 양국 정상에게 관계 회복을 촉구하는 서한을 보냈고 교황의 지시로 교황청 국무원장인 피에트로 파롤린 추기경과 쿠바의 오르테가 추기경이 협상에서 중요한 역할을 했음을 공개했다. 이에 2015년 5월 쿠바 국가평의회 의장 라울 카스트로는 2015년 5월 바티칸을 방문하여 미국-쿠바 관계 개선을 위한 교황의 노력에 감사를 표했다. 오바마 대통령도 2015년 9월 쿠바를 들러 미국을 방문한 교황을 만나 교황의 외교적 역할에 대한 감사를 표명했다.[30]

미국과 쿠바의 관계 정상화 과정에서 교황은 아직 서로를 신뢰하지 못하는 양국 지도자, 특히 쿠바의 지도자에게 '접촉의 문화(culture of encounter)'를 역설하면서 양국 대표를 교황청에 초청하였고, 2014년 10월과 11월에 미국과 쿠바의 대표가 바티칸 교황청을 방문하여 파롤린 교황청 국무원장의 주재 하에 비밀협상을 벌였다. 그 결과 양국 대표가 협상문서에 서명하였고, 교황은 두 나라가 이루어낸 합의에 대한 사실상의 보증인이 되었다. 교황의 중재 역할은 협상의 신뢰성을 획기적으로 높여놓았다. 이후 협상은 일사천리로 진행되어 2014년 12월 양국 지도자의 관계개선 합의 발표가 나왔고 2015년 4월 파나마에서 열린 미주기구(OAS) 정상회의에서 오바마와 라울 카스트로는 단독회담을 가졌다. 그리고 2015년 7월 양국 수도에 상대국 대사관이 다시 열려 국교 회복이 이루어졌으며, 2016년 3월에는 오바마 대통령이 쿠바를 방문하였다. 이는 1928년 캘빈 쿨리지(Calvin Coolidge) 대통령 이후 미국 대통령으로는 88년만의 역사적인 쿠바 방문임과 동시에 서반구에서 마지막 남은 냉전 잔재의 청산이었다.[31]

위 두 사례 이외에도 교황이 외교적인 역할을 수행한 사례는 많다. 교황과 교황청은 일반적인 국가가 가지는 국력 요소를 가지고 있지 않음에도 불구하고 국제정치무대에서 종교적 상징성을 통해 상당한 영향력을 발휘하는 경우가 종종 있다. 예를 들어, 제1차 세계대전 직전 독일, 오스트리아와 더불어 3국동맹의 하나였던 이탈리아가 전쟁에서 중립을 선택하게 된 배경에는 교황 베네딕토 15세의 설득이 주효했으며, 교황 베네딕토 15세는 전쟁이 발발한 이후에도 크리스마스 휴전을 제안하는 등 평화를 위한 노력을 전쟁 당사국들을 대상으로 벌였다. 2007년 3월에는 페르시아만에서 밀수 선박을 감시하던 영국 해군 소속 콘월함(HMS Cornwall)이 이란 해역을 침범했다는 이유로 승선 중이던 15명의 영국 군인들이 이란 혁명수비대에 의해 나포되는 사건이 발생했다. 양국 간 신경전이 계속되는 가운데 교황 베네딕토 16세가 이란의 종교 지도자 아야툴라 하메이니에게 "이란에 억류된 영국 수병들이 부활절을

집에서 맞을 수 있기를 희망한다"는 내용의 서한을 보냈다. 그러자 이란은 4월 5일 영국 수병들을 석방하였다.[32]

한편, 교육을 통해 분쟁과 갈등을 극복하고 평화를 구축하기 위해 노력한 사례로는 필리핀과 북아일랜드의 경험을 들 수 있다. 필리핀의 경우, 민다나오 지역에서 시도되었던 평화교육과 실실라 대화 운동을 살펴볼 수 있다. 먼저 민다나오 지역은 1972년부터 시작된 무슬림 반군과 가톨릭 정부군 간의 무장충돌로 인해 정부군, 반군, 민간인을 포함하여 약 십만 명 이상이 사망하였고 백만 명이 넘는 난민이 발생하였다. 이러한 상황에서 교육부를 중심으로 학교에서 평화문화를 진작시키는 것이 가장 평화적인 방법으로 평화를 실천할 수 있다는 갈퉁(Johan Galtung)의 이론에 따라 학교교육과정에 평화교육을 접목할 수 있는 방안을 모색하였다. 전국 4만여 개 공립학교에서 실시할 수 있는 평화교육 매뉴얼을 개발하여 보급하였다. 또한 학교 평화교육 프로그램의 일환으로 또래중재 활동, 평화음악회 등과 같은 다양한 특별활동을 장려하는 한편, 청소년 평화 캠페인(Youth Peace Village)을 개최하고 매년 민다나오 평화를 기원하는 평화주일(11월 마지막 주 목요일~12월 첫째 수요일)을 선정하여 다양한 활동을 전개하였다. 또한 지역 대학의 평화센터 및 평화 관련 연구소, 시민단체, 평화활동가, 주민들과 연계하여 지역 연계형 평화교육을 실시하였다. 아직 분쟁이 완전히 끝난 것은 아니지만 민다나오 주민들의 갈등과 희생을 승화시킨 평화교육의 경험은 현재 필리핀 전 지역에 걸쳐 학교교육뿐만 아니라 지역사회 전체에 영향을 미치고 있다.[33]

다음으로 실실라 대화 운동(Silsilah Dialogue Movement)은 1984년 5월 9일, 세바스티아노 담브라 신부가 이슬람과 기독교의 충돌로 오랜 내전에 시달리고 있는 필리핀 잠보앙가 지역에서 그리스도교인과 무슬림의 평화로운 공존을 위해 시작한 대화 협력 운동이다. 실실라(Silsilah)

는 아랍어로 결속 또는 연결을 뜻하는 말로서 무슬림과 기독교인 간의 조화로운 삶을 추구하면서 분쟁은 영적이며 도덕적인 가치관의 변화를 통하여 해결할 수 있다는 신념 아래, 각종 대화모임과 명상 워크숍 등을 실시하였다. 또한 다양한 종교적 배경을 지닌 공동체를 위한 평화교육에서부터 청소년 교육, 환경운동, 농산물 판매 지원 등의 실생활 프로그램까지 다양하게 운영하고 있으며, 특히 종교적 폭력으로 점철된 민다나오의 평화를 위해 대화운동을 추진하였다. 실실라 대화 운동은 사회변혁을 위하여 개인의 변혁을 강조하며 대화를 통하여 신과 자기 자신, 상대방과 모든 자연의 생명체와 관계 맺기를 시도함으로써 무슬림과 기독교인 간의 화해와 우정을 실천한 노력을 인정받아 2014년 UN이 제정한 '세계 종교간 화합주간(World Interfaith Harmony Week) 압둘라 2세 국왕상' 최고상을 수상하기도 했다.

한편, 평화구축을 위한 북아일랜드의 교육적 노력은 여러 주체들을 중심으로 다양한 방식으로 시도되어 왔는데, 벨파스트 평화협정이 체결되기 이전에는 '상호이해교육'이, 벨파스트 평화협정 체결 이후에는 평화, 인권, 민주주의 교육이 통합된 '민주시민교육'이 평화교육 모형으로 시도되었다.34) 북아일랜드의 통합학교운동 또한 화해와 평화건설을 위한 평화운동으로 평가할 수 있는데, 오래된 갈등과 폭력에 의해 희생된 아이들의 부모와 시민들이 갈등 때문에 폭력에 호소하는 문화를 바꿔야 한다는 인식을 바탕으로 시작되었다. 통합학교란 "종교적·도덕적 교육 그리고 역사적·문화적 학습의 공통성을 증진하는 교육과정"으로, 지역사회의 평화와 공생을 위해 '아이들을 함께 교육하고 키우자'는 시민들의 열망과 변화 의지가 반영된 것이다. 통합교육운동과 통합학교는 시민들에 의해 시작되고 국가가 지원하면서 발전하게 된 사례이며, 사회적 갈등을 교육을 통해 해결하고 교육으로써 '함께 살 수 있는 사회'를 건설하고자 한 운동으로서 시민운동이 국가제도의 변화를 가져온 좋은

사례로 평가되기도 한다.[35)]

3. 복합 접근을 통한 평화구축

첨예한 분쟁을 멈추고 평화를 모색하는 과정에서 특정 주체들을 중심으로 이루어지는 위로부터 또는 아래로부터의 노력이 문제 해결의 결정적인 계기나 돌파구를 마련해줄 수도 있고, 평화를 만들고 지켜나가는 지난한 과정에서 중추적인 역할을 할 수 있다. 그러나 한 사회 내에서나 국가 간에 평화를 이루어내고 지속시켜 나가는 일련의 과정은 위로부터 또는 아래로부터 어느 한 방향에서의 일방적인 노력과 의지만으로는 불가능하다. 독일과 폴란드가 폭력과 갈등의 역사를 넘어서 평화와 공존의 역사를 만들어낸 과정을 통해 우리는 분쟁과 갈등에 노출되어 살던 사회에 평화의 문화를 정착시키기 위해서 얼마나 많은 행위 주체들이 다각적인 노력을 오랜 시간 지속적으로 해야만 하는지 유추해 볼 수 있다.

독일과 폴란드의 분쟁은 오랜 역사를 가지고 있지만 제2차 세계대전으로 인해 서로에 대한 증오와 적대는 극에 달하게 되었다. 물론 피해자였던 폴란드인들이 가졌을 가해자 독일에 대한 분노와 적대는 더욱 컸을 것이다. 그러나 폴란드인들은 증오와 복수 대신 화해와 평화의 미래를 선택했고, 독일인들도 이에 기꺼이 응했다. 분쟁의 오랜 역사를 극복하고 평화와 공존의 미래를 만들어가기 위한 폴란드와 독일의 노력은 여러 주체들을 중심으로 다양한 방식으로 진행되었다.

바르샤바 유대인 거주구역의 위령비에 헌화하고 빗물에 젖은 맨땅 위에 무릎을 꿇고 용서를 구한 서독 수상 빌리 브란트의 사죄 이후 1970년 12월의 독일－폴란드 국교정상화와 서독의 '신동방정책'은 평화구축을 위한 위로부터의 접근이라고 할 수 있다. 평화를 향한 이와 같은 위로부터의 노력과 진전이 독일과 폴란드 사이의 화해를 앞당기고 평화를 이루는데 중추적인 역할을 했고 그 이후에도 양국가 정부와 유럽연합을 중심으로 하는 국제사회의 위로부터의 접근은 양국의 관계를 평화적으로 유지하고 발전시키는데 결정적인 영향을 미쳤다.

그러나 한편으로 독일과 폴란드의 위로부터의 평화구축 노력은 평화를 갈망하는 아래로부터의 관심과 지지에 의해 뒷받침 되었기에 가능한 것이었다. 정치권의 변화와 함께 개신교와 가톨릭교회의 역할도 독일－폴란드의 역사적 화해 과정에서 중요하다. 1962년 2월 24일 발표된 '튀빙겐 각서'36)와 1965년 11월에 폴란드 주교들이 독일의 주교들에게 보낸 서한은 독일－폴란드의 화해에 긍정적인 역할을 했다.37) 이러한 노력 중에서 폴란드 가톨릭교회가 독일 가톨릭교회에 화해를 청하며 보여주었던 용기는 특히 오늘날 우리들에게 많은 울림을 준다. 1965년에 폴란드의 주교들은 폴란드 복음화 1000년 기념행사에 독일의 주교들을 초대하며 "독일인들에게 용서를 청하고 또 용서하는" 내용의 서신38)을 보냈다. 피해자의 대부분을 대신하는 폴란드 교회가 국가적 재앙의 범죄자들이자 원수들을 향해 먼저 "우리는 용서하고 또 용서를 빕니다"며 손을 내민 것이었다. 폴란드 교회의 용감한 몸짓이 제2차 세계대전으로 인해 서로에 대한 증오심을 경험한 두 나라 사이의 화해과정 안에서 어렵지만 의미 있는 길 하나를 열었다.

양국 간의 화해와 평화를 실현하기 위한 아래로부터의 노력은 교육 분야에서도 이루어졌다. 양국 정부의 지원 하에 시작된 독일－폴란드의 '역사대화'는 독일과 폴란드의 교과서 대화를 가능하게 하는 결정적인 계기를 마련하였다. 독일－폴란드 교과서 대화는 양국관계의 개선을 위한 역사 및 지리 교과서의 수정에 필요한 공동 권고안의 합의를 목적으로 1972년 2월 22일 유네스코의 중재로 첫 만남이 성사되었다. 그 이후 최종권고안이 제출된 1976년 10월까지 아홉 차례의 회의가 진행되었다. 바르샤바조약을 통해 형성된 독일과 폴란드의 관계정상화에 힘입어 과거 전쟁 적대국 사이의 역사 화해를 도모하기 위한 목적으로 양국의 역사 및 지리 교과서를 함께 만들기 위해서 교과서 대화가 진행되는 동안 관련 분야의 교류가 증진되었고, 그 과정 속에서 상호 신뢰와 이해를 형성할 수 있었다.[39]

그런 노력의 결과, 1977년 초 양국관계의 초기부터 20세기 현대사의 문제에 이르기까지 독일-폴란드 관계사의 주요 쟁점들에 대한 권고를 담은『서독과 폴란드 역사 및 지리교과서를 위한 권고안』초판이 발간되었고, 그에 입각하여 양국 교과서의 수정작업과 수업이 진행될 수 있었다. 1977년 권고안 발간 이후에도 독일-폴란드 교과서 대화는 계속되어 1977년부터 1994년까지 매년 1회씩 16차례 학술회의를 개최하여 권고안에서 미진하게 다루었던 문제들에 대한 연구를 계속 진행하였다. 교과서 대화는 권고안으로 일궈낸 성과를 바탕으로 2001년에는『20세기 독일과 폴란드 관계사 교사용 안내서』를 발간했다. 독일-폴란드 교과서 대화는 교과서 관련 작업에만 그치지 않고 독일-폴란드 간 학문적 교류의 장을 마련하였으며, 그 결과 2016년 독일과 폴란드의 공동교과서가『유럽, 우리의 역사』라는 제목으로 발간되는 성과를 거두었다.[40]

또한 중앙 정부 차원의 평화구축 노력과 더불어 지방 정부 단위에서 일궈낸 성과도 주목할 만하다. 구동독지역의 최동단에 위치한 괴를리츠(Görlitz)와 폴란드 남서부에 위치한 즈고젤레츠(Zgorzelec)는 1945년 이전까지 하나의 도시였다. 제2차 세계대전 후 서쪽 부분은 독일로, 동쪽 부분은 폴란드로 편입되어 오늘날의 두 개 도시로 분할되었다. 분단과 화해의 경험을 가진 두 도시의 역사는 한때 전쟁 가해자와 피해자로 불편한 관계에 있던 독일과 폴란드 양국이 현재의 친밀한 정치·경제적 동반자 관계를 맺는데 지대한 공헌을 했다고 평가받는다. 나아가 정치, 경제, 교육, 문화, 사회 등 다방면에서 국민국가의 경계를 넘어서 진행되고 있는 두 도시 간의 초국경 협력관계의 형성 경험은 양국의 관계개선에 기여했을 뿐 아니라 전후 유럽의 평화와 통합의 측면에서도 모범적인 사례로 꼽히고 있다.[41)]

1945년~1989년 사이 사회주의 체제 아래에서 두 도시 간의 교류는 초창기 폴란드 정부의 독일 흔적 지우기 작업으로 급속도로 냉각되기도 하였으나, 점차 당국 주도로 경제협력에 중점을 둔 교류가 이루어졌다. 1990년 이후 두 도시는 사회주의 체제에서의 하향식 교류를 넘어 상향식 시민교류를 확대시켜 나갔다. 1991년 4월 양 도시는 1980년 사회주의체제에서 맺었던 양 도시 간의 동반자 협정을 자유민주주의체제에 기반하여 새롭게 갱신하였다. 우선 괴를리츠와 즈고젤레츠의 두 시의회는 1993년부터 함께 공동 회의를 진행하기 시작했고, 양 도시의 의회와 주요 인사들이 정기적으로 만나 시의 정치적인 사안과 초국경 현안에 대해 논의하고 있다. 이후 1995년에는 '괴를리츠/즈고젤레츠 공동협력위원회'를 발족하였다. 그리고 '공동협력위원회'와 두 도시의 시민들은 1998년 5월 5일 '유럽의 날' 행사에서 '유럽도시 괴를리츠/즈고젤레츠'를 공식 선포하였다. 더 나아가 공동협력위원회는 경제, 교통, 안전, 문화, 도시계획, 교육, 관광, 의료, 사회, 환경, 스포츠 등 각 분야 전문가들로 구성된 5개의 전문자문위원회를 구성하여 EU의 정치 및 정책과 각종 현안들에 대해 두 도시가 공동으로 대응하는 한편, 도시 행정업무에 지속적이고 긴밀하게 협력하기로 합의했다. 2007년 12월 21일 쉥겐조약에 따라 독일－폴란드 양국 및 양 도시 간의 국경 검문이 철폐됨으로써 두 도시는 글자 그대로 '유럽도시'로 탈바꿈하였으며 시민들 간의 자유로운 왕래가 완전히 가능해졌다. 이를 계기로 두 도시는 '2010 유럽문화수도' 공동유치를 신청했다. 비록 2010 유럽문화수도에는 선정되지 못했지만 공동유치를 준비하는 과정에서 두 도시의 시민과 관료들은 이전보다 훨씬 더 긴밀한 유대감과 소속감을 가지게 되

었다.[42]

독일과 폴란드가 보여준 이와 같은 경험을 통해서 평화구축을 위한 다층적인 노력, 즉 위로부터와 아래로부터 복합적이고 동시다발적인 접근의 효과를 알 수 있다.

Ⅳ. 한반도 평화에 주는 시사점

본 장에서는 한 사회 내의 또는 국가 간의 분쟁과 갈등을 해결하고 평화를 구현하기 위한 노력을 크게 위로부터의 접근 방식과 아래로부터의 접근 방식으로 나누어 몇몇 사례들을 살펴보았다. 그런데 모든 분쟁은 그 원인이 복합적이고, 분쟁이 표출되는 양상 또한 복잡다단하다. 따라서 그 해결 방안과 과정 또한 복합적일 수밖에 없다. 본문에서 살펴본 위로부터/아래로부터의 평화구축 노력은 한반도에서 남북의 평화공존과 공동번영을 꿈꾸는 우리에게 많은 것을 시사해 준다.

첫째, 평화는 어느 한 방향에서의 접근이나 특정 주체만의 노력으로는 결코 실현할 수도 지켜낼 수도 없다. 물론 오랜 분쟁을 종식시키고 평화를 이루어가는 과정에서 위로부터 또는 아래로부터의 접근이 중요한 역할을 수행할 수는 있다. 그러나 한 방향 또는 특정 주체만의 노력으로 이루어낸 평화는 대부분 일시적으로 유지될 수는 있어도 오랜 시간 견고하게 지속되기가 어렵다. 이는 이 책의 2부와 3부에서 살펴볼 보스니아-헤르체고비나, 르완다, 인도-파키스탄의 사례를 통해서도 확인할 수 있다. 보스니아-헤르체고비나는 1995년 미국의 중재로 '데이튼 협정'을 체결함으로써 비극적인 내전은 종식했지만 많은 사람들이 언제 깨질지 모를 불안한 평화 속에서 살아가고 있다. 르완다의 경우, 1993년에 아프리카연합기구의 중재로 '아루샤 평화협정'을 체결했지만, 결국 1994년 4월부터 7월까지 자행된 참담했던 제노사이드를 막지 못했다. 인도와 파키스탄은 1966년의 '타슈겐트 선언'에 이어 1972년에는 '심라협정'을, 1999년에는 '라호르 선언'을 체결했지만 여전히 양국 간에는 분쟁과 갈등의 역사가 지속되고 있다.

이를 통해 위로부터의 평화협정이나 선언만으로는 결코 평화를 구축할 수 없음을 알 수 있다. 물론 분쟁 당사자들 간의 협정이나 선언들이 평화 구축의 토대를 마련해 줄 수는 있다. 그러나 그렇게 마련된 일시적인 평화 또는 평화의 계기를 살려서 평화를 확장하고 지속하기 위해서는 아래로부터의 다층적인 접근과 노력이 함께 이루어져야 할 것이다. 따라서 나의 관심과 참여, 노력 없이는 어떠한 분쟁도 근본적으로 해결될 수 없으며 설령 우연히 선물처럼 평화를 얻었다 할지라도 그것을 지켜낼 수 없다.

둘째, 평화는 마침표가 없는 참으로 지난하고 끝 모를 과정이다. 영원히 계속될 것만 같은 분쟁과 갈등을 종식시키고 최소한의 평화 상태를 구축하는 것도 힘들지만, 그렇게 만들어낸 평화를 유지하고 적극적인 평화로까지 확산시키는 것은 더욱 힘들고 끊임없는 노력이 필요한 과정이다. 이는 이 책의 2부에서 살펴볼 남아프리카공화국의 사례를 통해서도 확인할 수 있다. 남아프리카공화국은 1991년 정치엘리트들 간의 협상과 화해를 통해 1948년부터 시작된 아파르트헤이트(apartheid) 체제를 종식시켰고, 이어서 1994년에 민주정권이 들어섬으로써 민주주의 체제로 이행했다. 그러나 남아프리카공화국은 이와 같은 위로부터의 평화, 법·제도로서의 평화를 구현하는데 그치지 않고 1996년에 진실화해위원회를 만들어 평화를 보다 공고하게 구축하기 위해 계속해서 노력했다. 비록 진실화해위원회의 활동 기간이 2년 반 정도에 불과했고 위원회의 활동과 역할에 대한 평가는 여러 갈래로 나눠져 있다. 그럼에도 법·제도적인 평화의 실현에 안주하지 않고 위원회를 통해 사람들 사이의 화해와 용서, 사회통합을 이루려 했다는 점에서 남아프리카공화국의 노력은 충분히 평가할 만하다.

셋째, 어떤 방식으로든 평화구축 과정에서 분쟁 당사자 대다수가 공유하고, 그 권위와 영향력을 인정하는 정신적·문화적 구심점이나 공통 기반, 그리고 절대 다수의 존경을 받는 탁월한 지도자가 중요한 역할을 할 수 있다. 먼저 구성원 대다수가 공유하고 그 권위와 영향력을 인정하는 정신적·문화적 구심점이나 공통 기반이 평화의 구축과 확산에 기여한 사례로는 남아프리카공화국의 '우분투 정신'과 르완다의 '가차차 법원'을 들 수 있다. 모두 아프리카의 전통 문화와 정신을 활용하여 분쟁의 종식 이후에 화해와 사회통합을 도모한 경우에 해당한다. 다음으로 분쟁과 갈등의 양쪽 당사자 모두로부터 존경과 신뢰를 받고 있는 영향력 있는 지도자가 평화를 이끌어낸 사례는 비글해협을 둘러싼 칠레−아르헨티나 간의 분쟁 해결과 미국−쿠바 국교정상화를 위한 비밀협상에서 핵심적인 중재 역할을 수행한 교황이 대표적이다. 2018년 3선에 성공한 르완다의 카가메 대통령과 2018년 에리트레아와 종전선언 및 평화협정을 체결한 에티오피아의 아비 총리 또한 정치적 리더십으로 평화를 지켜나가고 있는 사례로 평가할 수 있다.

따라서 한반도에서 남북의 평화공존과 공동번영을 공고하게 구현하기 위해서는 평화 구축과 확산을 위한 위로부터와 아래로부터의 복합적이고 동시다발적인 접근과 여러 주체들의 다층적인 노력이 상호 보완하며 지속되어야 할 것이다. 나아가 평화는 결코 끝이 없는 영원한 과정이라는 것을 받아들이고 인내를 갖고 평화적 수단에 의한 평화를 만들어가는 일관된 자세가 중요하다. 지난한 평화의 과정을 함께 견디고 수행하기 위해서 남북이 공유할 수 있는 정신적·문화적 구심점을 발굴하고, 특히 평화를 만들어갈 사상적·문화적 기반을 한국 역사와 전통에서 살펴보는 일도 중요한 과제이다.[43] 이러한 과정에서 탁월한 정치적 지도력도 필요하겠지만 무엇보다 필요하고 중요한 힘은 바로 평화역량을 갖춘 한반도의 구성원일 것이다. 결국 평화는 바로 나로부터 시작되고 지속될 수 있다.

02

분쟁의 평화적 전환 이론과 그 적용: 북아일랜드 평화 프로세스를 사례로

조우현

Ⅰ. 들어가는 글

분쟁연구의 저명한 학자 아자르(Edward E. Azar)는 장기분쟁(protracted conflict)의 개념을 정립하면서 그 특징 중 하나로 "뚜렷한 종료 시점이 없이 계속된다"는 점을 제시하였다.[1] 해방과 한국전쟁 이후 2020년 현재 한반도의 장기분쟁은 70여 년간 지속되고 있다. 2018년을 경과하여 세 차례의 남북정상회담과 최초의 북미정상회담이 개최되면서 많은 사람들은 '평창 데탕트' 또는 '한반도 평화프로세스'가 실현될 수 있을 것이라는 기대에 부풀어 있었다. 그러나 1년도 지나지 않아 정체 국면에 들어섰고 이후 대북전단 살포, 남북공동연락사무소 폭파 등의 사건이 발생하면서 과거의 위기가 재현될 수도 있다는 우려가 제기되고 있다.

한반도 평화체제는 아직 가보지 못한 길이며 어떠한 변수로 인해 그 경로가 어떻게 바뀔지 예측하기 어렵다. 이 경우 비교연구, 특히 장기분쟁을 경험하다가 평화적 전환에 성공하였던 해외 사례는 유용한 시사점을 제공해줄 수 있다. 또한 분쟁이 지속되고 있는 사례라고 할지라도 그로부터 한반도에서 무력충돌을 방지하고 위기를 관리하기 위해 어떤 방법을 강구해야 하는지 파악할 수 있을 것이다.

이 글의 목적은 장기분쟁을 경험한 국가가 어떻게 평화적으로 전환되었는지 그 요인들을 종합적으로 검토하고 이를 평화적 전환에 성공적이었다고 평가받는 사례에 적용해 설명하는 것이다. 물론 분쟁의 원인과 성격, 분쟁이 재생산되는 방식과 대내외적 환경은 각 사례마다 상이하며 평화프로세스의 경로도 다를 것이다. 그럼에도 불구하고 분쟁이 평화적으로 전환된 경우에는 공통적인 요인들이 있고 그런 요인들로 인하여 평화가 만들어진 사례들이 축적되어 왔다. 비교연구를 통하여 도출되는 요인과 그 사례는 한반도 분쟁에 대한 인식의 지평을 확장하는데 유익할 수 있다. 또한 한반도 평화프로세스와 그 이후에 대한 목표와 현실 간의 격차도 줄일 수 있을 것이다.

분쟁의 유형은 매우 다양한데 이 글에서 고찰하는 분쟁은 적대 관계에 있는 당사자들이 무력을 사용하는 갈등(armed conflict)으로서 크게 국가 간 분쟁(inter-state conflict)과 국가 내 분쟁(intra-state conflict, 내전)으로 나누어볼 수 있다. 이러한 분쟁이 평화적으로 전환되는 과정에서 작용한 요인을 여러 측면에서 고찰하는 것이 이 글의 주요 내용이다. 단, 분쟁의 작동방식을 설명하거나 관련 변수들의 영향력 크기를 통계 데이터를 이용해 분석하는 것은 연구의 범위에서 제외된다.

이 글은 문헌연구를 중심으로 진행되었고 활용한 주요 자료는 그동안 분쟁연구 및 평화학 분야에서 출판된 단행본과 논문 등이다. 이하 본문은 다음과 같은 순서로 구성된다. 먼저 2절에서 분쟁 및 평화적 전환의 의미와 개념을 살펴보고 분쟁의 평화적 전환에 관한 요인을 검토할 것이다. 3절에서는 앞에서 제시한 요인분석의 틀을 평화적 전환의 성공 사례 중 하나로 평가되는 북아일랜드 평화프로세스에 적용해 고찰할 것이다. 이를 바탕으로 4절에서는 분쟁의 평화적 전환 이론 및 사례가 한반도 평화프로세스에 주는 시사점을 도출해볼 것이다.

Ⅱ. 분쟁의 평화적 전환에 관한 이론

1. 개념 검토: 분쟁과 평화적 전환

갈등은 행동, 정서, 주장에서 나타나는 불일치를 언급할 때 사용된다.[2] 서로 양립하기 불가능한 목표를 추구하면서 발생하는 갈등은 한 사람의 내면에서부터 개인 또는 집단 간, 대규모 사회집단, 국가 간에 이르기까지 그 범위가 매우 폭넓다.[3] 이때 갈등 집단이 무력을 사용하는 경우를 무장갈등(armed conflict), 곧 분쟁이라고 한다. 분쟁은 관련 당사자 간 영토의 지배, 천연자원 등 경제적 이해관계, 종교·문화·이데올로기 지향 등에서 충돌할 때 다양한 형태로 발생한다.[4]

분쟁은 국제인도법에서 국제적 분쟁(international armed conflict)과 비국제적 분쟁(non-international armed conflict)으로 구분된다.[5] 국제적 분쟁은 고전적인 의미의 전쟁이다. 전쟁 의사를 가진 국가들이 무력수단을 사용하여 충돌하는 것으로 양국 간, 일국과 다수국 간, 다수국과 다수국 간에 발생할 수 있다. 비국제적 분쟁은 국가 내에서 발생하는 분쟁(intra-state conflict)이다. 내전(civil war)으로 불리기도 하는데, 한 국가 내에서 무기를 사용하는 정치세력 간의 대결이라고 할 수 있다. 이러한 세력의 규모나 조직, 무력투쟁의 정도는 단순한 봉기나 폭동 이상이다. 특정 지역을 점령하여 유효한 정부의 기능을 행사하고자 하면서 기존 중앙정부에 대항해 전쟁 혹은 그에 준하는 무장갈등의 양상을 띤다.

촉발된 분쟁은 단기간에 해결되지 않고 지속될 수 있는데, 이에 대한 용어로 숙적관계(rivalry), 장기갈등(protracted conflict), 고질적 갈등(intractable conflict) 등이 있다.[6] 숙적관계에서는 일련의 해결되지 못한 문제의 지속, 국가 간 전략적인 상호의존, 심리적으로 표명되는 원한, 잦은 무력충돌 등이 반복하여 발생한다. 장기분쟁의 특징은 적대관계의 장기지속, 우발적인 무력충돌, 전 사회와 구성원들의 포함, 시간이 지나도 종결지점이 없이 지속됨 등이다. 고질적 갈등은 분쟁 당사자나 그 원인 등이 복잡해 분쟁 종식 혹은 해결이 요원한 분쟁의 경우인데, 분쟁이 장기간에 전개되므로 장기갈등과 동전의 양면을 이룬다.

그럼 분쟁은 어떻게 평화적으로 전환될 수 있는가? 이 물음에 앞서 분쟁의 평화적 전환이 어떤 의미인지 먼저 고찰할 필요가 있다. 첫째, 평화를 달성하였다는 점이 일정한 측면에서 관찰될 수 있어야 한다. 이때 평화를 달성했다 함은 ① 안보 분야에서 분쟁이 종식되고 재발하지 않아야 하고, ② 정치 분야에서 대규모의 정치적 폭력이나 독재체제가 존재하지 않아야 하며, 효과적이고 정통성 있는 정부가 수립되어야 하고, ③ 경제 분야에서는 빈곤 감소와 같은 경제적 문제가 개선되고 경제가 발전해야 하고, ④ 사회·문화 분야에서 종교와 인종 관련 문제가 개선되고 평화교육, 인권 증진, 화해, 법치 등이 확립되어야 한다.[7]

갈퉁(Johan Galtung)의 논의에 따른다면 안보 측면에서 단순히 무력 충돌이 재발하지 않은 경우는 소극적 평화(negative peace)다. 이에 더하여 구조적 폭력과 문화적 폭력이 없어지고 사회·경제적 분야에서 복지와 번영이 이뤄진다면 적극적 평화(positive peace)를 달성했다고 평가할 수 있을 것이다.[8] 그렇지만 이와 같은 평화 달성은 일시에 이루어지지 않는다. 평화는 폭력에 반비례한다는 점에서 평화의 과정은 폭력을 줄여가는 과정이다. 즉 평화를 폭력에서 멀어져가는 '감폭력(減暴力)'의 과정이라고 할 수 있다.[9] 평화적 전환은 무력 충돌의 감소에서 시작될 수 있으며 분쟁으로 초래된 경제, 사회 분야에서 폭력적 구조와 의식이 줄어드는 과정을 동반한다. 그러므로 평화적 전환은 점진적이고 일련의 흐름을 만들어낸다.

둘째, 분쟁이 평화적으로 전환되었다고 간주하려면 최소한 무력충돌이 재발해서는 안 된다. 1960~2002년 기간 74개의 분쟁 사례를 분석한 연구에 따르면 분쟁이 종식되었다가 10년 내 재발한 사례는 44개였다.[10) 소극적 평화에서 적극적 평화로 확대되는 과정이 더딜지라도 평화프로세스가 지속되지 않고 역전된다면 그 분쟁은 전환되었다고 볼 수 없다.

셋째, 평화를 달성하는 수단이 평화로워야 한다. 말하자면 분쟁 당사자 중 일방의 승리와 억압에 의한 것이 아니어야 한다. 평화적 전환의 과정에서는 분쟁에 관계된 집단이나 국가들 간 협상, 제3자의 개입과 중재, 인식과 태도의 변화, 협정 및 조약의 체결 등이 나타난다. 이와 달리 일방이 완전히 승리하여 분쟁시 적이었던 타방에게 정복, 추방, 합병, 식민지화, 분할 등의 조치를 취한다면 그것은 힘에 의한 평화이자 징벌적 평화다.[11) 그것은 분쟁의 평화적 전환과 거리가 멀고 분쟁 재발의 위험을 안고 있다.

넷째, 중장기적으로 구조적 전환이 이뤄져야 한다. 장기분쟁에서는 그 근본 원인(root causes)이 다양한 수준(개인, 관계, 구조 등)에 걸쳐 있다. 이때 전환의 핵심은 분쟁을 만들어내는 근본적인 조건을 정치·경제·사회 영역에서 구조적으로 전환시키는 것이다. 무력충돌을 최소화하고 적대감을 감소시킬 뿐만 아니라 폭력을 제거하는 비폭력적인 메커니즘이 작동해야 한다. 구조적 전환이 되지 않는다면 기존 무력충돌 당사자 간 위기가 발생하였을 때 분쟁이 재발될 수 있다.[12)

2. 분쟁의 평화적 전환 요인

분쟁의 평화적 전환에 대한 요인은 분쟁국가(혹은 지역)를 기준으로 크게 대내적 요인과 대외적 요인으로 나눠 생각해볼 수 있다.

대내적 요인은 분쟁 당사국 또는 집단 내부에서 정치, 경제, 안보, 사회 분야에 걸쳐 있다. 예를 들어 정치 분야의 요인으로는 권력공유, 정치제도(민주주의), 정부역량, 정치지도자의 리더십 등을 들 수 있다. 경제 분야에서는 빈곤 등 경제적 불평등 해소, 국가 및 지역의 경제발전,

경제협력 등이 요인으로 작용할 수 있다. 분쟁과 직접 관련 있는 안보 분야에서는 휴전, 군비통제, 외국군 철수, 군대통합, 무장해제·동원해제·재통합(Disarmament, Demobilization, and Reintegration: DDR), 정치의 탈군사화, 군수경제의 민수화, 폭력적 문화의 전환 등 그 요인이 더 광범위하다. 사회·문화 분야에서도 종교·인종(민족) 화해, 과거사 청산과 전환기 정의, 평화교육, 평화운동, 인권 증진, 난민 귀환, 형사사법 개혁 등 다양한 요인이 있다.

대외적 요인으로는 분쟁에 영향을 끼치는 국제체제 및 지역질서의 변화, 외국 혹은 국제기구의 다양한 형태(제재, 압력, 중재, 지원 등)의 개입 등이 있다.[13)]

사실 분쟁 및 평화의 전개 과정은 매우 가변적이어서 예측하기 어려운 경우가 많다. 그런 복합적 성격 때문에 변인(variable)과 변인 간 단선적인 관계로 분쟁 및 평화의 전개과정을 설명하는 것은 적절하지 않다는 지적도 있다.[14)] 게다가 각각의 분쟁은 저마다의 특징이 있고 분쟁의 원인, 역사, 문화 등 그 맥락도 간단하지 않다. 하지만 폭력 예방, 군축, 과거사 청산, 인권, 새로운 정치구조 구축, 화해와 같이 평화프로세스가 마주하는 과제에서는 공통점이 있다.[15)] 비록 일반화된 모델을 구축하기는 어렵지만 각각의 분쟁이 평화프로세스로 나아갈 때 직면하였던 공통의 과제는 도출할 수 있다.

아래에서 제시한 요인들은 안으로부터 혹은 밖으로부터 그 방향과 각각의 성격에 따라서 분류한 것이다. 물론 대외적 요인과 대내적 요인은 엄격히 분리되지 않을 수도 있다. 예컨대 유엔의 평화유지활동(peace-keeping operation: PKO)은 대외적 요인이지만 분쟁 국가 또는 집단에 전반적인 영향을 끼친다. 또한 정치, 경제, 안보, 사회·문화 분야의 요인들도 서로 밀접하게 관련되어 있다. 이를테면 군수경제의 민수화는 국방비 지출을 경제성장으로 이전시킨다는 점에서 안보와 경제 영역에 걸쳐있다.

한편, 평화프로세스로 이행되게끔 하는 요인은 분쟁을 평화적으로 전환하기 위하여 해결되어야 할 과제로 볼 수도 있다. 덧붙여 요인들이 분쟁의 평화적 전환에 긍정적인 영향만을 끼치는 것은 아니다. 동일한 요인이 다른 사례에서는 부정적인 영향을 끼치기도 한다. 이를 전제로 아래에서는 대내외적 요인들 중 대표적인 요인들 몇 가지를 골라 논의하고 있다.

1) 대외적 요인

(1) 국제·지역질서

분쟁의 평화적 전환은 해당 사회와 국가의 대외 환경이라 할 수 있는 국제질서 및 지역질서(의 변화)에 영향을 받는다. 냉전기 미소 양극체제, 탈냉전 이후 미국 중심의 단극체제, 2000년대를 경과하면서 두드러진 중국의 부상 등은 국제체제 수준의 중대 변화였다. 또한 중동, 아프리카, 서남아시아 등은 주요 분쟁 지역으로 이 지역에 속한 분쟁 국가들은 역내 질서의 변화에 영향을 받는다.

몇 가지 사례를 살펴보자면, 남북한은 한국전쟁 이후 무력충돌을 포함한 군사적 긴장 가운데 있었으나 1970년대 미중 화해라는 동북아 지역의 데탕트를 배경으로 1972년 7.4 남북공동성명을 도출함으로써 냉전기 첫 대화를 이어갈 수 있었다. 중국과 베트남은 1979년 2월부터 전쟁에 돌입했으나 1980년대를 경과하면서 이루어진 중소 관계회복으로 1989년부터 시작된 중국-베트남 간 평화협상의 배경이 되었다.

이런 사례와는 달리 대외 환경은 분쟁을 심화시키기도 한다. 1960년대를 경과하면서 나타난 남아시아 지역질서의 변화는 인도-파키스탄의 2차 전쟁을 촉발한 대외 요인으로 작용하였다. 1962년 중국과 인도는 히말라야 부근 국경선을 두고 전쟁을 치렀고 인도가 패배하였다. 그런데 이 전쟁 중 인도는 서방 국가들의 군사 원조를 받아 방위력을 증강시킬 수 있었다. 이는 파키스탄 입장에서 남아시아 지역의 세력균형이 자국에게 불리하게 전개됨을 의미하였다. 파키스탄은 이를 우려함과 동시에 1964년 12월 인도의 카슈미르 병합 강행에 대항하고자 2차 전쟁을 일으켰다.

(2) 외부의 개입

외부개입으로 인한 분쟁의 평화적 전환 요인으로는 유엔의 평화유지활동, 지역기구, 제3국(주로 강대국)의 중재와 조정, 경제제재 등이 있다.

유엔 평화유지활동은 분쟁으로 인해 고통받는 국가가 평화를 형성할 수 있는 조건을 만들도록 지원하는 것이다.[16] 이러한 활동은 평화와 안보, 정치적 과정 촉진, 시민 보호, 무장해제 및 동원해제, 분쟁 집단 간 재통합, 선거 지원, 인권 보호, 법치 회복 등을 포함하고 있다.[17] 유엔 평화유지활동은 외부적 요인이면서 내부적 요인과도 연결된다.

그간 이뤄진 유엔의 평화유지활동은 총 71건으로 58건의 활동이 완료되었고 2019년 기준 아프리카, 중동, 아시아, 유럽, 아메리카 등에서 13건의 평화유지활동이 진행되고 있다.[18] 예컨대 인도·파키스탄정전감시단(UNMOGIP)은 1차 인도－파키스탄 전쟁이 종료된 후 1949년 1월부터 파견되어 현재까지 양국 간의 전쟁행위를 감시하고 있다. 여기서 유의할 것은 평화유지활동이 유엔 안전보장이사회의 결의에 의거해 UN PKO군이 운용하는 경우와 달리, 미국이 자체 판단에 따라 동맹·우방국들의 동참을 이끌어내 패권 유지의 수단으로 전개하는 경우도 있다는 점이다. 미국의 이라크 공격 이후 PKO 활동이 그런 경우인데 이때 미국은 사후적으로 유엔 안보리의 결의를 얻어 PKO 활동을 정당화 하기도 했다.[19] 이런 경우가 분쟁의 평화적 전환에 해당하는지는 시각에 따라 의견이 나눠질 수 있다.

지역기구의 지원과 제3국의 중재와 조정도 평화프로세스를 촉진시킬

수 있다. 이러한 개입은 연설이나 방송, 경제적 원조와 같이 낮은 수준
에서부터 봉쇄, 제한적 군사행동, 전쟁 등 높은 강제까지 포함한다.[20)
예컨대 미국은 북대서양조약기구(NATO)를 통해 보스니아 내전에 군사
적 개입, 협상 강제 등과 같은 적극적인 역할을 하였다.

경제제재란 제재를 가하는 국가가 제재대상이 되는 국가의 정책을
변화시키기 위해 강제적으로 시행하는 경제적인 조치다.[21) 유엔은 인권
침해, 핵개발 등의 문제에 대하여 경제제재를 부과해 왔다. 특히 분쟁이
장기화되는 지역에서는 인종청소, 집단학살 등 인권 침해가 매우 심각
할 수 있다. 관련 사례로 유엔은 1960년대부터 남아공의 인종차별정책
에 관하여 제재를 추진해 왔다. 또한 1990년대 유엔과 유럽연합은 세르
비아에 대한 제재를 취하였는데 이는 세르비아의 전쟁 능력 제한에 효
과가 있었다고 평가되고 있다. 다만, 평화유지활동과 마찬가지로 제재도
결과적으로 분쟁의 평화적 전환에 기여하는 경우와 그 반대의 경우로
상정할 수 있다. 미국은 북한이 국가로 출범한 때부터 제재를 가해왔는
데, 2000년대 들어 북한의 핵·장거리미사일 시험발사로 유엔 안보리
결의도 주도하고 있다. 그러나 대북 제재가 한반도에서 분쟁의 평화적
전환, 곧 정전체제의 평화체제로의 전환을 이끌어낸다는 평가는 찾아보
기 어렵다. 이는 분쟁의 평화적 전환 요인이 반드시 순방향으로만 작용
하지 않는다는 가설을 증명하는 셈이다.

2) 대내적 요인

(1) 정치적 요인

분쟁의 평화적 전환을 이끄는 정치 분야의 요인으로는 권력공유, 민
주주의 정치체제, 정부의 역량, 정치 지도자의 리더십(leadership) 등이
있다.

먼저, 권력공유 요인을 살펴보자. 오랜 기간 무력충돌을 동원한 적대

관계를 유지했던 집단들은 쉽게 그 적대관계의 종식과 평화구축에 합의하기가 어렵다. 그런 집단들은 기존까지 직면하였던 안보우려가 해소되기 힘들다고 보기 때문이다. 적대관계에 있었던 집단이 분쟁을 종식시키는 데에 합의하기 위해서는 어느 특정 집단이 자신의 목적을 위해 국가 권력을 독점하지 못하도록 하거나 타 집단의 생존을 위협하지 못하게끔 보장하는 것이 필요하다. 그런 보장은 분쟁에 관계되었던 집단들이 권력을 공유하게 함으로써 가능할 수 있다.[22]

특히 국가 간 분쟁보다 내전 사례에서 권력공유를 통한 집단 간 참여의 폭이 넓은 연립정부가 수립될 경우 그 효과가 더 크다. 정치권력에 대한 공유는 각 집단들에 대해 정치적 대표성과 정책결정에 대한 참여의 기회를 보장함으로써 분쟁을 감소시킬 수 있기 때문이다. 즉, 권력공유는 이전까지 적대관계에 있던 집단 간의 안정적인 세력균형을 만드는 제도라고 하겠다.[23]

다음으로 분쟁과 평화프로세스 간 관계에서 주목받는 변수로 민주주의의 성숙도가 있다. 거(Ted R. Gurr)는 정치적인 불만과 그로 인한 폭력의 발생을 예방할 수 있는 정치체제로서 오랜 기간 유지되고 독재를 경험하지 않은 민주정치체제에 주목하였다. 그는 정치체제를 '기존 민주주의체제(1980년 이전 정착)', '신생 민주주의체제(1980~1994년 기간 정착)', '이행기체제(독재와 민주주의 체제가 반복되어 나타나는 혼합정치제)', '독재체제(1960~1990년 기간 유지된 체제)'와 같이 네 가지로 구분하였는데, 경험적 연구 결과에 따르면 '기존 민주주의체제'에서 정치적 불만이 발생하여도 폭력적 사태로 확대될 가능성이 낮았다.[24]

그런데 민주주의 체제의 구축 정도가 평화적 전환에 대하여 긍정적인 영향만을 끼치는 것은 아니다. 우선 민주화 과정은 헌팅턴(Samuel P. Huntington)이 지적했듯이 정치적 폭력과 빈번하게 연결된다. 정치적 변화는 정치제도의 약화뿐만 아니라 내전으로 이어질 위험성을 갖고 있다. 단적인 예로 독재국가의 민주화 과정에서는 폭력이 두드러졌을 뿐만 아니라 심지어 국가가 붕괴되기도 하였다. 한편, 민주주의 체제가 아닌 독재정치체제라고 해서 분쟁이 격화되지만은 않는다.[25] 1816~1992년 기간 내전 사례를 분석한 연구에 따르면 높은 수준의 민주주의체제나 독재체제보다 폭력의 발생 가능성이 제일 높은 경우는 중간수준의 정치체제(regimes in the middle range on the democracy − autocracy)였다. 또한 내전 발생의 개연성에 있어서 높은 수준의 민주정치체제와 독재체제 사이에는 뚜렷한 차이가 없었다. 이러한 점에서 정치체제의 유형보다는 상호 신뢰 및 협력을 이끌어낼 수 있는 안정된 체제의 존재 여부가 평화구축에서 중요하다고 할 수 있다.[26]

국가 간 관계에서 민주주의 정치체제의 영향도 중요하다. 민주평화론(Democratic Peace Theory)은 민주주의 국가들 간의 '차별화된 평화현상(separate zone of peace)'에 대한 근거를 다음과 같이 제시한다. 첫째, 민주주의 국가는 제도적 측면에서 전쟁 발생으로 인한 비용을 부담하고 싶어 하지 않는 국민들의 선호와 그런 여론에 반대되는 결정을 내리기 어렵다. 정책결정자들의 선택은 견제와 균형, 선거, 정책결정과정에 대한 여론의 영향을 받는다. 즉, 민주주의의 제도가 평화에 기여한다는 뜻이다. 둘째, 규범·문화적 측면에서 민주주의 국가들은 분쟁을 폭력이 아닌 평화적으로 해결하고자 하는 문화와 규범을 공유하고 있다. 그래서 외교적 수단, 국제법, 제3국 및 국제기구의 중재 등의 방식을 선호한다.[27] 단, 민주평화론은 통계적 측면에서 설명력을 가졌지만 이론체계 및 정책 반영 부분에서 많은 비판을 받기도 하였다.[28]

제도와 체제 측면과 함께 정부의 역량 또한 분쟁의 평화적 전환에 대한 주요 요인이다. 교육 및 의료서비스 등 공공재를 제공할 수 있는 능력, 세금징수 능력, 관료제의 수준, 사회 구성원들로부터 받을 수 있는 신뢰의 크기, 지방에 대한 통제력 등은 평화구축 과정에서 발생할 수 있는 충돌을 예방하고 중재할 수 있는 정부의 역량이다. 1965~1997년 사이 22개의 분쟁 사례를 두고서 민주주의, 정부의 역량, 경제성장, 외부 개입(UN 평화유지군)이 내전의 종식에 미치는 영향을 분석한 연구에 따르면 정부의 역량이 높은 수준일 경우 분쟁이 종료되고 재발될 확률이 낮았다.[29]

다음으로 개인 행위자 수준에서 정치지도자의 리더십을 살펴보자. 리더십은 일반적으로 공동목표를 달성하기 위하여 한 구성원이 조직 및 다른 구성원들에게 영향력을 미치는 과정으로 정의할 수 있다.[30] 정치리더십은 개입할 수 있는 이슈와 사건의 범위가 넓다는 점에서 특별한 형태의 권력이다.[31] 정치지도자는 공적인 고위층이자 유엔 등 국제기구의 지원을 받을 수 있고, 갈등 관계에 있는 지도자들 사이에서 협상의 타결을 이뤄내고자 한다.[32] 대표적인 사례로 르완다의 카가메(Paul Kagame) 대통령을 손꼽을 수 있다. 카가메 대통령의 리더십을 바탕으로 비교적 빠르게 인종 분쟁이 봉합되었고 정치적 안정을 이룰 수 있었다. 물론 그의 장기집권과 경제성장의 관계, 정치적 안정 이면의 부패는 리더십이 분쟁의 평화적 전환에 미치는 양면을 보여주고 있다.[33]

(2) 경제적 요인

경제 분야에서의 요인에는 경제적 불평등 해소, 성장과 발전, 경제협력 등이 있다.

경제적 허약성은 분쟁의 발발 및 지속의 요인이면서 그 결과이기도 하다. 분쟁이 장기화 될 경우 빈곤, 낮은 수준의 1인당 GDP, 계층·지역 간 불평등이 심화된다. 빈곤의 해소, 불평등의 감소와 같은 복지증진은 평화적 전환의 주요 요인이 될 수 있다. 저발전과 결핍의 상황에서는 무력충돌에 대한 기회비용이 낮고 폭력을 통해서 경제적인 이익을 누릴 수 있는 기회가 높기 때문이다.

분쟁이 장기화 될 경우 설령 평화를 구축하기 시작하였다고 할지라도 빈곤과 가난에 직면하게 된다. 이런 점에서 적절한 경제성장과 자원의 배분은 성공적인 평화구축을 지원하는 것이라고 볼 수 있다. 일부 경험 연구들은 경제성장에 해당되는 지표들이 성공적인 평화구축과 긍정적인 상관관계가 있다고 밝혔다. 다만 지하자원, 특히 천연자원에 대한 의존도는 평화프로세스에 부정적인 영향을 미치는 것이자 분쟁의 주 원인이 될 수도 있다.[34) 아프리카와 중동 지역에서 천연자원에 대한 독점적 점유를 둘러싸고 발생한 분쟁이 많다는 것은 널리 알려진 사실이다.

한편, 경제협력은 국가 간 관계에서 다양한 교류와 통합을 촉진시키는 요인이 될 수 있다. 자유주의 국제정치이론의 하나인 기능주의(functionalism)는 보다 협력이 쉬운 비정치 분야의 교류가 축적되면 그 분기효과(ramification)가 다른 영역으로 확산될 수 있다고 본다. 미트라니(David Mitrany)는 국제기구를 설립하고 국가 간 비정치적 분야의 교류가 축적될 경우 보다 큰 정치공동체까지로 통합할 수 있다고 하였다.[35) 신기능주의(neo-functionalism)는 협력의 분야별 구분은 실제적이지 않고 그 파급효과도 자연스럽게 확대되지 않기 때문에 정치 엘리트의 역할 등 정치적 접근이 필요하다고 보았다.[36)

경제협력을 통한 통합의 경험은 제2차 세계대전 이후 유럽공동체의 발전과정에서 분명히 드러났다. 두 차례 세계대전의 당사국이었던 유럽 국가들은 평화유지에 기여하기 위한 통합의 필요성을 절감하였고, 상호협력이 없이는 전쟁의 폐허로부터 경제를 재건할 수 없다고 인식했다. 유럽석탄철강공동체(ECSC), 유럽경제공동체(EEC), 유럽원자력공동체(Euratom) 등 유럽통합의 초기 과정은 초국가적 기구 건설과 국가 간 경제협력이 성공적인 평화유지에 크게 기여한 요인임을 보여준다.[37)

또 남북한의 경제협력도 그 자체의 의의와 함께 정치·군사적 신뢰구축을 촉진하였다. 비록 지금은 교류협력의 기반이 사실상 상실되었으나 2000년대 초중반 활발하게 전개된 남북한 간 경제협력은 그런 효과를 이끌어냈다. 한편, 중국과 대만, 즉 양안 간의 경제협력도 통일(하나의 중국)과 분리(대만독립) 문제로 인한 정치적 긴장과 불안정성을 낮추어 양안의 평화를 유지하는 요인이라고 볼 수 있다.

(3) 안보적 요인

분쟁이 평화적으로 전환되기 위해서는 우선적으로 무력충돌이 멈춰야 한다. 적대 행위의 종지(終止)인 휴전이나 정전,[38] 협정 체결 및 비무장지대 설치 등이 요청된다. 이후 신뢰구축, 군비통제, 군축 등이 전쟁 이후 평화구축을 위하여 필요하고 이를 부분적 또는 전체적으로 법제화한 평화협정이나 강화조약과 같은 제도적 장치도 요구된다.[39]

군비통제(arms control), 신뢰구축(confidence building measures: CBMs), 군축(arms reduction) 등은 국가 간 무력충돌을 방지하고 평화적 관계를 가능케 할 수 있는 요인으로 널리 알려져 있다.

군비통제는 상호 위협을 감소시키는 행위로 국가 간의 합의에 의하며 운용적 군비통제와 구조적 군비통제로 구분된다. 운용적 군비통제는 선언적 조치, 훈련, 기동, 행위, 특정 지역에 대한 군 배치 등을 통제하는 것이다. 운용적 군비통제 중 군사적 신뢰구축은 군사 행동에 대한 투명성을 제고해 예측가능성을 높여준다. 제한조치(constraint measures)는 군사훈련의 규모나 빈도 수의 제한, 배치 지역의 제한 등을 뜻한다. 다음으로 구조적 군비통제는 군사력의 규모와 구조를 통제하는 것으로 군사력의 현 수준 동결(freeze), 상한선(ceiling) 이상의 군비증강을 막는 증강 제한, 특정 유형의 무기 및 화력의 사용 규제나 일정 비율 또는 수량으로 무기를 폐기시키는 감축(reduction) 등이 있다.[40]

<그림 2-1>은 무력분쟁이 평화적으로 전환되기까지 휴전, DMZ 조성, 신뢰구축, 군비통제, 군축 등과 같은 안보적 요인이 필요하다는 점을 보여주고 있다. 분쟁과 평화정착 사이의 축을 위기라고 할 때, 평화적 전환을 위해서 분쟁 재발의 위기를 관리하는 것이 요청된다. 군사

〈그림 2-1〉 분쟁과 평화의 스펙트럼과 안보적 요인

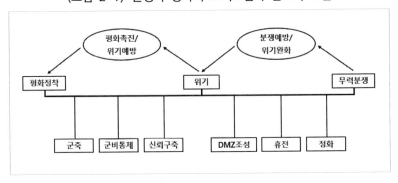

* 출처: Richard E. Darilek, *A Crisis or Conflict Prevention Center for the Middle East* (Santa Monica, CA: RAND, 1995), p. 8; 한용섭, 『한반도 평화와 군비통제』 (서울: 박영사, 2015), p. 43의 그림을 수정·보충함.

적 신뢰구축 조치가 축적되면 국가 간 소통의 증가, 예측가능성의 확대로 이어져 군사적 긴장이 전쟁으로 확대되지 않도록 할 수 있으며, 안보딜레마의 해소는 평화구축의 전기를 마련할 수 있다.[41]

군비통제는 경제적 효과로 이어질 수 있다. 군수경제의 민수화를 통한 이른바 평화배당금(peace dividend)이 발생할 수 있다. 특히 국가 간분쟁 사례에서 과도한 군사비 지출로 인해 복지, 교육, 의료 등의 분야가 취약한 국가는 국방비 축소를 통해 민생경제의 규모를 늘릴 수 있다.[42] 문재인 정부가 제창하는 '평화경제'의 문제의식도 여기에 있다. 즉한반도에서 평화경제는 새로운 미래 100년을 추구하는 방향성이자 그동력인데, 정전체제의 평화적 전환으로 남북 공영의 경제협력을 전개하고 그 성과로 항구적인 평화협력공동체를 달성하자는 것이다.[43]

휴전과 군비통제는 내전의 평화적 전환에서도 중요한 요인이다. 왈렌스틴(Peter Wallensteen)은 1989~2005년 기간 144개의 사례(내전: 142개, 국가 분쟁: 2개)에 대한 평화협정의 내용을 분석하였다. 이 중 군사 분야의 조항으로는 휴전, 군축, 군대통합, PKO 배치, 외국군 철수 등이 있었으며 휴전이 차지하는 비중은 60%에 달했다.[44] 중장기적으로는 무장해제·동원해제·재통합(DDR)과 같은 조치도 필요하다. 무력충돌의 종식 이후 평화구축, 재건 과정에서 무기 반납, 불법 무기의 유입에 대한 제한, 기존 군사집단에 소속된 군사들의 동원해제, 안전확보, 교육, 직업훈련, 취직과 같은 사회 재통합 계획이 실행되어야 한다.[45]

(4) 사회·문화적 요인

사회·문화 분야에서의 요인으로는 종교·인종(민족) 집단 간 이질성·동질성, 과거사 청산과 전환기 정의, 평화교육, 평화운동, 인권증진, 난민귀환, 치안확보 및 형사사법 개혁 등이 있다.

종교 및 인종(민족)의 차이로 인한 집단의 다양성은 분쟁 발생의 대표적인 요인이다. 그런데 분쟁에 대한 종교와 인종집단의 영향은 긍정적일 수도, 부정적일 수도 있다. 종교적 차이로 인해 집단이 양극화된 사회에서 분쟁이 발발할 가능성이 더 높다는 분석이 있는가 하면, 오히려 이질적인 사회가 균질한 사회보다 더 안전하다는 평가도 있다.[46]

거(Ted R. Gurr)는 인종 간 분쟁 사례를 연구하면서 인종적 정체성에 따라 정치적 영향력이 부여되고 정치적 행동을 수행하는 '인종정치집단(ethnopolitical group)'과 그로 인한 분쟁과 그 평화적 전환 과정을 분석하였다. 1960~1999년 사이 집단이 자치권이나 독립을 요구할 때 발생한 57건의 인종정치분쟁 중 자치권을 얻은 사례는 30건에 달했다. 그리고 1990년대를 경과하면서 자치권을 획득하는 식으로 타결된 사례가 증가하였다. 거는 인종집단의 분리주의(자치권, 독립)에 의해 발생한 분쟁이 평화적으로 전환되기 위해서는 ① 최대한 빠른 시일 내 협상 참여, ② 모든 이해당사자의 참여, ③ 완전한 권한은 아니더라도 제한된 형태 수용, ④ 다양한 형태의 자치권 이양 방법 강구, ⑤ 국제 행위자들의 건설적 개입 등이 필요하다고 보았다.[47]

분쟁으로 인해 막대한 인적·물적 피해가 발생할 수 있다. 과거의 분쟁이 남긴 폭력, 불법, 범죄와 그로 인한 피해라는 소위 분쟁의 유산 (legacy of conflict)은 평화프로세스에서 제기되는 문제다. 여기서 전환기 정의(transitional justice) 개념이 도출된다. 전환기 정의는 과거청산의 국면에서 작동하는 정의를 지칭한다.[48] 그 목표는 광범위한 과거의 인권 침해에 대응하면서 피해자를 분명히 인식하고, 평화와 화해, 민주주의의 실현을 보다 공고히 하는 것이다.[49] 전환기 정의를 통한 화해는 폭력의 재발을 막고 분쟁 이후의 평화프로세스를 안정화시킬 수 있다.[50]

전환기 정의가 작동하는 모델에는 가해자의 형사책임에 집중하는 정의 모델, 진실을 발견하고 화해를 추구하는 것에 방점을 두는 진실화해 모델, 형사법정과 진실화해위원회가 동시에 가동되는 혼합 모델, 관련 집단 간 정치적 타협으로 과거사에 대한 책임을 묻지 않고자 하는 망각 모델, 피해자 무마와 기념사업에 치중하는 신원 모델 등 다양한 유형이 있다.

앞서 살펴본 정치와 안보 측면의 요인을 통해 구축되는 평화프로세스는 위로부터 만들어지는 것이자 엘리트 수준의 행위자들이 주로 향유할 수 있는 것이다. 하지만 분쟁 기간 발생한 극심한 폭력, 사실로 공유되지만 공식적으로 부인되는 국가범죄, 고문과 대량학살 등은 이를 경험하고 기억하는 당사자들에게는 깊은 상처를 남기고 오래 지속된다. 진실화해위원회는 분쟁 이전부터 발생한 그러한 인권침해를 조사하고 보고하기 위한 공식 기구로서 진실규명 및 가해자 사과를 전제로 분쟁의 상흔을 치유하고 사회 통합을 추구한다. 그 과정이 성공적일 경우 진실화해의 노력은 분쟁의 평화적 전환을 달성하는 데 긍정적인 영향을 끼친다.[51]

1995년에 설립되어 이후 3년여 간 운영된 남아프리카공화국의 진실화해위원회는 진실발견(수천 명에 해당되는 가해자들의 증언)과 통합(백인과 흑인 간 화해)에서 주요한 역할을 했다고 평가받는다.[52] 그런데 화해를 지향한다고 하여 사법적 책임을 외면할 수는 없다. 2016년 10월 콜롬비아 평화협정이 국민투표에서 부결된 이유는 전쟁범죄를 저지른 콜롬비아 무장혁명군(FARC) 조직원에 대한 법적 책임을 면해주는 조항이 있었기 때문이다.

다음으로 평화교육은 보다 더 정의롭고, 지속가능하며 비폭력적인 세계를 만드는 데에 요청되는 지식, 태도, 기술들을 개발하기 위하여 필요하다. 이러한 평화교육의 범위는 분쟁, 평화, 전쟁, 대량살상무기, 정의, 권력, 성차별, 인종차별, 환경, 미래 등을 아우른다. 교육의 핵심 주제는 폭력 및 평화 개념을 중심으로 인권, 민주주의, 젠더(gender), 생태 및 지속가능한 발전, 인종차별 거부, 상호문화의 이해, 세계에 대한 학습 등을 포함하고 있다.53) 평화교육은 분쟁에서 평화로 나아가는 이행기에 있거나 평화프로세스가 진행 중인 지역에서 폭력과 억압을 예방할 수 있다. 평화교육은 과거 적대관계의 대상에 대한 마음의 경계와 그 상태가 재생산하는 폭력과 억압을 파악하고 허물고자 하기 때문이다.54)

한편 상당히 민감한 문제이면서도 사회 구성원 간의 화해를 촉진시킬 수 있는 기제로 역사교육을 손꼽을 수 있다. 과거 폭력으로부터 회복 중인 사회에서 과거사를 어떻게 다룰지에 대한 문제는 매우 중요하다. 사회의 많은 구성원들이 분쟁을 계속 기억하며 원한 등 다양한 감정이 해결되지 않고 트라우마(trauma)로 남아 있기 때문이다. 화해는 폭력을 경험했던 사회가 다시 정상적이고 효과적으로 작동할 수 있는 능력을 회복해가는 과정으로 정의할 수 있는데, 역사교육은 이를 촉진시킬 수 있다. 평화를 지향하는 역사교육은 과거 폭력에 대한 비판적인 진실을 반영하고 분쟁의 역사에서 사회적 공존과 상호 번영을 서술할 수 있다. 이는 평화구축의 중장기적인 과정에서 보다 건설적인 미래를 구상하는 데에 밑거름이 될 수 있다.55)

Ⅲ. 개념의 적용: 북아일랜드 평화프로세스[56)]

1. 개요

북아일랜드 분쟁은 초기에 종교 및 민족 갈등을 원인으로 두고 있었다. 이후 개신교이자 영국에서 이주한 자들이 정치·경제적 지배층이 되었고 가톨릭이자 아일랜드계 집단이 정치참여 제한, 경제적 불평등, 사회적 차별 등을 받게 되었다. 1921년 아일랜드가 남북으로 분단된 후 영국에 잔류하게 된 아일랜드 북부 6개 주(북아일랜드)에서는 이러한 현상이 더욱 심화되었다.

모순의 지속은 북아일랜드 내 집단 간 분쟁으로 확대되었다. 개신교·영국계가 가톨릭·아일랜드계를 억압하였고 아일랜드 민족주의자들이 이에 대항하는 과정에서 유혈충돌이 잇따랐다. 영국에 통합된 채로 기득권을 유지하고자 하는 통합주의계열과 남북 아일랜드의 통일을 통해 정치·경제적 불평등을 해결하고자 하는 민족주의계열 간의 적대관계가 계속되었다. 각 진영의 준군사집단이 조직되었고 보복과 재보복이 끊이지 않았다.

그러한 폭력의 시기는 1960년대부터 30여 년 간 지속되었고 약 3,500명의 사망자가 발생하였다. 분쟁이 끊이지 않는 가운데 평화정착을 위한 노력도 전개되었다. 1973년 서닝데일(Sunningdale) 합의, 1985년 영국-아일랜드 협정, 1993년 다우닝가(Downing Street) 선언 등 점진적으로 평화협정을 위한 기틀이 마련되었고 마침내 1998년 성금요일 협정(Good Friday Agreement) 체결로 이어졌다. 적대관계에 있었던 집단이 참여하는 권력공유 정부가 출범하였고 2006년 성앤드류(St. Andrews) 협정이 체결되어 북아일랜드의 평화프로세스가 보다 촉진될 수 있었다.

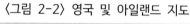

〈그림 2-2〉 영국 및 아일랜드 지도

* 출처: https://www.denverlibrary.org/ (검색일: 2020. 8. 31)

2. 분쟁의 역사와 평화프로세스

12세기 유럽에서 아일랜드는 영국 입장에서 지정학적 가치가 높은 곳이었다. 1171년 영국은 아일랜드를 침공하였고 이후 16세기부터 본격적인 식민지 정책을 시행하였다. 징벌적인 농장화로 대표되는 식민통치 하에서 아일랜드인들은 경제적 착취의 대상이 되었다. 영국계 이주자들은 토지를 소유한 지배계급이 되었고 아일랜드 북동부 얼스터(Ulster)를 중심으로 지역사회를 형성하였다. 반면 기존 아일랜드 주민들은 선거권 불허, 경제적 수탈 등 심한 차별을 받았다. 또한 아일랜드를 대상으로 하는 강압적인 종교개혁이 추진되었다. 이러한 정치적 차별과 경제적 불평등으로 인하여 영국계·개신교도와 아일랜드계·가톨릭교도 간의 경계와 대립은 더욱 뚜렷해졌다.

아일랜드 민족주의자들은 1790년대부터 영국의 지배에 대한 항쟁을 시작하였고 영국은 강경하게 진압하였다. 영국은 식민통치에서 더 나아가 1800년 아일랜드를 병합하였다. 기존 식민지배의 모순은 더욱 심해졌고 아일랜드계의 독립운동과 영국의 진압 과정에서 무력충돌이 확대되었다.

병합 이후 1910년대를 경과하면서 분쟁이 격화되었다. 특히 준군사집단이 무장화·조직화되었는데, 통합주의계열의 얼스터의용군(Ulster Volunteer Force: UVF)과 민족주의계열의 아일랜드공화국군(Irish Republican Army: IRA)이 주요 집단이었다. 아일랜드공화국군은 게릴라전을 포함한 독립전쟁을 개시하였고 그 과정에서 준군사집단 간 충돌뿐만 아니라 영국정부의 군·경찰력 투입도 빈번하였다. 1920년 11월 발생한 '피의 일요일(Bloody Sunday)'이 대표적인 사건으로 이듬해 7월까지 희생된 민간인과 군인의 수는 약 1천 명 이상이었다.

피의 일요일 사건 후 영국에서는 아일랜드 자치에 대한 논의가 이뤄졌고 아일랜드와 영국 간 휴전 합의가 있었다. 이어 1921년 영아조약(Anglo-Irish Treaty)이 체결되어 아일랜드 남부 26개 주는 영연방의 자치령인 아일랜드자유국(Irish Free State)으로 독립하였다. 그런데 북부 6개 주는 아일랜드자유국에 합류하지 않고 영국의 일부로 잔류함으로써 아일랜드는 남북으로 분단되었다. 분쟁은 어떠한 형태로든 봉합되지 않았고 북부 6개 주(북아일랜드) 내 무력충돌은 더욱 심화되었다. 특히 이 지역에서 영국계·개신교 집단의 얼스터통합당은 장기간 정치권력을 향유하며 아일랜드계·가톨릭 집단을 억압하였다.

1960년대 후반부터 30여 년 간 지속된 북아일랜드 분쟁(The Troubles)은 폭력으로 점철된 시대였다. 아일랜드·가톨릭계 주민들이 민권운동을 전개하면 영국계·개신교는 준군사조직인 얼스터의용군 등을 통해 무차별적으로 진압하였고, 그 과정에서 각 진영 준군사조직의 규모가 확대되었다.57) 한편, 남·북아일랜드의 통일을 위한 노력이 전개되기도 하였다. 1945~1951년 반분단동맹(Anti-Partition League)의 결성과 활동, 1965년과 1967년 남북아일랜드 정치 지도자 간 회담 등이 성사되었다. 그러나 협력과 협상의 기반은 사실상 조성되지 못했고 분쟁은 계속되었다. 1969년 보그사이드 전투, 1972년 피의 일요일 사건 등 보복과 재보복의 악순환이 지속되었다.

〈그림 2-3〉 1972년 피의 일요일 사건 당시 영국군에 의해 총상을 입은 청년

* 출처: https://allthatsinteresting.com/bloody-sunday-1972 (검색일: 2020. 8. 31)

이 시기 분쟁 해결을 위한 노력으로 1973년 서닝데일(Sunningdale) 합의가 있었으며 1980년대 중반을 경과하면서 일부 가시적인 결실을 거두기도 하였다. 하지만 군중집회, 폭탄테러, 무장투쟁은 끊이지 않았다. 1969년 7월부터 2001년 12월 기간 북아일랜드 분쟁으로 인한 사망자는 총 3,532명이었다. 이 중 통합주의계 준군사조직 170명(4.8%), 민족주의계 준군사조직 396명(11.2%), 아일랜드군(Irish Security) 11명(0.3%), 영국군 1,114명(31.5%), 민간인 1,841명(52.1%)으로 민간인 사망자의 비율이 가장 높았다.58)

서닝데일 합의 이후 평화프로세스를 향한 중요한 진일보는 1985년 체결된 영국－아일랜드 협정이라고 할 수 있다. 영국과 아일랜드는 북아일랜드 주민의 과반수 동의 없이는 북아일랜드 위상에 변화가 없다는 점을 확인하였고 북아일랜드 주민 다수는 통일을 반대한다는 점을 인정하였다. 또한 통일을 위한 남북아일랜드 주민의 요구가 분명할 경우에 관련법을 제정해야 한다고 하였다. 특히 영국과 아일랜드 간 '정부 간 회의'를 설립함으로써 (남)아일랜드가 북아일랜드 문제에 관여할 수 있게 되었다. 이를 통해 향후 북아일랜드에서 권력공유 정부가 다시 출범할 경우 소수(가톨릭·아일랜드계)의 이익을 반영할 수 있는 여지가 만들어졌다. 하지만 북아일랜드 정파 간 신뢰와 협력이 축적되지 않았기 때문에 통합주의 및 민족주의 계열 중 강경파들은 협정 결과를 수용하지 않고 무장 투쟁을 지속하였다.

그럼에도 불구하고 분쟁을 종식시키고 평화를 만들기 위한 노력은 계속 경주되었다. 1988~1992년 기간 북아일랜드 내 정치 역학관계, 남북아일랜드 관계, 영국－아일랜드 관계 등 세 흐름에서 분쟁을 해결하기 위한 논의가 이어졌다. 나아가 1993년 다우닝가(Downing Street) 선언에서 영국과 아일랜드는 무장 투쟁을 포기하는 모든 정파가 협상에 참여할 수 있다고 발표하였다. 아울러 북아일랜드의 영국·개신교계 집단이 가진 두려움을 고려하여 아일랜드 통일의 전제는 남북아일랜드 주민 다수의 합의와 동의에 있다고 하였다. 또한 분쟁 기간 발생한 상처의 치유를 위하여 '평화화해포럼(Peace and Reconciliation Forum)'을 발족시키기로 하였다.

1994년 4월부터 민족주의계와 통합주의계의 준군사조직들이 휴전선언을 하기 시작하였다. 이와 함께 클린턴 대통령은 1995년 1월 미첼(George Mitchell) 상원 의원을 아일랜드 문제 담당 보좌관으로 임명하였다. 2월 영국과 아일랜드 정부는 합의를 위한 새로운 틀(A New Framework for Agreement)을 제시하면서 기존 합의에 더하여 북아일랜드 의회 구성, 남북 아일랜드 기구 구성, 아일랜드 헌법 개정(북아일랜드에 대한 영토권) 등을 발표하였다.

평화협상은 1996년 6월부터 개시되었다. 유혈충돌이 끊이지 않은 터라 협상 과정이 순조롭지만은 않았으나 양보와 타협을 거치며 마침내 1998년 4월 성금요일 협정(Good Friday Agreement, 일명 벨파스트 평화협정)이 체결되었다.[59] 협정은 총 11개 조로 구성되었으며 지지 선언(1~2조), 당사자 관계(북아일랜드체제 및 지위, 남북아일랜드 관계, 영국-아일랜드공화국 관계, 3~5조), 권리·기회균등·안전장치 등의 보장(6조), 무장해제(7조), 안전·치안·형사사법제도(8~9조), 죄수 석방(10조), 비준·이행 및 평가(11조) 등을 주요 내용으로 담았다. 1998년 5월 북아일랜드에서는 성금요일 협정에 대한 직접투표를 실시하여 71%가 찬성하였고 아일랜드에서는 기존 헌법의 영토(2조)와 주권(3조) 조항을 수정하는 투표에서 94%가 찬성하였다.

협정 이후 1999년 권력공유 정부가 출범하였고 영국 의회는 북아일랜드 의회에 입법권을 위임하였다. 남북 아일랜드 관계에서 남북각료위원회와 공동사무국이 설립되었다. 하지만 북아일랜드 정파 간 갈등으로 인하여 권력공유 정부가 중단되고 영국의 직접 통치가 재개되기도 하였다. 그러나 평화프로세스 자체가 무산된 것은 아니었다. 성금요일 협정의 실질적인 이행을 위하여 평화협상이 다시 진행되었고 2006년 10월 성앤드류(St. Andrews) 협정이 체결되었다. 2007년 5월 권력공유 정부가 민주통합당(통합주의)과 신페인당(민족주의)이 참여하면서 출범하였고 2011년 임기 만료까지 유지되었다. 영국은 2007년 8월 북아일랜드에서 군대를 철수시켰고 2010년 북아일랜드 의회로 치안권과 사법권을 위임하였다.

이러한 과정에서 정치, 안보, 경제, 사회 등 광범위한 분야에 걸쳐 평화적 전환이 전개되었다. 2011년 5월 권력공유 정부는 재차 출범할 수 있었다. 무력 충돌로 인한 사망자는 1972년 최고 480명에 이르렀다가 2001년 16명으로 감소하였고, 2015년 한 해 사망 사건은 아예 발생하지 않았다. 경제적 차별과 불평등 해소를 위한 평등위원회가 출범하였고 기존 아일랜드계에 대한 고용과 관련된 차별은 점차 완화되었다. 과거 가톨릭계가 받은 차별이 재발되지 않도록 의회 내에서 인권위원회가 설치·운영되었다. 물론 기존 분쟁의 정치, 경제, 사회적 측면의 요인들이 단기간 내 완전하게 해결되지는 않았다. 하지만 북아일랜드의 분쟁이 평화적으로 전환되는 모습은 점진적으로, 여러 분야에서 드러났고 현재도 진행 중에 있다.

3. 평화적 전환의 요인

북아일랜드 분쟁이 평화적으로 전환된 요인을 앞에서 다룬 대내외적 측면으로 구분해 정리해볼 수 있다. 대외적 요인으로는 국제질서 및 지역질서의 변화, 외부개입 등이 있으며 대내적 요인은 정치, 안보, 경제, 사회·문화 분야로 나뉜다.

1) 대외적 요인

(1) 유럽 내 국제관계 변화

유럽 내 국제관계의 변화는 북아일랜드 분쟁의 심화와 평화프로세스의 촉진 양 측면에 영향을 끼쳤다. 1800년 영국은 아일랜드를 병합하였고 이후 가톨릭·아일랜드계에 대한 기존의 차별은 더욱 심화되었으며 민족주의자들의 독립운동과 영국의 무력 진압이 반복되었다. 분쟁을 심화시킨 이 병합에는 18세기 후반 유럽 지역질서의 변화가 주요 요인으로 작용하였다. 프랑스 혁명 이후 프랑스와 유럽 군주국 간 전쟁이 발발하였고 1793년 영국도 프랑스와 전쟁을 치렀다. 당시 아일랜드 민족주의자들은 프랑스의 도움을 받아 무장투쟁을 전개하고자 하였고 이를 지원하기 위하여 프랑스 함대가 아일랜드 해안에 정박하기도 하였다. 영국은 프랑스와의 전쟁에서 아일랜드가 차지하는 지정학적 가치를 고려해 병합을 결정하였던 것이다. 1800년 영아합방(合邦) 법안을 통과시켰고 그 결과 '대영왕국'과 아일랜드가 '대영아일랜드연합왕국'으로 통합되었다.[60]

이와는 반대로 탈냉전 후 유럽통합의 가속화는 북아일랜드 분쟁이 평화적으로 전환되게끔 촉진시킨 요인으로 작용하였다. 제2차 세계대전 이후 유럽 국가들은 1951년 유럽석탄철강공동체(ECSC), 1957년 유럽경제공동체(EEC)와 같은 지역협력을 도모하였고 마스트리흐트 조약 체결을 통하여 1993년 유럽연합(EU)을 출범시켰다. 영국과 아일랜드도 이미 1973년에 유럽공동체(EC)의 회원국이 되었다. 이러한 유럽 지역의 평화와 번영은 북아일랜드 평화프로세스에 긍정적인 영향을 미쳤다. 대표적으로 1995년에서 2013년 기간 진행된 '북아일랜드 및 아일랜드 접경지역에서의 평화와 화해를 위한 EU 프로그램'이 가동되었다. 유럽연합은 그 프로그램 추진의 일환으로 북아일랜드의 평화를 위한 기금을 지원하였다.

그런데 2010년대를 경과하면서 그리스 재정 문제를 포함한 유럽통합의 위기가 발생하였고 이는 북아일랜드, 특히 남북아일랜드의 관계에 부정적인 요인이 될 수 있다. 영국령인 북아일랜드와 유럽연합 회원국인 (남)아일랜드 관계에서 국경이동과 통관 절차, 관세문제 등 물리적인 경계가 발생할 수 있기 때문이다. 브렉시트(Brexit)의 부정적인 영향을 최소화하는 것도 아일랜드의 평화구축에 중요한 과제로 제기되고 있다.

(2) 외부 개입과 중재

외부의 개입과 중재는 분쟁의 평화적 전환, 특히 다자협상을 진척시킨 요인이 되었다. 영국의 중재 역할에 대한 평가도 있으나 북아일랜드 분쟁 역사를 고려하였을 때 영국은 중재자이기보다는 당사자에 가까웠다. 실질적인 중재는 미국이 이끌었다. 아일랜드 혈통인 클린턴 대통령은 협상을 촉진시키기 위하여 1994년 아일랜드공화국군의 지도자 아담스(Gerry Adams)를 워싱턴에 초청하여 무장투쟁을 중단하고 휴전에 참여할 것을 촉구하였다. 또한 1995년 미국 대통령 중 최초로 북아일랜드를 방문하여 평화프로세스를 지지하였다.

나아가 클린턴 대통령은 미첼(George Mitchell) 상원 의원을 아일랜드 문제 담당 보좌관으로 임명하였다. 미첼 의원은 북아일랜드 정파가 교착상태에 빠졌을 때 돌파구를 마련하면서 1995년부터 2001년까지 그 역할을 수행하였다. 특히 미첼 의원은 평화협상이 개시되기 3년 전 협상 참여에 대한 원칙을 정립하였고 영국과 아일랜드 정부, 북아일랜드 정당의 동의를 이끌어냈다. 그 주요 내용에는 정치적 문제 해결에서 민주적이고 오직 평화적 수단을 사용할 것, 모든 준군사조직이 완전히 무장해제를 하고 독립위원회가 그것을 검증할 것, 무력사용이나 위협 등 협상 과정과 결과에 악영향을 끼치는 행위를 반대할 것, 협상 결과를 준수할 것, 처벌을 위한 살상행위를 중단할 것 등이 포함되었다.

2) 대내적 요인

(1) 정치 분야

북아일랜드 평화프로세스에 기여한 주요 정치적 요인은 권력공유 정부에 대한 합의와 공유 정부의 출범이라고 할 수 있다. 2절에서 살펴보았듯이 권력공유 정부는 정책결정과정에의 참여의 기회와 정치적 대표성을 균형있게 보장해준다. 이는 분쟁 이후 적대관계에 있던 집단의 일방이 권력을 독점하여 타방을 위협하는 경우를 방지하는 정치적 세력균형 제도이다.

북아일랜드 분쟁이 평화적으로 전환됨에 있어서 권력공유 정부가 반드시 필요로 하였던 이유는 수십 년 간 통합주의자(영국계·개신교)들의 권력 독점이 지속되었기 때문이다. 1921년 영아조약이 체결된 결과 아일랜드의 남부 26개 주는 아일랜드자유국으로 독립하였으나, 북부 6개 주는 영국의 일부가 됨으로써 아일랜드가 남북으로 분단되었다. 분단은 곧 분쟁의 심화로 이어졌다. 다수의 영국계·개신교도와 소수의 아일랜드계·가톨릭도가 북아일랜드에서 적대적 공존을 하게 되었기 때문이다.

영국과 아일랜드의 의회제도는 13세기부터 시작된 오랜 역사를 지니고 있었다. 그러나 그것은 바람직한 의회민주주의의 모습이 아니었다. 아일랜드가 분단되면서 북아일랜드의 정치체제는 기형화되었다. 단적으로 얼스터통합당(UPP)은 정권유지를 위하여 비정상적인 선거제도를 도입하였고 아일랜드계 주민들의 인권을 탄압하는 법제도를 만들었다. 정치권력의 불균형은 약 50년 간 계속되었다. 그런 이유로 이미 1973년 서닝데일 합의 시기부터 권력공유 정부는 주요 화두였고, 이후 평화협상과 관련된 논의에서 지속적으로 제기되었다. 1998년 체결된 성금요일 협정은 제3조에서 북아일랜드 자치정부 제도를 규정함으로써 통합주의

계열과 민족주의계열이 정치에 참여하고 협력할 수 있는 안전장치를 마련하였다.

물론 유혈사태를 경험하였던 적대관계의 쌍방이 함께 정부를 구성하고 평화프로세스의 정치적 통합을 이끌어가는 것은 쉬운 일이 아니었다. 1999년 출범한 2차 권력공유 정부는 실질적인 무장해제에 진전이 없다는 이유로 이듬해 중단되었다. 2007년 시작된 3차 권력공유 정부는 임기 만료인 2011년까지 유지되었으나 치안권과 사법권의 위임방식에 대한 민족주의계열의 불만족으로 인해 2008년 한 해 약 5개월 기간 정지되기도 하였다. 그럼에도 불구하고 권력공유 정부는 통합주의와 민족주의 양대 세력이 모두 참여할 수 있고 대표적인 정당이 배제될 수 없도록 한 장치였다. 그런 정치제도를 통하여 북아일랜드는 평화적 전환 이후 안정적인 정치통합을 유지해오고 있다.

(2) 안보 요인

분쟁이 평화적으로 전환되는 시작 지점은 적대관계에 있었던 당사자 간 협의와 협상이 개시되는 때이다. 이는 무력충돌과 병행되기 어렵다. 휴전과 무장해제가 평화적 전환의 유일한 요인은 아니지만, 무력충돌이 지속되는 한 평화적 전환이 시작될 가능성은 매우 낮다. 당시 북아일랜드가 직면하였던 당면 과제이자 가장 큰 쟁점은 준군사집단들이 휴전에 동참하고 무장투쟁을 멈추는 것이었다.

아일랜드공화국군은 평화가 정착된 후 무장을 해제할 수 있다고 하였고, 영국은 먼저 무장해제를 하고 검증을 받아야 한다고 하였다. 이에 관해 영국과 아일랜드의 정치지도자들은 무장해제가 협상의 전제 조건은 아니라고 합의하기도 하였다. 보다 안정적인 문제해결을 위해서는 무장해제를 위한 법제도와 기구가 마련되어야 했다. 1997년 영국은 북아일랜드무장해제법을 제정하였고 이후 8월 영국과 아일랜드 정부는 국제무장해제위원회(IICD)를 설립하여 2002년까지를 무장해제 기한으로 두었다. 이를 통해 평화협상이 본격적으로 재개될 수 있었다.

한편, 무장해제라는 난제가 해결될 수 있었던 배경에는 지속적인 대화와 설득, 배려가 있었다. 수십 년 간 무장투쟁을 이끌었던 준군사집단의 지도자들은 쉽사리 조직의 무장을 해제할 수 없었다. 하지만 평화협상 개시의 우호적인 환경을 만들기 위하여 무장해제가 필요하였고 영국과 아일랜드는 북아일랜드 각 정파와 준군사집단 지도자를 끊임없이 설득하였다. 아울러 준군사집단의 각 구성원들이 패배하였다는 인식을 갖지 않도록 하기 위하여 1997년 8월 설립된 국제무장해제위원회의 명칭에서는 'Disarming'이 아니라 폐기처분을 뜻하는 'Decommissioning'이 사용되었다.

무장해제 이후 준군사집단은 더 이상 무력사용이 아니라 정당을 통하여 다자 정치협상에 참여함으로써 자신들의 입장을 대변하여야 했다. 1973년 서닝데일 합의에서는 협상에 배제된 집단도 있었으나 1980년대 후반을 지나면서 준군사집단들은 점차 자신의 이익을 대변할 정당을 확보할 수 있게 되었다. 그 과정에서 북아일랜드 정당의 지도자들이 핵심적인 역할을 하였다. 예컨대 북아일랜드의 사회민주노동당(SDLP) 당수 흄(John Hume)은 아일랜드공화국군의 지도자 아담스를 설득해 평화협정 협상에 참여하도록 하였다. 또한 1995년 얼스터통합당의 지도자로 선출된 트림블(David Trimble)은 기존 통합주의계열의 강경 노선이 변화되어야 한다는 점을 인정하면서 평화협상에 적극 협력하였다.[61]

(3) 경제 요인

북아일랜드 내 영국계(개신교)와 아일랜드계(가톨릭) 사이의 경제적 불평등은 일찍이 16세기 영국의 식민지배 때부터 형성되고 지속된 분쟁 요인이었다. 이는 1960년대 후반부터 북아일랜드 분쟁(The Troubles) 시기 가톨릭교도들의 높은 실업률로 나타났다. 이를테면 1971년 가톨릭계와 비가톨릭계의 실업률은 각각 17.3%와 6.6%였고 1981년의 비율은 각

각 30.2%와 12.4%로 가톨릭계의 실업률이 더욱 증가하였다. 1983~
1984년 가톨릭계의 실업률은 35%로 치솟았다.[62]

1998년 성금요일 협정 체결 이후 이러한 경제적 불평등은 상대적으
로 개선된 모습을 보였다. 2004년 영국정부의 평등위원회는 과거에 비
하여 차별이 사라지고 공정한 경쟁이 시도되고 있다고 평가하였다. 실
제 가톨릭계와 개신교계의 취업률은 2017년 기준 각각 48.9%와 51.1%
를 기록하였다. 경제적 불평등이 완전히 사라진 것은 아니지만 평화적
전환을 계기로 가톨릭교도들에 대한 고용 차별은 점차 줄어들고 있다.

한편 남북 아일랜드 간 경제협력도 추진되었다. 북아일랜드 분쟁의
지리적 범위는 북아일랜드 내부이며 분쟁의 피해가 가장 극심했던 곳으
로 수도 벨파스트(Belfast)시와 아마(Armagh)주 등이 있다. 하지만 평화
프로세스의 진척에서 남북 아일랜드의 관계를 배제할 수 없다. 남북 아
일랜드는 아일랜드섬 전체의 평화와 미래의 통일에 관한 협력을 이끌어
갈 주체이기 때문이다. 그런 점에서 1998년 성금요일 협정은 제4조에서
남북각료위원회를 설립하여 협력사업을 시행하도록 하였다. 이후 남북
아일랜드는 농업, 환경, 관광, 교통 등의 분야에서 경제협력을 추진하였
고 공동이행기구로서 아일랜드 수로위원회, 식품안전증진위원회, 아일
랜드 무역기구 등을 조직하여 운영하였다. 그러나 브렉시트, 유럽연합
통합 속도의 정체, 코로나-19 사태 등에서 보는 바와 같이 경제 분야
에서 북아일랜드 평화프로세스를 낙관적으로만 보기 어려운 것이 사실
이다. 그것은 해결되지 않은 불평등, 차별 문제와 결부되어 정치 분야에
서의 평화프로세스를 위협할 수도 있다.

(4) 사회·문화적 요인

사회·문화 분야에서 북아일랜드 분쟁을 지속시킨 고질적인 요인은
종교 및 민족 갈등, 보다 솔직히 말해서 아일랜드·가톨릭교도들에 대한
차별이었다. 개신교·영국계와 가톨릭·아일랜드계 사이의 정체성 갈등

은 여러 분야에서 수많은 분쟁을 촉발시켰다. 사회·문화 분야에서 가장 큰 문제는 가톨릭·아일랜드계가 받은 차별이었다. 이들이 경험한 정치 참여의 제한, 경제적 불평등, 직업 진출 기회의 축소 등은 여타 사회적 차별로 확대되었다. 평화프로세스가 추진되면서 분쟁 시기의 차별이 재발되지 않도록 의회 내 인권위원회를 설치하여 인권침해와 차별을 감시하게끔 하였다. 나아가 정부 내 공정고용위원회, 균등기회위원회, 인종평등위원회 등을 설립하였고 이후 이를 평등위원회로 통합하였다.

종교 간의 화해뿐만 아니라 분쟁의 평화적 전환을 위한 종교기관의 노력이 꾸준히 전개되었다. 특히 교회는 1973년 서닝데일 합의부터 1998년 성금요일 협정 체결까지 25년 간 대화의 과정이 중지되지 않도록 평화 중재자 및 촉진자 역할을 담당하였다. 예를 들어 개신교 목회자들이 가톨릭 계열의 준군사집단 및 정치지도자들과 만났고 가해자와 희생자가 함께할 수 있는 적절한 장소를 제공하기도 하였다. 교회는 비정치적인 방법을 통해 희생자를 돕는 등 공동체의 회복을 위한 대화를 지속하였다. 대표적인 단체로 '아일랜드 교회협의회'를 거론할 수 있다. 14개 교단이 참여한 협의회는 분쟁 시기 분열된 공동체들이 서로 이해하고 협력할 수 있도록 교환 프로그램을 지원하는 등의 사업을 추진하였다. 교회와 정치지도자 간, 종파를 초월한 교회와 교회 간, 교회의 여성 지도자들 간, 성직자와 일반 신도 간의 폭넓은 대화는 종파 간의 화해뿐만 아니라 기존 적대관계에 있던 집단 간의 화해에도 기여할 수 있었다.[63]

한편, 북아일랜드 분쟁은 주거지역을 분리시켰고 이는 자연히 학교교육의 상이함으로 이어졌다. 장기분쟁 하에서 교육은 분쟁의 결과이기도 하면서 그것을 재생산하는 기제의 성격도 지니고 있다. 정치 및 안보 분야에서 평화적 전환은 주로 정치지도자들에 의한 위로부터의 평화라고 할 수 있다. 이에 비하여 학교 내에서 이뤄지는 평화교육은 지역사회와 일상의 평화를 만들어가는 아래로부터의 평화만들기이다.

1998년 성금요일 협정 체결 이후 북아일랜드 학교의 교육자들은 더 이상 교육이 양대 진영의 분열에 이용되어서는 안 된다는 점을 인식하였다. 기존의 분리와 분열을 전제로 한 교육을 지역공동체의 진정한 회복을 위한 통합형 평화교육으로 바꿔야 한다는 것이었다. 이를 위하여 북아일랜드 교육부는 기존의 종파학교들이 통합학교로 전환되도록 지원하였다. 통합학교는 다양한 주제를 아우르는 평화교육을 진행하면서 일상의 문제를 비폭력적으로 해결하도록 가르쳤다. 한편, 현실적으로 두 종파(가톨릭, 개신교)의 시스템을 합하여 모든 학교를 통합학교로 전환시키기에는 한계가 있다. 통합학교는 소수에 불과하였고 북아일랜드의 학교는 '신앙에 기초한 분리형 학교제도'로 설명된다. 이에 따라 기존 두 종파의 체제를 유지하되 서로 간 인적·물적 자원을 공유하고 상호 교류를 통하여 이해의 폭을 넓히는 공유교육을 지향하는 정책도 추진되었다.[64]

Ⅳ. 평가와 한반도에 주는 시사점

분쟁의 평화적 전환에 대한 여러 측면의 요인과 대표적인 사례는 한반도의 장기분쟁이 어떻게 전환될 수 있는지에 관하여 다양한 시사점을 제공해준다. 그간 한반도 평화체제 구축 논의는 안보 분야, 특히 북한의 비핵화가 가장 핵심적인 관심사였고, 최근 들어 평화체제 논의도 일어나고 있는데 대부분 위로부터의 시각이다. 불안정한 정전체제가 평화체제로 전환되기 위하여 군사적 신뢰구축과 군비통제, 군축 등이 매우 중요하다는 점에는 재론의 여지가 없을 것이다. 하지만 앞에서 살펴보았듯이 분쟁의 평화적 전환의 요인은 대내·외적 차원에서 정치·경제·사회 등 다영역에서 존재한다. 안보 분야의 과제뿐만 아니라 한반도형 장기분쟁이 남긴 유산이자 지금의 분쟁을 지속시키고 있는 여러 요인들에 대하여 인식의 지평을 넓힐 필요가 있다. 예컨대 평화체제로 전환될 경우 한반도형 이행기 정의가 어떤 모델로 어떻게 작동돼야 하는지에 대하여 고려해야 한다. 이는 남한이 권위주의에서 민주주의 체제로 이행되면서 일부 진행된 과거사 청산 작업과 관련되어 있으면서도 차원이 다른 문제이며, 북한 인권 상황에 대한 대안적 논의의 기회를 제공할 수도 있다. 70여 년의 분단체제가 남긴 다양한 폭력의 피해는 매우 광범위하며 그 상처를 평화체제가 어떻게 치유해야 할지에 대한 실질적인 논의는 아직 충분하지 않아 보인다. '분단폭력'의 상흔 외에도 한반도 평화 프로세스에서 사유해야 할 영역은 다양할 것이다.

북아일랜드에서 수립하고 있는 평화체제는 한반도에서는 아직 가보지 못한 미래이다. 한반도의 구성원들이 아직 선택하지 않은 결정이 있고, 그것이 다른 사례에서는 시행되어 분쟁의 평화적 전환을 촉진시킨 경우가 있을 것이다. 이를테면 1998년 북아일랜드 평화협정이 체결된 후 (남)아일랜드는 북아일랜드를 영토에 포함시켰던 헌법 2조를 포기하였고 이 헌법 수정안에 대하여 90% 이상이 찬성하였다. 이를 통하여 통일을 반대하며 평화협상 참여를 거부해 왔던 개신교·영국계열의 우려를 해소해주었고 그럼으로써 평화프로세스를 진척시킬 수 있게 되었다. 그러나 동시에 남북 아일랜드는 양측 주민들의 절대적 지지로 통합을 추진할 기회를 열어놓았다. 그렇기 때문에 한반도 평화프로세스가 남북 통일을 포기 혹은 유보할 필요는 없다. 다만, 한반도의 평화와 통일에 대한 규범과 현실의 차이를 성찰하고 실현 가능한 대안을 모색하는데 있어 북아일래드의 사례는 평화공존과 화해의 우선성을 교훈으로 말해주고 있다. 또 북아일랜드의 기나긴 평화프로세스는 평화가 특정 형태로 주어지는 것이 아니라 물을 주고 늘 살펴야 하는 꽃나무와 같은 유약한 길임을 말해준다. 많은 시간 동안 수차례의 평화협정이 체결되고 위반되고 그 사이를 폭력이 차지하는 상태를 겪으며 북아일랜드 평화프로세스가 성장해갔다. 이는 문서가 분쟁의 평화적 전환을 보장하는 것이 아니라, 상호 신뢰 속에서 수용할 만한 균형있는 합의를 형성하고 그 이행을 내부적으로 설득할 지도력이 관건임을 말해준다. 그러나 한반도는 평화프로세스의 당사자와 관련 이슈가 북아일랜드보다 더 복잡하다는 사실에 유의할 필요가 있다.

장기분쟁 및 분쟁의 평화적 전환 사례는 한반도 평화프로세스와 그 너머의 모습에 대한 유용한 상상력을 제공해준다. 정책적 측면에서 평화체제 구축을 위한 대안이 보다 실현 가능하고 바람직하게 추진될 수 있게끔 방향을 제공해줄 수 있을 것이며, 학술적 분야에서 한반도 평화연구의 지평을 넓혀주고 있다. 체계적인 비교평화연구의 축적이 중요한 과제로 남는다.

내전 이후 평화구축

보스니아-헤르체고비나: 광기의 전쟁과 강요된 평화[1]

황수환 · 허창배

I. 서론

보스니아-헤르체고비나 내전(이하 보스니아 내전)은 유고슬라비아 사회주의 연방 공화국(이하 유고)[2] 해체 과정에서 발생한 폭력적 갈등으로 1992년부터 1995년까지 보스니아 연방 공화국 영토 내에서 진행된 전쟁을 말한다.[3] 내전은 보스니아를 지키려는 무슬림과 세르비아의 지배로부터 벗어나려는 크로아티아인이 동맹을 맺고 보스니아 지배권을 되찾으려는 세르비아인들에 대항한 사건이며, 이러한 갈등은 무슬림과 크로아티아인 사이에서도 발생하였다. 1992년 세르비아 측의 무자비한 공격으로 시작된 전쟁은 종전 무렵인 1995년에는 무슬림-크로아티아 동맹의 보복적 인종청소(ethnic cleansing)로 양상이 바뀌었다. 전쟁은 2차 대전 이후 유럽에서 발생한 전쟁 가운데 가장 잔혹하고 피비린내 나는 광기(狂氣)의 전쟁이었다.

내전의 성격을 갖고 시작된 전쟁은 국제전의 양상을 띠며 종결되었다. 미국은 조금이라도 더 많은 영토를 차지한 상태에서 전쟁을 끝내려는 무슬림과 크로아티아계의 전쟁 의지를 꺾었으며, 밀로셰비치(Slobodan Milošević)의 통제마저 벗어난 세르비아계 공화국을 협상 테이블에 앉혔다. 야수처럼 서로 으르렁대던 세 지도자들은 전후 처리 과정에서 교장실로 끌려온 풀죽은 초등학생 같은 얼굴을 하고 있었다. 전쟁은 1995년 데이튼 협정(General Framework Agreement for Peace in Bosnia and Herzegovina)을 통해 약 3년 8개월 만에 끝났지만 국내외적으로 상당한 여진을 남겼다. 국내적 차원에서는 공산당 일당독재가 붕괴되었고, 보스니아가 사실상 두 개의 국가로 분열되었다. 국제적 차원에서는 미국, 유럽연합, 러시아 관계에 중대한 변화가 발생하였으며, 인종청소로 대표되는 잔학행위가 전쟁범죄에 대한 국제적 인식을 바꾸어 놓았다.

보스니아에서의 전쟁은 왜 일어났고, 왜 그토록 치열하게 전개되었나? 이 분쟁은 언제, 어떠한 방법으로 평화로 전환되었는가? 또한 그 과정에서 결정적 역할을 담당한 행위자는 누구인가? 1995년 데이튼 협정을 통해 확립된 보스니아의 평화는 지속가능한 것인가 아니면 깨지기 쉬운 불안한 평화인가? 보스니아 내전은 중동부유럽, 나아가 유럽 전체의 안보 지형을 어떻게 바꾸어 놓았나? 본 장의 목적은 이러한 의문에 대한 명쾌한 설명을 제공하는 것이다. 이러한 분석에 앞서 사례를 온전하게 이해하는 차원에서 유고의 일부로서 보스니아의 역사를 검토하는 과정이 필요하다.

Ⅱ. 정체성의 발전: 다양성과 상이성의 공존

유고, 그중에서도 보스니아를 흔히 종교와 문화의 모자이크로 부른다. 유럽과 아시아 사이 교두보에 위치한 보스니아에는 다양한 인종, 언어, 종교, 문화를 가진 사람들이 모여 살기 때문이다. 종교적 차원에서는 로마 가톨릭과 콘스탄티노플 정교가 공존하고 있으며, 오스만 제국 지배기 일부에서 이슬람교를 수용하면서 오늘날과 같은 종교 분포가 형성되었다. 즉, 가톨릭 문화를 가진 크로아티아인, 정교 문화를 고수한 세르비아인, 이슬람교로 개종한 무슬림, 그밖에 다양한 소수민족들이 보스니아라는 울타리 안에서 공존하게 된 것이다. 보스니아는 비잔틴 제국, 신성로마 제국, 오스만 제국, 오스트리아-헝가리 제국 등 유럽과 아시아 강대국들의 지배를 받으면서 다양한 문화가 녹아 있는 정체성의 용광로로 발전하였다.

그러나 보스니아의 기원을 추적하다보면 이들이 본래 하나의 뿌리에서 비롯되었음을 이해하게 된다. 학자들은 보통 이들을 6세기 후반 발칸반도로 이주한 남슬라브인(South Slavic)의 후예라고 추정한다. 일부를 제외하면 보스니아는 대체로 비잔틴 제국의 영향을 강하게 받았고 정교 문화를 공유했다. 보스니아의 무슬림, 크로아티아계, 세르비아계는 본래 하나의 뿌리에서 출발했지만 점차 서로 이질적인 집단으로 발전한 것이다.

보스니아는 오랜 외세 지배의 영향으로 각기 서로를 명확히 구분할 수 있을 정도로 강한 정체성을 갖게 된다. 발칸반도의 북서쪽에 정착한 크로아티아인들은 로마 가톨릭 진영의 일부로 포함되면서 자연스럽게 신성로마 제국의 영향을 받았다. 한편 비잔틴 제국의 영역에 남은 남슬라브인들의 정체성은 1389년 코소보 전투를 기점으로 분열되었다. 이 전투를 계기로 오스만 제국이 발칸을 지배하게 되자 남슬라브인들 중 일부는 집단의 생존을 위해 이슬람교를 수용하고 보스니아 무슬림이 되었다. 반면 세르비아인들은 제국에 협조하기보다는 저항의 정치문화를 발전시켰고 정교라는 고리를 통해 집단의 정체성을 고수하였다.

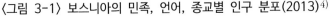

〈그림 3-1〉 보스니아의 민족, 언어, 종교별 인구 분포(2013)[4]

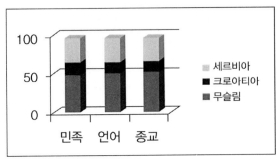

험준한 산악지형이 두드러지는 보스니아의 자연환경과 유럽과 아시아 사이에서 고립된 지정학적 조건은 이질적 정체성을 고착화시켰다. 오스만 제국의 지배가 400여 년 이상 계속되면서 유럽과 철저히 단절된 영향이 컸다. 엥겔스(Friedrich Engels)는 르네상스와 종교개혁, 프랑스혁명의 영향으로부터 철저히 배제된 암흑의 역사를 가진 이곳을 '역사 없는 민족'으로 불렀다. 외세의 지배가 오랫동안 지속되면서 보스니아의 민족 집단들은 인종, 언어, 종교, 문화 등 유사성을 바탕으로 각각의 정체성을 발전시켰고, 다른 민족에 대해서는 배타적 태도를 취했다. 오스만 제국 쇠퇴기 보스니아에는 상이한 정체성을 가진 남슬라브 무슬림, 크로아티아인, 세르비아인의 민족주의적 야망이 꿈틀거리고 있었다.

Ⅲ. 증오의 역사: 갈등의 위기에서 평화의 기회까지

보스니아의 민족주의는 오스만 제국이 쇠퇴하면서 고개를 들기 시작했다. 1877년 시작된 러시아-투르크 전쟁의 결과 세르비아, 몬테네그로가 독립했으나 전쟁을 종결하는 베를린 조약에 따라 사라예보 등 보스니아의 관할권이 오스만 제국에서 오스트리아-헝가리 제국으로 넘어갔다. 보스니아 무슬림은 그들의 신앙과 문화적 정체성을 유지하기 위해 새로운 지배자에 맞서기보다 오히려 순응을 택한 반면, 정교를 믿는 세르비아인들은 보스니아의 관할권을 되찾기 위해 제국에 저항했다. 제국의 경계에서 오스트리아와 세르비아의 갈등이 발생하자 여기에 독일과 러시아가 가담하면서 유럽에 새로운 위기가 찾아왔다. 1914년 사라예보 사건은 제1차 세계대전의 도화선이 되었다.

1차대전의 결과로 오늘날 서부 발칸 지역에는 새로운 다민족 국가가 등장했다. 승전국들은 '민족자결주의'의 미명 아래 오스만 제국에서 독립한 신생국 세르비아에 오스트리아-헝가리 제국의 지배를 받던 크로

〈그림 3-2〉 전쟁 전후의 보스니아

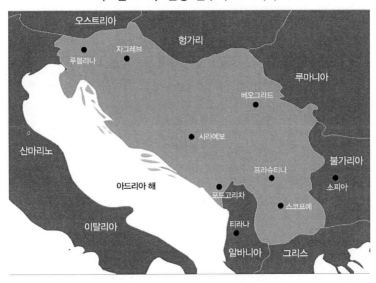

1945년의 유고슬라비아

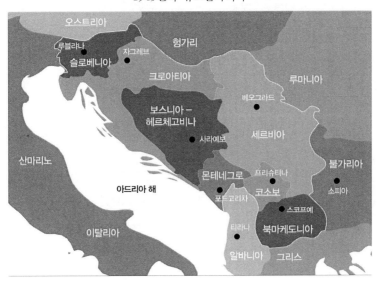

2008년의 구 유고슬라비아

* 출처: 저자 작성

아티아와 슬로베니아 등을 통합해 '인위적인' 정치 단위, 즉 유고를 만들었다. 신생국에는 상이한 이념과 종교, 정치문화, 전통을 가진 민족들이 공존했으며, 통합과정에서 세르비아인들이 주도권을 갖자 세르비아인들과 비세르비아인 간 갈등이 발생했다. 특히 2차대전 중 나치 독일에 편승하면서 권력을 보존한 우스타샤 괴뢰정부가 정교도 등 약 70여만 명을 학살하면서 유고 내 민족 갈등은 심화되었다. 피의 보복은 피할 수 없는 것처럼 보였고 민족 간 증오가 용솟음칠 그날만을 갈망하고 있었다.

그러나 유고 내 민족갈등은 전후 티토(Josip Broz Tito)가 이끄는 공산주의자들이 권력을 장악하면서 억제되었다. 오스트리아-헝가리나 독일, 이탈리아와 같은 제국의 야망에 맞서는 것만이 각 지역·민족의 정체성과 정치적 자유를 보존하는 길이라는 신념이 주목을 받으면서 유고 공산주의자들은 기존 베오그라드 정부를 대체할 새로운 정치세력으로 부상했다. 특히 티토의 레지스탕스(Resistance) 운동은 공산주의자들의 정치활동에 정당성을 부여하기 충분한 것이었다. 공산주의자들은 보스니아 내 세르비아계마저 지지층으로 흡수했고, 이는 사회주의 유고 연방 수립의 원동력이 되었다. 티토는 1945년 소련의 지원 없이 유고를 독자 공산화했다. 티토 하에서의 세르비아는 연방을 구성하는 여섯 공화국 중 하나로 전락했으며, 마케도니아, 보스니아 등 인접 지역의 영토를 상실했다.

권력을 장악한 티토는 세르비아인에 대한 대대적 숙청을 단행하고, 유고를 구성하는 공화국 간 단결과 통합성을 강조했다. 유고슬라비아주의(Yugoslavism)는 대 세르비아주의 발현을 저지할 이데올로기적 토대였으며, 그러한 사상은 1974년 헌법에 반영되었다. 헌법은 세르비아로부터 코소보와 보이보디나의 실질적 분리를 재확인하고 두 자치주에 공화국에 버금가는 권한을 부여했다. 티토는 세르비아에 대한 견제를 통해 구성 공화국들의 평등을 추구한 것이다. 그러나 외부로부터 부과된 질서인 유고 연방을 유지하는 유일한 수단이 바로 '절대 권력자' 티토 그 자신이라는 점은 체제의 치명적 약점이었다. 티토는 집단지도체제가 아니라 자신에게 집중된 1인 권력과 숙청이라는 수단을 통해 체제를 유지했으며, 당초 목표와는 달리 세르비아인뿐만 아니라 코소보와 보이보디나 등 다수 민족 집단의 반발을 야기하기도 했다.

유고는 역사적, 종교적, 민족적으로 오랜 갈등을 겪고 있는 민족들이 한 국가 안에 모여 있다는 점에서 한계가 분명한 체제였다. 1차대전의 결과로 통합 왕국이 수립될 때부터 연방제를 원하는 민족은 없었기 때문이다. 티토 1인 리더십에 의존하던 체제는 티토 사후 집단지도체제로 이행하던 중 와해되었다. 밀로셰비치가 등장하면서 유고는 구성 공화국의 권한이 강조되던 '반(半) 국가연합'에서 중앙집권화 된 형태로 전환되었으며, 세르비아계의 우위가 회복되었다. 밀로셰비치는 언론과 비밀경찰을 통해 대중을 선동하고 자신의 권력 기반을 강화하는 이른바 반(反) 관료주의 혁명을 전개했으며, 새로운 연방 헌법을 통과시켜 74헌법 체제를 무너뜨리고 코소보에 대한 통제권을 회복하였다.

세르비아에서 당과 국가 권력을 접수한 밀로셰비치가 연방을 장악하자 다른 공화국들은 동요하기 시작했다. 1989년 새 헌법은 공화국들의 권한을 약화시키고 연방의 권한은 강화시키는 중앙집권화가 핵심이었고, 힘의 분포는 이미 세르비아에 유리했다. 베오그라드 정부가 연방 준비금을 털어 수족과 같은 연방 공무원들의 배를 불리자 연방 예산의 1/4을 책임지는 슬로베니아가 폭발했다.[5] 슬로베니아는 1991년 연방으로부터의 독립을 선언하고 즉각 국경을 봉쇄하였다. 세르비아 우위의 연방을 거부한 크로아티아에 이어 1992년 3월에는 보스니아마저 독립을 선언했다. 베오그라드 정부가 선택한 전략은 결국 전쟁이었다. 유고 연방군을 장악한 세르비아 측은 슬로베니아, 크로아티아 등 유고의 서쪽 공화국들을 공격했다. 74헌법 체제에 기반한 구성 공화국 간 평등과 연방의 통합성은 양립할 수 없는 목표임이 밝혀졌다.

Ⅳ. 광기의 충돌과 세 번의 전쟁

보스니아 내전은 세르비아 측의 도발로 시작되었다. 1992년 4월 유럽공동체(European Community)가 보스니아의 독립을 승인하자 전쟁을 준비하고 있던 베오그라드 정부가 공격을 지시한 것이다. 크로아티아 내전이 일단락되자 병력을 정비한 유고 연방군(세르비아 측)과 민병대는 병력을 보스니아에 집중했다. 세르비아 측은 개전 초기 세르비아인들이 점령한 지역들과 세르비아 본토를 연결하는 '회랑(corridor)'을 구축하고 보스니아 영토의 약 70%를 점령하면서 2차대전 당시 독일의 전격전(blitzkrieg)을 연상케 하는 승리를 보여주었다.

반면 보스니아군은 패배를 거듭했다. 보스니아군은 무슬림, 크로아티아계, 세르비아계 등 다양한 민족으로 구성되어 있었으며, 베오그라드의 명령을 받는 다수의 세르비아계 장교들이 군을 장악하고 있었다. 게다가 무슬림, 크로아티아계는 서로에 대한 불신이 강했다. 보스니아군 내에서 효과적인 명령과 통제가 이루어지지 않았으며, 군을 이끄는 무슬림과 크로아티아계 진영 간 대화도 단절되어 있었다. 또한 군 일부에서는 크로아티아 출신 장교들이 보스니아의 이제트베고비치(Alija Izetbegović)가 아닌 자그레브 투지만(Franjo Tuđman)의 명령을 따르면서 문제가 되기도 했다.

야만스러운 사라예보 포위(Siege of Sarajevo)에도 보스니아군을 굴복시키지 못한 세르비아 측이 점차 수세에 몰리면서 전쟁의 양상은 끝없는 소모전으로 변했다. 세르비아의 공세가 주춤해지자 이번에는 동맹 내부에서 새로운 갈등이 발생했다. UN의 중재로 어색한 동거를 이어가던 무슬림과 크로아티아계 사이에서 무력충돌이 발생한 것이다. 무슬림과 크로아티아계는 처음부터 생각이 많이 달랐다. 이제트베고비치가 이끄는 보스니아 무슬림은 군(軍) 내에서 세르비아계 반란주의자들을 제거하고 군 조직을 수습해 보스니아 무슬림 중심의 국가를 수립하고자 했다. 반면에 크로아티아계는 자신들이 거주하고 있는 보스니아 지역을 분리 독립해 크로아티아 본토와 통합하고자 했다. 크로아티아 지도자 투지만은 이러한 민족적 야망을 실현시키기 위해 밀로셰비치와 뒷거래도 마다하지 않았다.

무슬림-크로아티아 동맹 내부의 균열로 전황이 불투명해지고 인종청소 등 전쟁범죄에 대한 비난 여론이 고조되자 미국 클린턴 행정부는 무력 사용을 포함한 적극적 개입 전략을 채택한다. 미국은 워싱턴협정을 통해 동맹을 재건하고 전후 보스니아의 정치체제를 구상하는 한편, NATO를 통한 군사적 개입을 통해 보스니아 동쪽 고라즈데 등 세르비아군의 포위에 고립된 무슬림과 크로아티아계 진영을 구원했다. 미국의 지원으로 동맹이 재건되고 이제트베고비치가 리더십을 발휘하면서 전황은 곧 역전되었다. 그러나 무슬림과 크로아티아는 더 유리한 조건에서 협정을 체결하기 위해 세르비아계에 대한 공격을 계속하였다. 무슬림-크로아티아 동맹은 미국의 공습설과 강력한 외교적 압박이 전해진 후에야 비로소 피의 보복을 멈추었다.

[표 3-1] 보스니아 전쟁의 전개

구분	시기	양상	공격자	수비자
첫 번째 전쟁	1992년 초	세르비아 측의 공격으로 전쟁 발발	세르비아 (베오그라드)	크로아티아, 보스니아 무슬림
두 번째 전쟁	1992년 6월~ 1993년 중반	무슬림-크로아티아 전쟁	무슬림, 크로아티아	
세 번째 전쟁	1994년 말~ 1995년 11월	무슬림-크로아티아 동맹의 보복 전쟁	무슬림, 크로아티아	세르비아

* 출처: 허창배·황수환(2020), p. 19.

보스니아 내전이 진행되는 동안 보스니아－헤르체고비나 영토에서는 인종청소 등 잔혹한 전쟁범죄가 계속되었다. 이러한 잔학행위는 주로 세르비아 측에 의해 자행되었는데 세르비아계는 자신들의 강제 병합을 정당화하고 비세르비아계를 축출하기 위해 이른바 '균질화(homogenisation)'를 시행했다. 무슬림 혹은 크로아티아계는 적군에 점령된 곳에서 대량 학살되거나 추방되었으며, 특히 여성들은 정교를 믿는 아이를 출산한다는 명분으로 무차별적 강간과 성폭력에 노출되었다. 세르비아계의 인종청소는 유네스코 세계문화유산인 두브로니크(Dubrovnik)에 대한 공격으로 이어졌다. 이 지역은 크로아티아계가 다수 거주하는 지역이라는 점을 제외하면 전략적 가치가 있는 곳은 아니었다.

한편 크로아티아 및 무슬림들이 자행한 잔학행위도 있었다. 크로아티아는 무슬림 문화유산인 모스타르 다리(Mostar Bridge)를 파괴했고, 크로아티아 방위군이 점령한 지역에서 무슬림 인구에 대한 대대적인 인종청소를 자행했다. 무슬림 역시 크로아티아계에 대한 보복 학살을 진행한 바 있으며, 전쟁 후반 세르비아계에 대한 보복 인종청소에도 가담했다.

V. 평화의 요인들

보스니아 내전은 1995년 11월 무슬림의 이제트베고비치, 크로아티아의 투지만, 세르비아 측의 밀로세비치가 미국 오하이오주 데이튼에서 최종 평화협정에 합의하면서 종결되었다. 더 유리한 조건에서 전쟁을 마치기 위해 보복의 점령전을 계속하던 무슬림과 크로아티아계, 민족적 열망 실현의 유일한 통로인 전쟁을 포기하지 못했던 세르비아계 모두 협정문의 내용을 수용하였다. 협정문에 따라 보스니아－헤르체고비나 공화국은 상징적 의미로 남게 되었으며, NATO와 유럽연합 등 서방과 국제사회의 감시와 보호를 받는 국가가 되었다. 무슬림－크로아티아계

<그림 3-3> 데이튼 협정문 서명(1995.12.14.)

* 출처: Central Intelligence Agency (https://balkaninsight.com/2017/11/01/bosnia−arrests−man−
with−missing−copy−of−dayton−agreement−11−01−2017/)

의 보스니아−헤르체고비나 연방(51%)과 세르비아계의 스르프스카 공
화국(49%)의 영토 비율도 확정되었다. 크로아티아계 공화국은 독립적
지위를 인정받지 못하고 그림자 국가(shadow state)로 남았다. 보스니아
지도자 3인이 협정에 서명하는 순간 분쟁은 평화로 전환되었고 더 이상
의 갈등은 허용되지 않았다.[6]

　대외적 관점에서 볼 때 '보스니아 3인'을 협상 테이블에 앉힌 세력은
분명 미국이다. 분쟁 당사자들의 도발을 억제할 수 있을 정도로 강한 군
사력을 가졌고, 이들로부터 신뢰받는 유일한 외부 행위자라는 점에서
미국은 특별한 중재자였다. 데이튼에서 영국, 프랑스, 러시아 대표들은
미국의 들러리처럼 보였다. 이는 휴전 협상 과정에서도 마찬가지였다.
1994년 12월, 세르비아 측 지도자 카라지치(Radovan Karadžić)와 믈라디
치(Ratko Mladić)는 미국의 엄청난 압박에도 불구하고 휴전 협상을 주로

〈그림 3-4〉 밀로셰비치와 클린턴(1995.12.14.)

미국 특사 카터(Jimmy Carter)와 진행하였고, 상대편인 이제트베고비치 역시 마찬가지였다. 이들의 관심은 미국이 자신들을 어떻게 생각하는지, 합의한 내용을 미국이 보증하는지에 집중되어 있었다. 분쟁 당사자 간 합의 조건에 대한 확실한 보증이 어려운 내전의 특성을 고려할 때 이는 분명 합리적인 행동이었다.

　미국은 NATO를 통해 처음으로 보스니아에 군사력을 투사했다. 무슬림－크로아티아 사이에 분쟁이 발생하면서 전황이 악화되자 미국은 EC와 UN의 중재를 지켜보던 기존의 전략을 수정하고 적극적 개입을 선택한 것이다. 그러나 모가디슈 사건을 계기로 외국 분쟁에 지상군을 파견하기 어려운 상황에서 미국의 작전은 공군 전력에 크게 의존할 수밖에 없었다. 미국은 이러한 한계를 극복하기 위해 무슬림－크로아티아 동맹을 재건하는 한편, 이들 보스니아군 장교들을 재교육해 작전수행 능력을 배가시켰다.

미국은 전쟁에 개입한 이후 무슬림-크로아티아와 세르비아를 저울에 올려놓고 양측 간 균형을 책임졌다. 동맹 내 갈등으로 세르비아로 저울이 기울자 동맹을 지원해 균형을 맞췄으며, 전쟁 후반 세르비아계에 대한 보복의 점령전 상황에서는 동맹을 겁박해 다시 균형을 잡았다. 세르비아의 패배는 명백했지만 승전국은 존재하지 않았고, 전쟁의 양상과 휴전, 전후 처리는 대부분 미국의 뜻대로 이루어졌다.

미국을 제외하면 EC와 UN의 평화노력이 주목을 받았다. 이들은 유고 계승국가들의 전쟁이 발발했을 때 가장 먼저 평화 중재를 시작한 외부 행위자이며, 그 과정에서 슬로베니아 전쟁을 종결하는 브리오니 협정을 이끌기도 했다. 그러나 이들의 영향력이 통한 무대는 슬로베니아까지였다. 이들은 크로아티아 내전을 제대로 관리하지 못했으며, 결과적으로 전쟁이 보스니아로 확산되는 것을 막지 못했다.

결국 보스니아에서 전쟁이 발발하자 EC 평화회의는 민족, 지리, 경제적 조건 등을 고려하여 보스니아를 삼등분하는 '케링턴-쿨리오리오 평화계획(Cutileiro-Carrington peace plan)'을 제안했다. 모든 행정 수준에서 무슬림, 크로아티아계, 세르비아계의 권력 공유를 상정한 이 계획은 보스니아의 독립 승인 보장 문제가 겹치면서 좌절되었다. 전황을 심각하게 받아들인 EC 외무장관들은 UN과 공동 대응을 결의하고, 세르비아 측에 대한 포괄적 경제제재를 단행했다. 그러나 제재는 효과적이지 못했으며, 무슬림, 크로아티아계, 세르비아계 어느 누구도 이들을 신뢰하지 않았다. 분쟁의 정치적 해결이라는 본래의 목표가 표류하고 있었다.

절치부심한 EC와 UN은 '벤스-오웬 평화 계획(Vance-Owen peace plan)'을 내놓았다. 이 계획은 무슬림, 크로아티아계, 세르비아계가 세 개의 지역을 통치한다는 점에서는 이전 계획과 유사하지만 보스니아 전역을 모두 10개의 준 자치주로 분할하고 사라예보 및 인근 지역에 중립지대를 설치한다는 점에서 발전이 있었다. 그러나 세르비아계는 세르비아인들의 확실한 우위가 보장되지 않은 상태에서 모호한 공존을 주장한 계획을 끝내 거부하였다.

두 번째 평화계획이 무산되자 EC와 UN은 '오웬-스톨텐베르크 계획(Owen-Stoltenberg plan)'을 제시하였다. 계획은 분쟁 당사자 간 모호한 공존이 아니라 세 민족의 '미니 공화국' 수립을 허용했으며, 세르비아계, 무슬림, 크로아티아계의 영토 비율을 52 : 30 : 18로 결정하였다. 그러나 이번에는 보스니아 무슬림 측이 합의안 서명에 거부하면서 이들 국제 중재자들의 평화노력은 가시적 성과 없이 종료되었다. 앞서 언급한 세 가지 평화안이 논의되는 동안 EC와 UN은 분쟁 당사자들을 압박할 힘도 협상 테이블을 이끌 리더십도 보여주지 못했다. 결국 이들은 미국이 지휘하는 국제 중재자 평화계획(Contact Group Plan)에 국제사회의 일원으로 참여하게 되었다.

정리하면, 국제적 관점에서 볼 때 평화의 정치적 요인은 분명 미국의 외교적 노력과 국제적 리더십이었다. EC와 UN은 분쟁 초기부터 평화노력을 계속했지만 외부 중재자로서 필수적 능력을 갖추지 못했으며, 소극적 대응, 정보 부족, 전황에 대한 오판 등으로 보스니아를 위기에 빠뜨리기도 했다. 그에 비해 경제적 요인, 즉 세르비아 측에 대한 경제 제재와 수출입 금지 조치는 어느 정도 효과가 있었다. 제재의 효과는 단기적으로는 기대에 미치지 못했으나 1992년과 1993년 신 유고 연방의 산업생산이 각각 22%, 37% 감소했으며,[7] 이러한 제재가 장기간 지속되면서 베오그라드는 큰 타격을 입었다. EU는 보스니아의 평화정착을 위해 공동체 가입이라는 '당근'을 제시했다. 공동체는 마케도니아와 보스니아에 가입 후보국 지위를 부여했으며, 보스니아도 2008년 '안정화 협약(Stabilisation and Association Agreement)'에 서명하는 등 적극적으로 화답했다.

그러나 국내적 관점에서는 뚜렷한 평화의 요인을 찾기 어렵다. 분쟁 당사자들이 오로지 전쟁을 통해 민족적 목표를 이루고자 했기 때문이다. 이들 사이에 진정한 평화 노력은 관찰되지 않았다. 국내적 관점에서 보스니아에 평화를 가져다준 요인은 보스니아 무슬림과 크로아티아 동맹을 꼽을 수 있다. 전쟁 초기 미국이 침묵하고 영국, 프랑스 등 서방이 세르비아 측에 유화정책을 쓰며 지상군 투입을 주저하는 상황에서 동맹은 세르비아의 도발을 저지할 사실상 유일한 정치·군사적 수단이었다. 그러나 이들이 세르비아의 도발로부터 보스니아를 지키기 위해 동맹을 결성한 것은 아니었다. UN보호군이 이 두 군 사이 중립지역을 설치하면서 자연스럽게 공격자 유고 연방군(세르비아)을 방어할 수비자의 위치에 함께 하게 되었으며, 동맹 내 분쟁이 발생했을 때 이를 재건한 것은 분명 미국이었다.

Ⅵ. 한반도에 주는 시사점

보스니아 내전의 상황을 통해 한반도에 주는 시사점이 무엇인지 살펴보면 다음과 같다.

첫째, 증오와 불신을 해결하기 위한 심리적 해결방안이 병행되어야 한다. 보스니아 내전은 유고 해체과정에서 발생한 전쟁들 가운데 가장 흉포하고 잔인하며 오래 지속된 전쟁이었다. 특히 분쟁의 당사자인 보스니아 무슬림, 크로아티아계, 세르비아계가 서로가 서로를 죽이고 점령지에서 상대방을 축출하는 등 매우 복잡한 양상으로 전개된 전쟁이기도 했다. 전쟁 기간 동안 보스니아는 인종청소와 수용소, 난민, 대량학살과 파괴, 피의 보복으로 얼룩졌다. 보스니아의 불안한 평화를 항구적 평화로 전환시키기 위해서는 분쟁의 세 당사자 간 진정한 화해와 협력이 선행되어야 한다. 따라서 인정·공존과 공생·환대의 가치를 보스니아에 제도화하고 보스니아 시민들의 의식 속에 내재화하는 과정이 필요하다. 지속가능한 평화를 실현하기 위해서는 이러한 학살, 보복 등에 의한 상호 간의 증오, 불신을 해결하려는 노력이 요구된다. 한반도에서도 한국전쟁 이후 발생한 전쟁의 상처와 분단으로 발생된 각종 심리적 갈등문제를 어떻게 해결하느냐가 지속가능한 평화의 과제라 할 수 있겠다.

둘째, 협정에 대한 지속적 이행 노력이 필요하다. 단순히 전쟁이 없는 상태, 즉 소극적 평화라는 관점에서 볼 때 보스니아의 평화는 1995년 데이튼 협정을 통해 달성되었고 그런 평화는 현재까지 지속되고 있다. 그러나 보스니아의 이러한 평화는 최소한의 평화(ostensible peace)에 불과하며, 그런 불안정성은 언제든 폭력적인 수단을 통해 표출될 수 있다. 즉 표면적으로는 안정적인 것처럼 보이지만 경쟁하는 민족주의 노선들, 국지적 충돌 가능성, 세르비아계 스르프스카 공화국의 분리 독립 등 언제든 폭발할 수 있는 분쟁 요소가 잠재되어 있다는 점을 인식해야 한다. 한반도에서도 평화협정의 체결로 한반도의 평화가 도래할 것이라는 기대만 가질 것이 아니라 각종 합의를 어떻게 이행해 나갈 것인지에 대한 실천적 고민이 필요하겠다. 한반도에서 반세기 이상 지속된 분단의 각종 모순들이 하루아침에 해결되기는 어렵기 때문이다. 특히 합의를 파기하지 않고 이행의 길로 들어서게 하는, 말하자면 불가역적인 평화구축 방안에 대한 고민을 깊이 해야 할 것이다.

셋째, 역내를 넘어 지역으로의 평화확장을 도모해야 한다. 보스니아 내전은 역설적으로 이웃 중동부유럽 국가들의 평화와 번영에 크게 기여한 것으로 평가할 수 있다. 냉전체제가 붕괴되면서 중동부유럽에 안보 공백이 발생하고 보스니아 내전이 발발하자 미국과 유럽은 기존의 동유럽 정책을 재검토하게 되었다. NATO와 EU의 확대가 이 지역에서 민주주의 정착과 지역갈등 해소를 기대할 수 있는 가장 효과적인 방법으로 부상한 것이다. 유럽연합은 보스니아 분쟁을 계기로 공동외교안보정책

(Common Foreign and Security Policy)을 구체화하고 EU 가입 후보국을 의미하는 룩셈부르크 그룹을 루마니아, 불가리아, 슬로바키아로 확대하였다. 또한 미국과 NATO는 보스니아 내전을 계기로 체코, 폴란드, 헝가리의 동맹 가입을 서둘렀으며, 추가적인 확대 가능성을 검토하기 시작했다. 이러한 유럽－대서양 통합의 과정에서 EU와 NATO는 정책적 협력을 계속했으며, 중동부유럽의 신규 회원국들은 빠르게 서방의 일원으로 정착할 수 있었다. 한반도에서도 한반도의 평화와 안정이 동아시아의 협력과 번영을 구축하는 시작점의 역할을 담당할 수 있겠다. 동시에 한반도 평화구축은 동아시아 국가들의 이익과 직결되므로 평화공공외교를 확대해 한반도 평화정책의 지지를 높여나가는 노력을 벌여나가야 할 것이다.

04

남아프리카공화국의 화해 과정과 평화:
'진실화해위원회'와 민주주의 공고화

조원빈

Ⅰ. 들어가는 말

남아프리카공화국(이하 남아공)에서 1948년부터 시작된 백인들의 조직적인 흑인 차별, 즉 아파르트헤이트(apartheid) 체제는 1991년 흑인들과 백인들 간의 정치적 협상이 시작되면서 종식되었다. 당시 국민당(National Party)의 마지막 대통령이었던 드 클레르크(de Klerk) 대통령은 1990년 2월 2일 아프리카민족회의(African National Congress, 이하 ANC), 범아프리카회의(Pan‒African Congress, 이하 PAC) 등 30여 개의 흑인 중심 인권운동조직을 합법화시켰다. 이어 2월 11일 30년에 가까운 기간 동안 감옥에 수감되어 있던 민주화운동 지도자 넬슨 만델라(Nelson Mandela)를 석방시키는 등 정치범들에 대한 사면조치를 단행하였다. 1991년 6월 드 클레르크 대통령은 아파르트헤이트 체제의 3대 인종차별법이었던 '토지법'과 '집단거주법', '인구등록법' 등을 순차적으로 폐지함으로써 남아공의 아파르트헤이트 체제의 종식을 선언했다. 이후, 당시 집권당인 국민당과 ANC를 비롯한 26개 정당이 참여한 다민족 정치협상기구인 민주남아공회의(CODESA)에서 제헌의회 구성과 1인 1표라는 원칙에 합의했다.

1994년 남아공은 34년 간 시행되었던 인종차별정책을 폐지하고 민주

〈그림 4-1〉 남아프리카공화국 지도

주의 체제로 이행했다. 아프리카에서 민주주의 이행 이후 대부분의 권위주의 국가들이 당면한 문제는 독재 권력으로 인해 억압받았던 아프리카인들의 분노와 과거에 자행되었던 인권침해, 사회갈등 문제 등을 어떻게 해결하느냐가 주요한 과제였는데, 남아공도 마찬가지였다. 특히, 남아공의 흑인들은 정치참여와 자유를 완전히 박탈당한 채 자신들의 땅으로부터 쫓겨나 약 300년 동안 '국가 없는' 분열된 민족으로서 백인 중심의 통치체제의 지배를 받아왔었다. 가장 중요한 문제는 이처럼 인종차별에 의해 억울하게 죽어가고, 인권침해와 인권유린을 당한 다수의 흑인들의 분노와 그런 분노로부터 자신을 방어해야 하는 소수 백인들 간의 갈등 관리와 해소였다.

남아공에서 평화 개념은 역사적으로 다양한 인종 집단 간의 동등한 권리를 인정하고, 이들 간의 화해와 공존을 추구하는 것이다. 특히, 1990년대 이후 남아공에서 아파르트헤이트가 종식되면서 평화의 개념이 진실화해위원회(이하 진화위)를 통해 다양한 인종 간 화해와 공존을 실질적으로 실현하려는 운동으로 이어져 갔다. 남아공의 역사를 관통해 온 인종차별정책이 초래한 불평등한 사회구조와 그런 사회구조가 남아공의 민주화 과정에 미친 영향을 살펴보는 것이 남아공의 화해의 과정과 그 의미를 이해하는 시작이다.

Ⅱ. 남아공 사회의 인종적 특성과 아파르트헤이트

남아공은 다인종 사회이다. [표 4-1]에서 보는 것처럼 남아공의 사회는 크게 흑인, 백인, 아시아인, 혼혈인 등 4가지 인종이 불균등하게 분포되어 있다. 절대적 다수를 차지한 흑인들은 크게 줄루(Zulu), 소사(Xhosa), 소토(Sotho), 츠와나(Tswana), 통가(Tsonga), 스와티(Swati), 벤다(Venda) 등의 여러 종족들로 구성되어 있다. 백인이 차지하는 비율은 최초 인구조사가 행해졌던 1911년 22%에서 1980년 16%, 2011년 8.4%로 계속해서 줄어들고 있다.

남아프리카에 토착한 초기의 네덜란드인들은 대부분 농부들이었기 때문에 경작할 수 있는 토지와 노동에 필요한 노예가 필수적이었다. 초기 네덜란드인들은 '자유', '토지', '비백인 멸시'라는 3가지 원칙을 기반으로 원주민인 흑인들을 경제적, 사회적, 정치적으로 차별함으로써 그들

[표 4-1] 남아공의 인종별 인구분포

인종	%
흑인	80.2
백인	8.4
혼혈인	8.8
인도/아시아인	2.5
나머지	0.5

* 출처: 2011 South Africa Census

의 전통사회를 파괴했다.1) 이들은 원주민인 흑인들의 토지를 무력으로 강탈하고, 일부 흑인들을 노예화 시켰다. 자신들이 경작한 토지를 강탈 당한 흑인들은 다시 환경이 열악한 지역으로 이주해 다시 토지를 개척 할 수밖에 없었다. 남아프리카에 정착한 네덜란드인들은 영국의 식민통 치를 경험하면서 '아프리카너 민족주의'를 형성했으며, 1948년 영국으로 부터 독립을 쟁취해 국가를 수립했다.

아파르트헤이트는 1948년 남아공 백인 정권에 의하여 법률로 공식화 된 인종분리, 즉 유색인종에 대한 차별정책을 의미한다. 남아프리카연방 (Union of South Africa)2)에서 열린 총선거에서 우익 아프리카너가 이끄 는 국민당이 승리하면서 반세기가 넘는 아파르트헤이트의 시대가 열렸 다. 아파르트헤이트는 인종 간의 분리(apart) 정책을 펼치자는 주의(heid) 로 인류 역사상 유례없는 인종 차별과 백인우월주의에 입각한 정책이었 다. 아파르트헤이트는 다인종 사회인 남아프리카연방에서 문화적 혼동 과 사회적 충돌을 최소화하기 위해 인종을 분리하자는 정책이었다. 유 럽인은 유럽인의 문화적 가치를, 아프리카인은 아프리카인의 문화적 가 치를 보존하기 위해 각각 '독자적인' 길을 걷자는 것이었다.

아파르트헤이트의 역사는 인종차별 입법의 역사였다. 남아연방 내의 인구 이동을 통제하기 위해 통행법을 만들었다. 통행증에는 개인의 인 적 사항 등이 자세히 기록되어 있었다. 아프리카인이 통행증을 소지하 기 위해서는 백인 거주 지역에서 체류해야 할 목적과 기간, 고용주의 서 명이 필요했다. 고용주는 백인만이 가능했다. 통행법은 아프리카인이 백 인 거주지역 내 체류 방지를 목적으로 하는 법이었다. 고용 등의 목적으 로 체류가 불가피할 경우, 백인 고용주의 허락을 받아야 하는 철저한 인 구 이동 통제법이었다.

반투 홈랜드법은 남아연방 내에서 아프리카인들의 시민권을 소멸시 키려는 법이었다. 반투 자치법을 통해 자치권을 얻게 된 반투스탄3)은 거주민들에게 개인적으로 시민권을 부여했다. 반면, 아프리카인들은 남아연방 시민권을 상실하게 되었다. 반투자치법은 남아연방 아프리카인들을 10개의 종족 집단(ethnic group)으로 구분해 분리 정착시키려는 목적으로 수립되었다. 당시 아프리카인 인구는 남아연방 전체 인구의 70%를 차지하고 있었다. 아파르트헤이트 정권은 남아연방 전체 면적의 13%에 해당하는 지역을 10개 구역으로 나눠 반투스탄이라는 자치구를 설립했다. 아파르트헤이트 정권은 아프리카인들이 백인들의 정치적 · 경제적 권력에 도전할 수 없도록 법적으로 시민권을 박탈하려고 했던 것이다.

남아공의 아파르트헤이트 체제의 특성을 요약하면 다음과 같다. 우선, 아파르트헤이트는 법질서로 백인 중심의 질서를 확립하기 위한 수단으로 작동했다. 예를 들어, 1950년에 제정된 인구등록법(Population Registration Act)은 남아공 국민을 백인과 칼라이드, 아시아인, 흑인 등 4가지 인종으로 분류하고 인종에 따라 법적, 정치적 권리를 차등 부여했다. 이밖에도 백인과 유색인과의 성적 관계를 법으로 금지했으며, 집단거주법(Group Area Act)을 통해 도시에 거주하는 흑인을 불모지에 세워진 10개의 홈랜드(Homeland)로 강제 이주시켰다.

둘째, 아파르트헤이트는 백인 중심의 과두제를 추구한 정치체제였다. 흑인을 대표하는 정치인은 흑인이 될 수 없으며, 백인만이 흑인을 대표할 수 있도록 법제화 했다. 심지어 아시아인과 혼혈인의 정치참여를 제한적으로 허용함에도 불구하고 다수의 흑인 정치참여는 철저히 봉쇄되었다.

셋째, 아파르트헤이트는 백인 중심의 자본주의를 추구한 경제체제였다. 초기에 대부분의 백인들은 농업에 종사하였기 때문에 흑인들이 경작했던 비옥한 토지를 강제 점거했다. 그 과정에서 백인 정부는 백인 농부들을 위해 보조금을 지급하는 등 다양한 차별정책을 실시했다. 이러한 혜택을 통해 백인들은 큰 부와 사회적 지위를 획득할 수 있었다. 그에 반해 정부의 도움을 전혀 받지 못하고, 교육도 받지 못한 흑인들은 대부분 비숙련 노동자로 낮은 임금을 받았다.

이처럼 인종차별 정책을 제도화한 아파르트헤이트는 다수의 흑인으로부터 백인 사회를 보호하고 유지하기 위해 다양한 수단을 동원했다. 그 결과 1994년 이전의 남아공은 백인 중심의 과두제로 극도로 분열된 사회가 되었던 것이다.

Ⅲ. 진실화해위원회의 결성과 역할

1990년 남아공은 정치엘리트 간 정치적 화해를 통해 아파르트헤이트를 폐지했다. 이후 4년 동안 길고도 복잡한 협상을 통해 1994년 4월 절대 다수인 흑인들의 지지를 획득한 흑인 중심의 민주정권이 들어섰다. 이후 다시 1년 동안 정치협상을 통해, 1996년 12월 남아공 의회는 극도로 분열된 남아공 사회의 화해를 추가하기 위해 2년 간 활동할 수 있는 '진실화해위원회'를 설립할 것을 결정했다.

남아공은 진화위의 역할을 헌법에 명시했다. 남아공 헌법은 "과거에 대한 것을 복수가 아닌 너그러움이, 앙갚음이 아닌 보상이 필요하다"고 명확히 제시하고, 화해를 위한 사면은 "정치적 목적으로 저질러진 모든 인권침해에 대한 행위를 대상"으로 한다고 그 범위를 제시한다. 그와 더불어 의회는 "헌법이 보장하는 한도 내에서 사면에 필요한 법을 채택"할 수 있다고 제한하고 있다. 남아공은 헌법을 통해 흑인정부 수립으로 인해 불안해하는 소수 백인과 민주화를 기회로 과거 인종차별정책이 초래한 피해를 보상받으려는 다수 흑인 간의 사회적 갈등을 해결할 방법을 제시하고 있다.

진화위는 한 명의 위원장과 16명의 위원으로 구성되어 있으며, 위원장과 위원은 대통령이 직접 임명한다. 당시 위원장은 노벨평화상 수상

* 출처: https://www.britannica.com/topic/Truth−and−Reconciliation−Commission−South−Africa
(검색일: 2020. 10. 5)

자인 데스몬드 투투(Desmond Tutu) 주교가 임명되었다. 16명의 위원들은 국민 화합을 상징할 수 있도록 사회 각계각층, 여러 인종과 종족에서 선출되어 대통령이 임명할 수 있도록 했다. 이들 16명의 위원들은 공개모집과 3차례의 심사과정을 통해 선정하게 되었다. 신청자격도 정치활동 경험이 거의 없고 인권운동에 참여한 일반인들을 대상으로 함으로써 정치적 영향력이 개입할 수 없도록 했다. 총 299명이 신청했으며, 그중 106명이 1차 심사를 통과했으며, 거기서 46명이 2차 심사를 통과해 16명이 최종 선정되었다. 위원장 1명과 위원 16명으로 구성된 진화위는 의회나 정부로부터 독립적으로 활동할 수 있도록 인사권과 재정권, 운영권을 가졌다. 진화위 결성은 다양한 정치세력 간의 정치적 타협의 산물이지만, 인권침해에 대한 진상규명과정에서 정치적 이해관계를 최대한 배제하려 한 것이다. 외부로부터 정치적 영향력을 제한하려는 시도는 진화위의 활동 목적에도 잘 나타나 있다.

첫째, 1960년 3월 1일부터 1993년 말까지 일어난 인권침해의 범위, 동기, 성격 등을 작성한다.

둘째, 정치적 목적으로 인권을 침해한 당사자가 자진 신고하면 그의 사면을 허용한다.

셋째, 피해자들이 자신에게 가해진 인권폭력을 고발할 수 있도록 법적으로 보장한다.

넷째, 희생자의 시민권 회복과 보상 조치를 취한다.

다섯째, 폭로되고 조사된 모든 인권유린 사례는 유엔에 고발조치한다.

여섯째, 이후에 유사한 인권침해가 발생하지 않도록 세계에 알린다.

진화위는 인권침해에 대한 진상규명을 명확히 하기 위해 3개의 위원회와 4개의 지방사무소(Durban, Gauteng, East London, Western Cape)를 두었다. 먼저 3개 위원회는 접수되고 청구된 인권침해를 다루는 '인권유린조사 위원회', 사면 신청자들을 대상으로 사면을 심의하는 '사면위원회', 무고한 희생자들에 대한 구제와 정신적, 물질적 고통을 보상을 통해 인권침해 예방을 목적으로 하는 '복권과 배상위원회'로 구성되었다. 위원회는 총 31,300여 명으로부터 피해접수를 신청 받았으며, 가해자 7,000여 명이 사면신청을 접수했다. 진화위 법은 이 기간 이후에 정치적 인권침해에 대한 사면은 절대적으로 없을 것이라고 하고, 이후에 발견된 인권침해 사례는 사법처리할 것을 분명히 하고 있다.

이처럼 법률적으로 확정된 남아공의 진화위의 구조와 역할을 보면, 그 대상은 매우 광범위 하지만 인권침해에 대한 보복적인 처벌보다 분열된 남아공 사회에 대한 조속한 화해와 통합을 우선적으로 추구한다는 것을 알 수 있다. 남아공의 진화위는 국제사법재판소와 같은 외부 기관의 개입이 아니라, 국내 당사자 간의 협의를 통해 진상규명과 처벌방법을 협의한다는 점에서 그 의의가 크다.

진화위 위원장인 데스몬드 투투가 1960년부터 1994년까지 발생했던 인권침해와 인권유린 사례에 대한 진상규명을 위해 총 160회의 청문회를 실시했고, 약 2만여 명의 증언을 청취했다. 그 결과, 약 3,500여 쪽 분량의 총 5권으로 된 인권보고서가 작성되었고, 이 보고서는 만델라 대통령에게 제출되었다. 이것으로 인종차별로 분열된 남아공의 화해는 일단락되었다. 데스몬드 투투 위원장은 보고서를 제출하면서 "이후 어느 누구도 악몽에 대한 이야기를 더 이상 하지 않을 것이며, 이러한 악몽으로 시달리는 나라가 되어서는 안 된다"고 선언했다.

그러한 활동에도 불구하고 남아공 진화위의 활동과 역할에 대한 평가는 여전히 논쟁적이다. 여전히 진화위에서 밝혀진 사례들이 미해결 상태로 남아있다는 것도 그런 평가의 한 요인이다. 40년 이상 극도로 분열된 사회를 2년 반 동안 조사를 통해 국민적 화해를 완전히 이룬다는 것은 불가능하다. 뿐만 아니라, 진화위는 단순히 피해자와 가해자 간의 화해를 목적으로 하는 것이 아니라, 화해 과정을 통해 남아공 전체의 국민 화합을 이루는 것이 궁극적 목적이다. 그러므로 남아공의 정치적, 경제적, 사회적 화합이 제대로 달성되었는가가 진화위에 대한 평가의 기준이 되어야 한다. 진화위를 통해 행해진 남아공의 과거에 대한 진상규명과 화해는 남아공이 민주주의 체제를 공고화하는 데 매우 중요한 과정 중 하나이기 때문이다. 진화위가 과거의 과오를 공개적으로 조사하고 평가할 수 있는 기회를 제공했다는 점에서는 긍정적인 평가를 받을 수 있다. 그럼에도 불구하고, 진화위는 진실보다는 화해에 더 많은 관심을 가지고 있었다는 점도 분명한 사실이다.

Ⅳ. 우분투(Ubuntu)와 진실화해위원회[4]

우분투는 '인간성(humanity)'을 의미하며 '한 개인은 다른 사람들로 인해 인간이 된다(A person is a person by other people)'는 말로 표현될 수 있다. 우분투 정신은 비록 차이를 인정하고 수용하지만, 개인주의가 아니라 공동체 의식에서 비롯된 상호의존과 공존에 뿌리를 두고 있는 아프리카인의 가치체계이면서 세계관이다. 아프리카 사회, 특히 남아공 국민들이 이해하는 우분투 정신은 인종 간 갈등과 다문화 사회 내에서 평화와 공존을 이루기 위한 열망과 희망으로 받아들여졌다. 우분투의 가치는 공동체 내 화해를 이루어 내는 수단으로서 남아공의 구전 전통에 내재되어 왔다. 남아공 흑인 공동체는 젊은 세대들에게 전통적 가치체계를 이어갈 수 있도록 하기 위한 수단으로 우화나 수수께끼, 속담 등을 활용했다. 이처럼 구전 전통을 이용해 남아공 흑인 사회는 개인과 개인뿐 아니라 개인과 공동체 간에 상호의존의 가치를 재생산해 나아가려 했던 것이다.

우분투를 서구의 언어로 표현하기는 매우 어렵다. 이것은 인간됨의 본질을 뜻한다. "유 우 노분투(Yu u nobuntu!: 이봐, 아무개가 우분투가 있어!)"라는 말은 최고의 찬사다. 관대하고 호의를 베풀며 친절하고 다정하고 남을 보살필 줄 알고 자비롭다는 뜻이다. 우분투가 있는 사람은 열려 있고, 다른 사람을 위해 시간을 내고, 다른 사람을 인정하고, 인격과 능력이 탁월한 사람 앞에서도 위협을 느끼지 않는다. 자신이 더 큰 전체에 속한 존재임을 아는 그에게는 온당한 자기 확신이 있기 때문이다. 다른 사람이 모욕을 받거나 위축되거나, 고문이나 위협을 당하거나, 실제보다 못한 취급을 당할 때 자기 확신은 줄어들 수밖에 없다.[5]

우분투는 아프리카의 사회와 정치 영역에 만연했던 폭력에 대한 토착적이며 효과적인 대안으로 제시되었다.[6] 종족 간 갈등이 자주 발생하는 아프리카의 다종족 사회에서 평화를 얻기 위해 우분투의 역할에 대한 관심이 증가하고 있다. 아프리카 토착 문화로 받아들여지는 우분투가 인간관계를 형성하는 데 중요한 영향을 미치기 때문에 평화를 건설하고 유지하는 데도 실질적인 역할을 할 수 있다는 것이다. 인간성과 공정함, 정의 그리고 아프리카인들의 가치체계를 포괄하는 우분투는 식민지 이전 시기부터 아프리카 사회의 중요한 규범이었으며, 아파르트헤이트 이후 남아공 사회에도 꼭 필요한 사회적 규범이었다. 우분투가 남아공 사회에 뿌리 깊이 박혀 있는 과거의 상처와 증오, 의혹 등을 초월할 수 있는 이념으로 받아들여졌다. 우분투는 남아공 사회가 아파르트헤이트 시기 이후 여전히 불안정한 정치적 질서를 극복하고 좀 더 안정적인 상황으로 발전할 수 있는 원동력을 갖고 있는 것으로 보였다.

1994년 이후 무엇보다 중요한 남아공의 과제는 과거를 청산하고 인종 갈등을 화해와 공존으로 이끄는 것이었다. 남아공은 이러한 작업의 일환으로 진화위 설립에 합의했으며 우분투 정신을 기본 이념으로 적용하였다. 아파르트헤이트 종식 이후에도 남아공은 여전히 그 이전과 마찬가지로 차별적인 계급의식과 인종적 불평등이라는 강한 의식이 사회에 팽배했다. 왜냐하면, 아파르트헤이트의 종식으로 관련 제도나 법률들은 모두 철폐되었지만, 경제적 부와 사회적 지위는 여전히 인종이라는 기준으로 차별적으로 구분되어 있기 때문이었다.

우분투의 궁극적 목적은 공동체의 공익을 위한 개인 간의 협력으로 공동체의 가치를 소중히 생각하고 사람들 사이에 이를 공유하는 것이다. 개인의 경쟁 본능은 공동체의 평화와 안전, 조화를 불안정하게 만든다고 본다. 우분투를 기반으로 한 평화건설은 상호관계, 포용성(혹은 비배타성), 그리고 개인과 공동체의 공유된 공동운명체 의식의 구현이라고 할 수 있다. 우분투가 상처를 초래한 분쟁을 겪은 사회에서 평화적인 관계를 구축하고 평화를 건설하는 법과 규칙에 대한 방향을 제시할 수 있다. 아키놀라(Akinola) 등[7]은 우분투를 분쟁 해결 전략으로 사용할 수 있다고 주장하며 다섯 가지를 제안했다. ① 조사 이후 가해자는 스스로 책임을 인정하도록 해야 한다. ② 가해자는 진정한 반성을 하도록 해야 한다. ③ 가해자들은 용서를 구하고 희생자들은 자비를 보여야 한다. ④ 범죄자에게 보상 또는 배상을 요구한다. ⑤ 모든 당사자들이 화해를 받아들이도록 하며 그 과정을 명확히 한다.

투투 주교는 진화위를 이끌면서 화해가 중요한 과제라고 생각했다. 그는 우분투 정신을 도입하여 가해자의 실수와 고백을 받아들이고 그들의 죄를 뉘우치게 함으로써 희생자들이 비교적 쉽게 용서할 수 있도록 유도했다. 궁극적으로 개인과 사회가 화해를 할 수 있다고 생각했다.

> "조화, 친절함, 공동체는 모두 가치 있는 선이지만, 사회적 조화는 우리에게 최고의 선이다. 우리는 지금까지 추구해 온 이 선을 파괴하거나 훼손하는 모든 것을 역병처럼 피해야 한다. 분노, 적개심, 복수심, 치열한 경쟁을 통한 성공은 이 선을 좀먹는다. 용서는 그저 이타심만 발휘하는 것이 아니다. 그것은 자신에게 가장 큰 이익이 된다. 상대방을 비인간화하려는 것은 틀림없이 나도 비인간화한다. 용서함으로써 우리는 회복할 힘을 얻고, 사람들을 비인간화하려는 모든 것을 이겨내며 영원히 인간답게 살 수 있다."[8]

진화위의 업적 중 하나는 우분투 정신을 적용한 화해를 이끌었다는 것이다. 진화위는 진실을 공개적으로 발언하게 함으로써 치유를 가능하게 했다. 말을 통해 밝힘으로써 과거의 침묵과 고통으로부터 벗어나 상호 이해와 사회적 유대를 이끌어 낼 수 있었다. 진화위는 피해자 중심의 역사 이야기를 듣도록 유도했고 진실과 사면을 맞바꾸는 독특한 접근법을 제시했다. 대중과 사회 앞에서 화해를 위해 진실을 말함으로써 카타르시스를 느낄 수 있었다는 것이다. 진화위의 주목적은 화해였지 징벌이나 보복이 아니었다. 이를 위해 진화위는 진실을 구체적으로 밝혀내고 이를 통해 분노와 복수보다 용서와 화해를 강조했다. 이처럼 진화위는 실질적으로 용서를 강조하는 우분투 정신을 기반으로 남아공 사회 내 화해를 이끌어 내려 했다. 즉 역사적 사실을 밝혀 정의를 되살리고 화해를 통해 사면과 보상을 이끌어 내며 이를 통해 평화로운 국가 건설을 궁극적인 목표로 삼았던 것이다.

이러한 우분투 정신은 남아공의 진화위를 통해 어느 정도 구현되었다고 평가할 수 있다. 1994년 이후 남아공은 이전 아파르트헤이트 시기에 자행된 국가폭력과 인권침해의 진실을 규명하고 인종 간의 화해와 통합을 이룸으로써 민주주의 이행과 공고화를 달성해야 했다. 이 시기 남아공의 흑인들은 과거 백인 정권이 자행한 인권유린과 국가폭력에 대한 과거사를 분명히 밝히고 그에 대한 책임을 명확히 규명할 것을 요구했다. 그러한 요구를 실행하기 위해 진화위가 구성되어 1995년 11월부터 3년 동안 그 임무를 수행하고 1998년 최종보고서를 제출하는 것으로 그 활동을 마감했다.

인종 간의 갈등과 사회 계급 간의 갈등이 중첩되어 있는 남아공의 사회적 관계 때문에 진화위의 역할은 흑인사회의 요구를 충분히 반영할 수 없었다. 장기간 이루어졌던 인종 학살에 대한 은폐와 조작의 골은 너무 깊었다. 그럼에도 불구하고 진화위는 남아공에서 인종 간의 관계에서 초래된 갈등을 치유하고 평화롭게 공존하는 미래 사회를 건설하기 위해 사회 통합과 더불어 민주주의의 실현을 동시에 추구해야 했다. 진화위는 인종 간 혹은 종족 간의 관계에서 비롯된 오랜 갈등을 진실을 들춰내는 방식을 통해 사회구조의 모순을 민주적으로 해결하려 노력했다. 이를 수행할 수 있도록 진화위에게 제한된 기간이었지만, 독립적인 수사권과 소환권, 사면권까지 주어졌던 것이다. 진화위가 활동하는 기간 동안 남아공의 국민들은 진화위를 민주주의 체제를 수립하기 위한 주요 수단을 구축하는 과정으로 받아들였다. 이에 다수의 남아공 국민들은 과거사의 진실을 밝히기 위해 자발적으로 참여했으며 진화위의 진상규명 활동에 신뢰를 보여주었다.

V. 현재 남아공의 민주주의 수준[9]

민주주의의 공고화는 민주주의 질적 향상을 일컫는다고 할 수 있다. 여기서 민주주의의 질적 향상은 그 자체로서 경계가 정해져 있지 않다는 것을 전제로 한다. 따라서 민주주의 공고화는 지속적 개선을 요구하는 열린 과정을 지칭하는 개념이다. 다시 말해 민주주의 공고화는 포괄적 의미에서 어느 한 국가의 정치체제가 경험해 온 민주주의 이행 이후의 민주주의를 보다 질적으로 개선하고 발전시키려는 과정으로 정의할 수 있다.

제도적 관점에서 바라 본 민주주의 공고화는 민주주의 정치체제를 구성하고 있는 다양한 제도들의 제도화(institutionalization) 과정에 주목한다. 이러한 시각은 경제적 평등의 구현이나 사회적 차별의 철폐와 같은 비정치적 영역에서의 민주화보다는, 정치적 현상과 관련하여 보다 안정적이고 질적으로 향상된 민주주의를 달성하기 위한 필요조건이 무엇일까 하는 문제에 논의를 집중하고 있다. 정치제도들의 제도화를 강조하는 논의에서 민주주의의 공고화는 민주주의 이행 이후 신생 민주주의의 질적 개선을 위한 제도적 안정성과 지속 가능성을 향상시킴으로써 달성될 수 있는 것으로 받아들여진다. 민주주의 이행을 통해 어느 정도 달성된 정치엘리트에 대한 일반 시민의 수직적 책임성(vertical accountability) 강화를 넘어서서 정치체제 내 정치권력 혹은 국가 기관들 사이의 수평적 책임성(horizontal accountability)을 수립하고 이를 위한 제도적 메커니즘을 개발해야 민주주의 공고화가 이루어진다.[10] 좀 더 구체적으로 보자면 치안과 사법, 선거제도, 입법부-행정부 관계에서의 제도적 개혁을 강조하거나, 국가기구들이 법치를 존중하고 민주 정부를 운영할 수 있는 숙련된 행정 관료들의 필요성을 강조하기도 한다. 이처럼 정치제도의 제도화를 강조하는 시각은 민주주의 이행 이후 민주주의의 공고화 과정을 주로 정치 영역 혹은 정치제도적 측면에서 바라보는 것이며, 위로부터의 공고화 혹은 공급 측면의 공고화라고 해석될 수 있다.

남아공의 민주화 이행 과정은 인종 갈등에 기반을 두고 있으며, 협상을 통해 다당제 정치 체제와 삼권분립을 확립하여 민주화를 이루었다. 아프리카에서 최초의 전인종 참여선거(first non-racial general election)인 1994년 선거 이래로 남아공은 1999년, 2004년, 2009년, 2014년, 2019년 5회에 걸쳐 의회선거를 경험했다.

남아공의 의회선거제도는 1인 2표제의 전국 정당명부식 비례대표제로서 폐쇄형 정당명부의 형태를 취하고 있다. 총선에 참여하는 각각의 정당들은 정당 명부를 모두 제출한 상태에서 선거에 참여한다. 만 18세 이상의 유권자들은 9개로 나뉜 각각의 선거구에서 2개의 투표권을 행사한다. 유권자들은 자신이 지지하는 하나의 정당만을 선택하는 범주 투표(categorial voting)를 기표방식으로 이용한다. 유권자들은 가지고 있는 두 개의 투표권 중 하나를 전국국민의회를 구성할 정당에 투표하고, 다른 하나를 지방의회를 구성할 정당에 투표한다. 이러한 투표결과는 지역구별이 아니라 전국적으로 집계되며, 득표율의 결과에 따라 전국국민의회 의원 400명과 지방의회 의원 430명을 선출한다.[11)]

남아공의 선거제도는 유권자들이 정당에만 투표하는 완전 비례대표제이다. 지역구의 후보가 아닌 정당에 투표하는 완전 비례대표제적 특성으로 인해 남아공의 모든 국회의원들은 지역이나 종족과 느슨한 연결고리를 가지게 된다. 로칸(Rokkan)[12)]은 남아공의 완전비례대표제는 인종별·종족별로 분리된 남아공 사회에서 "인종별 소수세력의 보호, 인종과 종족을 통일시켜 내는 국민통합전략, 급격한 참정권의 확대, 기존 권력블록의 기득권 유지"라는 특성을 나타내고 있으며, 통합된 국민국가를 형성하는데 있어서 절대적으로 필요한 인종 혹은 종족 간 협상의 정치를 생산해내고 있다고 분석한 바 있다. 또한 노리스(Norris)[13)]는 비례적 선거제도가 종족적으로 분절된 사회(divided society)에서 갈등 해결과 화합에 도움을 줄 수 있다는 것을 경험적으로 분석했다. 현재 시행되고 있는 남아공의 선거제도는 다종족이 참여하는 비폭력적 정치 수단을 통해 갈등 해결을 유도하고 있다는 측면에서, 남아공의 민주화 과정에서 이루어낸 '국민 통합'을 유지하는데 도움을 주고 있다.

선거 참여, 경쟁의 자유, 그리고 공정성은 대의민주주의의 가장 핵심적 요소 중 일부이다. 민주주의체제를 형성하고 유지시키기 위해서는 일반 국민과 여러 집단들의 포괄적인 정치참여가 필요하다. 이를 위해서는 의미 있고 광범위한 선거경쟁이 보장되어야 하며, 자유로운 정치참여와 경쟁을 추진할 수 있는 시민적·정치적 권리가 허용되어야 한다. 이에 민주주의 정치체제에서 이루어지는 표현의 자유와 책임성을 분석함에 있어서 자유롭고 공정한 선거는 중요한 변수다.

선거제도가 높은 '경쟁성'을 확보하기 위해서는 그 제도의 실질적인 시행과정에서 이를 담당하고 집행하는 정부 기관이 권력으로부터 독립적인 '공정성'을 필요로 한다. 세계 투명성 지수(Global Integrity Index, GII)의 2016년 조사에 따르면 남아공의 선거는 독립선거위원회(Independent Electoral Commission, IEC)의 주관 하에 치러지며 선거위원회의 독립성에 대해 100점 만점에 75점의 점수를 받았다. IEC의 독립성은 복수 정당과 자유로운 미디어, 그리고 독립적인 사법부로 인해 강화되며 남아공에서 선거의 자유와 공정성을 높이는 역할을 확보한 것으로 평가받고 있다.[14] IEC 위원장이었던 트라쿨라(Tlakula)의 위법행위를 적발한 사건에서 IEC의 내부 고발자의 역할이 컸다는 사실을 통해 남아공에서 IEC가 자유롭고 공정한 선거 환경을 만들기에 충분한 독립성을 가지고 있다는 것을 보여준다. 독립적이고 영향력 있는 선거위원회의 활동으로 인해 남아공 국민들은 선거의 자유와 공정성에 대한 신뢰가 높았다. 아프로바로미터(Afrobarometer)에서 조사한 선거 공정성에 관한 2015년 설문에 따르면 응답자의 92%가 자신들이 치른 이전의 선거가 자유롭고 공정했다고 믿고 있으며, 선거가 완전히 자유롭고 공정했다고 응답한 응답자의 비율은 52%로 응답자의 절반을 넘었다.

세계은행의 보고서에 따르면, 남아공의 정치적 안정과 비폭력 지수는 −0.04로 아프리카 국가들 중 9위에 위치한다.[15] 민주적 제도의 안정성의 측면에서 필수적인 요소는 정치 행위자 간의 공정한 게임을 보장하는 민주적 규칙이 제도화되는 것이다. 이는 공고화의 개념인 선거에 의한 민주적 권력 획득이 얼마나 잘 이루어지고 있는가를 의미한다. 선거이외의 폭력적 수단을 통해 권력이 교체되거나 정부가 수립되는 경우민주적 제도의 안정성은 떨어지며, 권력 획득의 수단으로서 선거가 공고한 위치를 차지할수록 민주적 제도가 안정화 된다. 이러한 관점에서 1994년의 첫 민주적 다당제 선거 이후로 5회에 걸쳐 순수하게 선거를통해서만 권력을 획득한 남아공에는 정치적 안정성이 존재한다.

민주적 제도의 안정성에 필요한 최소한의 조건인 선거를 통한 권력의획득 혹은 교체는 남아공에서 비교적 잘 유지되고 있다. 하지만, 세계은행의 보고서에서 제시하는 남아공의 정치적 안정과 비폭력 지수가 상위권이 아닌 이유는 여당인 ANC의 장기집권에 따른 정당 지지자들 간의정치적 갈등 때문이다. 아프리카안보연구소(Institute for Security Studies, ISS)의 2015년 조사에 따르면, 1994년에 치러진 민주적 다당제 선거 이후로 남아공 내에서 정치적 폭력의 빈도와 수준은 크게 감소했다. 그럼에도 불구하고, 민주화 이후 네 번의 선거에서는 지속적으로 ANC 지지자 사이뿐 아니라 기타 야당 지지자들 사이에 정치적 폭력이 그 규모는작지만 꾸준히 발생했다. 특히 2014년 선거 전후에는 정당 간 접전이벌어지는 선거구에서 76건의 선거 관련 폭력이 발생하고 97명이 체포되면서 정치적 안정에 대한 위협이 발생했다.[16] 이러한 소규모 정치적 폭력 자체가 선거 결과에 영향을 주는 수준은 아니라는 점에서 남아공의 민주적 정치제도의 안정성은 여전히 유지되고 있다.

남아공의 정치적 안정과 비폭력 수준은 선거제도인 비례대표제가 가져온 효과이기도 하다. 비례대표제가 개별적 후보가 선거 결과에 대하여 불복하거나 이의 제기하는 것을 억제한다. 또한 비례대표제가 포괄적이고 공정한 의견 반영이 이루어지도록 디자인되어있기 때문에 남아공 유권자들의 정치 체제에 대한 신뢰도를 높여주고 정치적 안정성에도 기여한다. 다만, 남아공이 비례대표제 선거제도를 도입하고 다섯 차례의 선거를 거쳤음에도 불구하고, ANC의 의석 점유율이 지배적이고 소규모 야당들이 분절화 되어 있었기 때문에 비례대표제의 본질적 특성인 포괄성과 다양성이 제대로 발현되고 있는지에 의문을 제기하는 학자나 정치인들도 존재한다.

2019년 5월 남아공에서는 민주화 이후 다섯 번째 의원 선거가 있었다. 남아공은 우리와 달리 의원내각제를 도입했기 때문에 대통령 선거는 없고 남아공 의회 의원을 선출하고 50%가 넘는 의원들의 지지를 받아 수상인 '대통령'이 선출된다. 남아공 의회는 5월 22일 집권당 ANC를 이끄는 시릴 라마포사(Cyril Ramaphosa) 대통령을 차기 대통령으로 재선출했다. 집권당 ANC는 지난 의원 선거에서 57.5%의 득표율로 하원 의석 400석 중 230석을 획득해 여당 위치를 유지할 수 있었다. 라마포사 대통령은 작년 2월 '부패한 대통령' 제이컵 주마(Jacob Zuma)가 불명예 사퇴한 뒤 새 대통령으로 뽑혔고, 새로운 선거를 통해 구성된 의회에서 다시 대통령으로 당선되었다. 그는 남아공에 만연한 부패 개혁과 지속되는 높은 실업률과 저성장 문제 해결 등 쉽지 않은 문제에 직면해 있다.

[표 4-2]가 보여주듯이, 라마포사 대통령이 이끄는 ANC는 57.5%의 득표율로 400석 중 230석(57.5%)을 차지해 여당의 지위를 유지할 수 있었다. 겉으로 보기에 이러한 결과는 ANC의 승리라고 할 수 있지만, ANC의 득표율과 의석점유율은 1994년 정초선거(founding election) 이

후 계속해서 하락하고 있다. ANC는 민주화 이후 다섯 번의 의회선거에서 예외 없이 다수당의 지위를 확보해 왔다. 1994년에는 252석을 획득했으며, 1999년에는 266석, 2004년에는 297석, 2009년에는 264석, 2014년에는 249석을 획득했다. 최근 들어 ANC의 의석 점유율이 서서히 하락하는 모습을 보여주는 이유 중 하나는 남아공의 흑인들이 점차 ANC의 국정 운영에 대하여 불만족해하기 때문이다. ANC는 남아공에 만연한 부패 개혁과 지속되는 높은 실업률과 저성장 문제 해결 등 쉽지 않은 국가적 문제뿐 아니라, 당내 파벌 간 갈등으로 선거 때가 다가오면 적지 않은 당내 지도자들이 탈당하여 신당을 창당해 온 것처럼 당내 민주주의의 문제에도 직면하고 있다.

남아공의 흑인 유권자들, 특히 ANC가 주도하는 정부의 업적에 만족하지 못하는 유권자들은 이번 선거에서 파퓰리스트 정당이라고 평가받는 EFF(Economic Freedom Fighters)에 대하여 상대적으로 높은 지지를 보여주었다. EFF는 신생 정당으로 지난 2014년 처음 의회선거에 참여해 25석을 획득했으며, 최근 2019년 선거에서는 10% 이상의 득표로

[표 4-2] 2019년 남아공 의회 선거결과

Party		Votes	%	+/-	Seats	+/-
list	African National Congress	10,026,475	57.50	▼ 4.65	230	▼ 19
list	Democratic Alliance	3,621,188	20.77	▼ 1.36	84	▼ 5
list	Economic Freedom Fighters	1,881,521	10.79	▲ 4.44	44	▲ 19
list	Inkatha Freedom Party	588,839	3.38	▲ 0.98	14	▲ 4
list	Freedom Front Plus	414,864	2.38	▲ 1.48	10	▲ 6
list	African Christian Democratic Party	146,262	0.84	▲ 0.27	4	▲ 1
list	United Democratic Movement	78,030	0.45	▼ 0.55	2	▼ 2
list	African Transformation Movement	76,830	0.44	New	2	New
list	Good	70,408	0.40	New	2	New
list	National Freedom Party	61,220	0.35	▼ 1.22	2	▼ 4
list	African Independent Congress	48,107	0.28	▼ 0.25	2	▼ 1
list	Congress of the People	47,461	0.27	▼ 0.40	2	▼ 1
list	Pan Africanist Congress	32,677	0.18	▼ 0.02	1	— 0
list	Al Jama-ah	31,468	0.18	▲ 0.04	1	▲ 1

총의석수: 400석; 투표율 65.99%

* 출처: Independent Electoral Commission, South Africa.

44석을 획득했다. 이들은 백인 농장주로부터 무상으로 토지를 몰수하여 국유화하고 모든 광산도 국유화해야 한다고 주장하는 매우 급집적인 정당이다. 반면, 극우 정당도 이번 선거에서 그 영향력 확대를 보여주었다. FF+(Freedom Front Plus)는 1994년 창당 이래 가장 높은 득표율(2.38%)과 의석(10석)을 획득했다. FF+는 아파르트헤이트 시대의 피해자인 흑인들을 우대하는 정책(affirmative action)을 개혁하고 아프리카너의 이해관계를 보호하기 위해 토지개혁을 실시해야 한다고 주장한다. 이들 두 극단적 파퓰리스트 정당의 등장과 그들의 지지 확보가 의석 증대로 이어지는 현상은 정부 여당인 ANC의 위치를 불안정하게 만들고 남아공 민주주의 체제의 정치적 안정성에도 부정적인 영향을 미칠 것이다.

프리덤하우스(Freedom House)가 매년 발표하는 민주주의 수준에서도 남아공은 다소 하락하는 것으로 나타났다. 1994년 민주주의 이행 이후 남아공은 정치 권리(political rights)에서 1점으로 가장 높은 점수[17]를 받았고 시민의 자유(civil liberties)에서는 그보다 낮은 2점으로 평가되었다. 이후로 2005년까지는 이 수준을 유지하다가 2006년부터는 시민의 자유는 그대로 2점을 유지했으나, 정치 권리는 2점으로 하락했다. 이는 남아

[표 4-3] 남아프리카공화국의 Freedom House Index, 1993~2016

Year	PR	CL	Year	PR	CL	Year	PR	CL
1993	5	4	2001	1	2	2009	2	2
1994	2	3	2002	1	2	2010	2	2
1995	1	2	2003	1	2	2011	2	2
1996	1	2	2004	1	2	2012	2	2
1997	1	2	2005	1	2	2013	2	2
1998	1	2	2006	2	2	2014	2	2
1999	1	2	2007	2	2	2015	2	2
2000	1	2	2008	2	2	2016	2	2

* 출처: www.freedomhouse.org

공의 민주주의 수준이 다소 하락했다는 것을 의미한다. 참고로 한국도 현재 이 두 영역에서 각각 2점으로 평가받고 있다.

그럼 남아공 시민들은 현재 남아공의 민주주의 체제에 대하여 어떻게 평가하고 있을까? [표 4-4]는 2018년 아프로바로미터가 남아공의 유권자 약 2,400명을 대상으로 실시한 여론조사 결과를 정리한 것이다. 이 조사에서 응답자의 53%가 남아공은 "더 이상 민주주의가 아니다 (9%)"거나 "심각한 문제를 갖고 있는 민주주의이다(44%)"라고 대답했다. 즉, 과반이 넘는 응답자들이 남아공의 민주주의가 매우 문제가 많은 것으로 평가하고 있다. 이에 비해, 응답자의 15%만이 남아공이 "완전한 민주주의"라고 평가하고 있으며, 30%가 "사소한 문제는 있지만, 여전히 민주주의"라고 평가하고 있다. 이러한 결과는 도시에 거주하거나 농촌에 거주하거나 관계없이, 또 성별에 따라 차이가 없는 것으로 나타났다.

두 번째 질문은 남아공 시민들이 현재 남아공의 민주주의 작동 방식

[표 4-4] 남아공 시민이 평가하는 민주주의 수준

Now let us speak about the political system in this country.

Q35. In your opinion, how much of a democracy is South Africa today?

	Urban	Rural	Male	Female	Total
Not a democracy	9	9	10	8	9
A democracy, with major problems	44	44	43	45	44
A democracy, but with minor problems	32	28	30	30	30
A full democracy	15	17	16	15	15
Do not understand question / democracy	0	0	0	1	0
Don't know	1	2	1	2	1
Refused	0	-	0	0	0

Q36. Overall, how satisfied are you with the way democracy works in South Africa?

	Urban	Rural	Male	Female	Total
The country is not a democracy	0	1	0	1	0
Not at all satisfied	29	33	30	31	31
Not very satisfied	27	25	24	28	26
Fairly satisfied	32	27	32	29	30
Very satisfied	11	13	13	10	12
Refused	0	0	0	0	0
Do not know	1	1	0	1	1

여론조사 기간: 2018년 7월 30일부터 9월 26일
* 출처: www.afrobarometer.org

에 대하여 얼마나 만족하는지에 대한 것이다. 이 질문에 대하여 "아주 만족한다"고 대답한 응답자는 단지 12%였으며 "다소 만족한다"고 대답한 응답자는 30%였다. 이에 비해, 응답자의 26%는 "아주 만족하지 않는다"고 대답했으며, 응답자의 31%는 "전혀 만족하지 않는다"고 대답했다. 이처럼 남아공의 민주주의 체제의 작동방식에 대하여 전혀 만족해하지 않는다는 남아공 시민들이 상대적으로 가장 크다는 것은 민주주의 체제의 작동 방식에 심각한 문제가 있다는 것을 의미한다. 더욱이 현재 민주주의 체제의 작동방식에 만족해하지 않는 시민들이 57%나 된다는 것도 남아공의 민주주의 체제의 불안정성을 보여주고 있다.

　남아공처럼 신생민주주의 국가는 여전히 민주화 이전에 경험했던 권위주의 체제에 대한 경험과 기억이 존재하기 때문에, 민주주의 이행으로 도입된 새로운 민주주의 체제가 안정적으로 자리 잡기 위해서 그 구성원들이 자신들이 경험하는 민주주의 체제가 '유일한 게임의 룰'이라고 받아들이는 게 필요하다. 남아공은 과거 긴 기간 아파르트헤이트 체제를 경험하면서 누적된 인종 간 갈등이 여전히 잠재되어 있는 사회이다. 민주화 이후 진실화해위원회라는 한시적인 기구를 통해 이 갈등을 극복하려 시도하기도 했다. 현재 남아공의 시민들과 정치 엘리트들이 보여주는 모습은 진화위가 궁극적 목적으로 추구했던 화해와 평화가 아직까지 제대로 이루어지지 못하고 있을 뿐 아니라, 오히려 진화위의 대상이었던 인종 갈등 문제가 다시 등장할 가능성까지도 보인다.

VI. 결론과 함의

　1994년 만델라 대통령의 당선으로 남아공은 아프리카 대륙의 국가들을 대표하고 전 세계의 주목을 받는 신생민주주의 국가로 평가받아왔다. 그렇다면 지난 25년 동안 남아공의 민주주의는 공고화 과정을 제대로 밟고 있는가? 민주화 이전 아파르트헤이트 체제의 모순을 해소하기 위해 한시적으로 구성되었던 진실화해위원회의 목적은 실현되었는가? 이 두 가지 질문에 대한 명확한 대답은 아직 이르지만, 현재 상황은 남아공 시민들이 기대한 만큼 진전되지 못하고 있다고 평가할 수 있다. 오히려 그 상황이 민주화 직후보다 더 악화되는 방향으로 진행되고 있지 않나 우려를 자아내기까지 한다.

남아공 사례는 평화를 추구하는 제도적 절차는 필요조건이지 충분조건은 되지 못한다는 것을 잘 보여준다. 진실화해위원회라는 기구를 통해 비교적 짧은 기간 동안 이루어졌던 평화정착 노력은 남아공이 오랜 기간 동안 누적해 왔던 사회구조적인 갈등을 충분히 해소하기에는 매우 부족한 것이었다. 특히, 절차적으로 민주적 정치제도를 도입하고 그 규칙을 존중하고 실천해 왔으나, 어느 누구도 만족스런 결과로 이어지지 못하고 있다. 남아공의 경제 권력을 확보하고 있는 백인들은 아프리카인 중심의 ANC가 도입해온 경제정책에 대하여 높은 불신을 보여왔으며, 아프리카인들은 민주화 이후 확보해온 정치권력이 자신들의 삶의 질 향상으로 이어지지 않아 심각하게 불만을 제기하고 있다. 그 결과 남아공에서는 인종뿐 아니라 경제적 계층 간의 갈등이 점차 심각해져 평화정착 노력에 부정적인 영향을 미치고 있다. 한반도의 평화구축을 위한 논의에서도 제도적 절차만을 강조하기보다 그 절차가 가져올 수 있는 결과가 과연 궁극적으로 평화구축에 긍정적인 영향을 미칠 것인가도 동시에 이루어져야 할 것이다.

05

르완다: 비극의 언덕에 싹튼 평화

권영승

I. 천 개의 언덕을 가진 비극의 땅

르완다는 동아프리카에 위치한 작은 국가이고, 후투(Hutu) 85%, 투치(Tutsi) 14%, 트와(Twa) 1% 정도의 종족 분포를 보인다. 르완다는 국토가 수없이 연결된 아름다운 언덕으로 이루어져 '천 개의 언덕이 있는 땅(Land of a thousand hills)'으로 불려 왔다. 평화로웠던 이 땅에 오랜 식민지배로 인한 종족 간 갈등은 결국 제노사이드(genocide)라는 인류의 비극을 불러왔고, 지금도 그 아픔은 천 개의 언덕에 깊게 스며들어 있다.

르완다의 수도 키갈리(Kigali)에 위치한 제노사이드 메모리얼(Genocide Memorial)을 찾는 관광객들은 입장 전 제노사이드와 관련된 영상을 시청해야 한다. 1994년에 벌어졌던 유례없는 비극의 역사를 대하면서 관광객들은 인간의 잔혹함에 눈물짓게 된다. 메모리얼 안으로 들어서면 당시 살육에 이용되었던 마체테(machete: 정글도)와 유골들이 다수 전시되어 있다. 끔찍하게 깨지고 패인 수많은 유골들을 대하면서, 관광객들은 아름다운 이곳이 제노사이드의 땅(The Land of Genocide)이기도 하다는 사실을 다시금 실감한다. 하지만 관람을 마치고 마주하는 키갈리 시내에서는 과거의 비극을 떠올리기 힘들다. 깨끗하고 잘 정돈된 도로와 안정된 치안, 시내 한 복판에 위치한 높은 건물들, 그리고 친절하고 순박한 사람들은 오늘도 과거의 기억을 묻어둔 채 통합과 화해의 역사를 새

<그림 5-1> 르완다의 위치

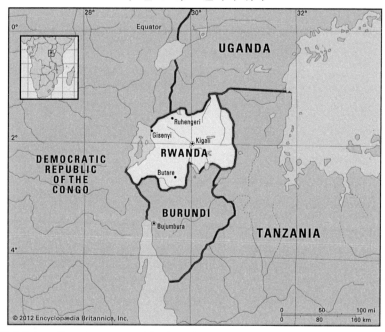

* 출처: https://www.britannica.com/place/Rwanda

롭게 써내려가고 있다.

과거 르완다인들은 종족에 따라 정체성의 구분을 강요받았으며, 오랜 내전과 권력다툼으로 인한 갈등은 결국 비극의 역사로 점철되었다. 하지만 르완다는 제노사이드 및 내전의 종결 후 신정부가 들어선 이래, 수많은 어려움을 극복하고 경제사회적 발전을 달성하였다. 2018년 3선에 성공한 카가메(Paul Kagame) 대통령의 르완다애국전선(Rwandan Patriotic Front: RPF)이 주도하고 있는 국민통합정부(Government of National Unity: GNU)는 오늘날까지도 르완다인들의 정체성 및 파괴된 평화를 다시 구축하기 위해 노력하고 있다.

1994년 약 3개월의 제노사이드 기간 동안, 르완다 내 투치의 약 3분

<그림 5-2> 제노사이드 메모리얼의 유골

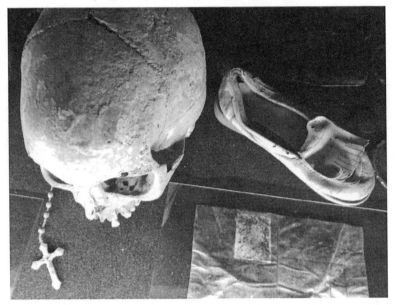

* 출처: https://en.wikipedia.org/wiki/Kigali_Genocide_Memorial#/media/File:Skull_and_Belongings_
of_Genocide_Victims_-_Genocide_Memorial_Center_-_Kigali_-_Rwanda.jpg

의 1인 80만 명이 살해당했다. 이러한 학살이 다른 국가와의 전쟁이 아
닌, 오랜 기간 함께 어울리던 이웃들 간에 벌어졌다는 사실은 얼핏 이해
하기 어렵다. 이러한 비극의 원인을 찾기 위해서는 평화롭게 공존하던
투치와 후투의 분열 및 갈등을 불러온 르완다의 역사를 먼저 이해해야
한다.

II. 르완다의 역사

1. 식민지 시기

르완다는 원래 1899년부터 독일의 식민지였다. 이후 독일이 제1차
세계 대전에서 패배함에 따라 르완다는 1923년부터 1962년까지 위임통

치라는 명목 하에 다시 벨기에의 식민통치를 받았다.

당시 벨기에는 모든 르완다인을 대상으로 종족이 표시된 신분증을 도입하고 후투와 투치 간의 구분을 본격화하였다. 이러한 분리정책은 과거 투치가 후투 및 트와에게 문명을 전달하였다는 '함족 신화(Hamitic Myth)'에 기반하고 있었다. 벨기에인들은 투치와 후투를 피부색과 신장 등 신체적 특징으로 구분하여 통치를 시행했다. 본래 과거 르완다 왕국에서 대부분 투치는 상류계층에, 후투는 하류계층에 속하였다. 그러나 사회적 이동이 가능하여 많은 소(牛)와 재물을 소유한 후투는 투치가 될 수 있었고 빈곤한 투치는 후투로 간주되기도 하였다. 하지만 벨기에는 양 종족을 엄격히 구분하고 투치에게만 전략적으로 호의를 보였다.1)

이후 1950년대 후반에는 다수를 차지하는 후투의 정치적 운동이 가속화되었고 투치 역시 기득권의 수호를 위하여 저항하였다. 이 시기 르완다 내의 유명 신문이었던 '키냐마테카(Kinyamateka)'의 편집장 그레구아르 카이반다(Gregoire Kayibanda)는 1957년 '후투사회주의운동(MSM: Movement Social Muhutu)'을 결성하였다. 후투사회주의운동은 벨기에의 식민지배에 대항하는 혁명을 주도하였으며 이후 후투해방운동당으로 이름을 바꾸었다.

위와 같은 갈등으로 결국 1959년 11월에 이르러 대규모 폭력 사건과 후투 폭동을 촉발시켰다. 이 사건으로 수백 명의 투치가 사망하였으며 수천 명이 국외로 추방당하였다. 이는 투치 지배 시기의 종말과 더불어 1961년까지 계속된 '후투 농민혁명(Hutu Peasant Revolution)'의 시작이라 할 수 있다. 이후 르완다가 독립을 달성하는 1962년까지 수십만 명의 투치 난민들이 이웃 국가로 망명하게 되었다.

1961년에는 벨기에의 지원 하에 후투해방운동당이 공화국으로의 독립을 선언함과 동시에 군주제를 폐지하였다. 이후 1962년 7월 1일 국제연맹에 의하여 르완다의 독립이 인정되고 그레고이르 카이반다(Gregoire

Kayibandal)가 대통령에 올랐다. 그러자 자이르(Zaire, 현재의 콩고민주공화국)와 탄자니아에 망명해있던 투치 난민들이 권력을 되찾기 위하여 카이반다 정부를 수차례 공격하였다. 그러한 상황은 르완다 내에 거주하고 있던 투치에 대한 보복학살을 불러와 다시금 다수의 난민이 발생하였다.

이후 1970년대로부터 1994년의 내전에 이르기까지는 쥐베날 하뱌리마나(Juvenal Habyarimana)의 시대였다. 1973년 당시 육군 참모총장이었던 하뱌리마나는 쿠데타에 성공하여 카이반다를 권좌에서 끌어내렸다. 하뱌리마나는 르완다의 정당들을 불법화하였으며 1974년에는 르완다 방위군(RAF: Rwandan Armed Forces)과 함께 국민개발혁명운동(MRND: National Revolutionary Movement for Development)을 창설하여 독재정치를 시작하였다.[2]

1980년대 말 무렵에는 약 50만에 달하는 르완다 난민들이 이웃국가인 부룬디, 우간다, 자이르, 탄자니아 등에 거주하고 있었다. 이들은 국제법적 권리를 바탕으로 지속적으로 르완다로의 귀환을 요청하였다. 하지만 하뱌리마나는 르완다의 인구 과잉을 이유로 많은 수의 투치 난민을 수용하는 것이 어렵다는 입장을 표명하였다. 이 시기 투치 난민들이 구성했던 르완다난민복지연합(Rwanda Refugees Welfare Association)에 이어 1979년에는 르완다민족통일동맹(RANU: Rwandese Alliance for National Unity)이 설립되었고, 이후 르완다애국전선(RPF: Rwandan Patriotic Front)으로 이름을 바꾸었다. 르완다애국전선은 주로 우간다에 있는 투치 난민들로 구성되었다. 또한 핵심 인물들은 요웨리 무세베니(Yoweri Museveni)의 국민저항군(NRA: National Resistance Army)에서 복무하며 당시 우간다의 밀턴 오보테(Milton Obote) 정부를 무너뜨리는 데에 큰 역할을 담당한 바 있었다. 르완다애국전선은 본래 프레드 뤼게마(Fred Rwigema)가 초대 지도자였으나 사망 이후 카가메가 승계하게 되었다.

1990년 10월 1일, 마침내 르완다애국전선은 권력 분점을 요구하며 약 7천 명의 병력을 이끌고 르완다로 진격하였다. 이에 하뱌리마나는 프랑스 등 서구 국가에 지원을 요청하여 대항하였다. 그러한 혼돈 속에서 르완다 내의 모든 투치는 르완다애국전선의 공범으로 간주되었으며, 야당의 후투들은 국가의 배신자로 분류되었다. 하뱌리마나 정부의 라디오 방송을 비롯한 대중매체는 지속적으로 종족 간 갈등을 악화시키는 유언비어를 전파하였다. 이후 1993년 8월 아프리카통일기구(OAU: Organisation of African Unity)의 개입으로 아루샤 평화협정(Arusha Peace Arusha Accords)이 체결되었다. 아루샤 평화협정은 권력 분점과 군 통합, 난민 재정착, 선거 실시, 법치 등 광범위한 내용을 포함하고 있었고, 국제연합르완다지원단(UNAMIR: United Nations Assistance Mission for Rwanda)이 곧바로 르완다에 파견되었다.

2. 제노사이드

르완다는 아루샤 평화협정으로 인하여 내전이 잠시 소강상태에 접어들었다. 하지만 그로부터 1년이 채 되지 못하여 비극의 서막을 알리는 사건이 발생하였다. 1994년 4월 6일, 하뱌리마나와 이웃국가인 부룬디의 대통령 시프리앵 은타랴미라(Cyprien Ntaryamira)를 태운 비행기가 키갈리 상공에서 격추되어 탑승자 전원이 사망하였다. 이 충격적인 테러사건 이후 르완다 전역은 곧바로 걷잡을 수 없는 혼란으로 빠져들었다. 먼저 후투 온건파로 분류되었던 아가트 우윌링기이마나(Agathe Uwilingiyimana) 총리를 비롯해 많은 정치인들과 벨기에의 국제연합평화유지군 10명이 살해되었다. 이를 시작으로 르완다 전역은 끔찍한 광기의 시간으로 접어들게 되었다.

르완다방위군과 후투 민병대인 인테라함웨(Interahamwe), 임푸자무감비(Impuzamugambi) 등은 키갈리 시내 전역에 걸쳐 도로를 봉쇄하고 가택 수색을 개시하였다. 이들의 학살 명부는 사전에 이미 준비되어 있었고, 1994년 4월부터 7월까지 이어진 제노사이드로 인하여 국제연합 추산 약 80만 명에서 르완다 정부 추산 약 100만 명이 사망한 것으로 기록되고 있다.

제노사이드가 시작되자 카가메의 르완다애국전선은 곧장 르완다로 진격하였다. 당시 르완다애국전선은 여느 아프리카의 반군 세력보다 더욱 정규군에 유사한 조직이었다. 이들은 대부분 우간다 내전에 참가한 전투 경험이 있었고 주요 인물들은 서구 국가로부터 군사 훈련을 받았다. 카가메 역시 미국의 군사 교육시설인 포트 리븐워스(Fort Leavenworth)에서 돌아와 군대를 이끌었고 르완다 북서부 지역인 비룽가 산맥을 중심으로 게릴라전을 전개하였다. 또한 우간다 정부는 과거 그들의 쿠데타 성공에 중요한 역할을 담당했던 르완다애국전선을 전폭적으로 지원했다. 이후 우간다는 르완다 신정부의 출범 이후에도 제2차 콩고전쟁을 함께 하는 등 정치적으로 긴밀한 관계를 유지하였다.[3]

결국 1994년 8월에 이르러 르완다애국전선은 르완다의 주요 조직을 접수하였고 아루샤 평화협정의 조항에 따라 후투 세력과 연대한 연립 과도정부를 수립하였다. 그 결과 후투 계열인 파스퇴르 비지뭉구(Pasteur Bizimungu)가 새로운 대통령이 되었다. 또한 온건 후투 정당인 민주공화운동(MDR: Democratice Republican Movement)의 포스텡 트와기라뭉구(Faustin Twagiramungu)가 총리에 임명되었다. 이 시기 카가메는 부통령 및 국방장관을 겸직하게 되었는데 사실상 모든 실권을 장악하였다.

[표 5-1]과 같이 당시 르완다애국전선의 8대 정강은 국가 통합과 민주주의 이외에도 부패 및 족벌정치를 청산하고 피폐해진 르완다의 경제와 사회복지를 재건하겠다는 내용을 담고 있었다. 이러한 명분은 반군으로 구성되었던 신정부의 정당성 측면에서 반드시 필요했다. 또한 이러한 정강들은 향후 르완다가 추진하는 본격적인 국가재건 과정에서

도 상당한 영향력을 발휘하게 되었다.

내전에서 승리하고 권력을 획득한 르완다 신정부에 당면한 우선순위는 민주화의 이행이 아닌 정치와 경제의 안정화였다. 이는 당시 환경을 고려해 볼 때 불가피한 선택이었다고 할 수도 있다. 역사상 유례를 찾아보기 힘든 비극을 겪은 이후, 흩어진 국가조직을 통합하고 새로운 사회 제도를 구축하는 일은 무엇보다 시급하고도 어려운 과제였다. 제노사이드 및 내전으로 인하여 르완다의 GDP는 절반 이하로 줄어들었고 인구의 약 80%가 빈곤층으로 전락했다. 또한 주요 사회기반시설이 파괴되고 국가를 구성하는 한 세대의 대다수가 희생된 최악의 상황이었다. 이외에도 당시 생존한 르완다 여성의 약 70% 이상이 후천성면역결핍증(AIDS)에 감염되었고, 극심한 혼란으로 인하여 수많은 난민이 발생한 상태였다. 5년 임기로 출발한 르완다 과도정부는 총선을 치르기에 앞서 신헌법을 제정하였다. 또한 국가통합위원회(NURC: the National Unity and Reconciliation Commission) 등 국가재건과 관련된 제도들이 설립되었다.

이후 르완다 신정부는 평화를 보장하기 위한 안정된 국가건설에 역점을 두어 다시금 헌법을 개정하고, 새로운 국기 및 국가를 채택하였으며 지방조직을 개편하였다. 특히 내전과 제노사이드로 인한 분열과 상

[표 5-1] 르완다애국전선의 8대 정강

① 국가 통합
② 민주주의
③ 부패와 족벌정치의 종결
④ 자립경제
⑤ 사회복지의 진흥
⑥ 방위군의 민주화
⑦ 진보적인 외교정책
⑧ 난민 발생의 종결

처를 극복하기 위해 르완다에서 종족을 분류하는 것은 공식적으로 엄격히 금지되었다. 이는 추후 카가메가 권력을 공고화하는 데 있어 결정적인 명분과 전략으로 작용하게 되었다.

3. 비극을 딛고 일어서다.

2000년은 르완다의 역사에서 중요한 분기점이라 할 수 있다. 카가메가 공식적으로 대통령직에 올랐고 정치적 안정을 기반으로 본격적인 경제정책의 수립과 이행에 돌입했다. 이 시기는 르완다의 경제정책 변화 및 발전의 시작점으로 볼 수 있다.

르완다 신정부는 1999년부터 2003년까지 과도기간을 연장하였다. 이 시기에는 르완다애국전선의 주도 하에 최초 지방선거실시(1999년), 국민투표를 통한 신헌법 채택(2003년) 등의 큰 정치적 사건이 있었다. 특히 신헌법은 7년 임기의 대통령제와 삼권분립, 양원제와 다당제의 도입, 투치와 후투 중 한 종족의 정치권력 독점을 금지하는 조치들을 명시하였다. 또한 각 정당은 종족이나 종교, 지역 등 특정한 정체성을 가진 집단으로 연고를 둘 수 없게 하였다. 카가메는 2000년에 비지뭉구가 부패혐의로 사임하자 대통령으로 취임하였으며, 2003년에는 약 95%의 압도적 지지율로 비로소 선거를 통해 대통령에 당선되었다. 이 시기 르완다 정부는 내전의 재발 방지와 사회적 안정을 주된 목표로 하였다. 특히 정당과 미디어, 그리고 시민사회를 통제하는 규정을 확립하였는데 이는 제노사이드 시기 라디오 방송국인 밀 콜린(Mille Collines) 등 미디어를 통한 선동이 큰 영향을 끼쳤기 때문이다.[4]

르완다 정부는 이러한 정치적 변화에 더하여 경제발전계획 역시 적극적으로 추진하였다. 대표적으로 '비전 2020(Rwanda Vision 2020)'이 수립되었는데 그 핵심은 르완다를 1차 산업 중심의 구조에서 3차 산업으로 전환시키기 위한 노력이었다. 이후 르완다의 GDP는 2017년에 약

247억 달러에 이르렀다. 또한 경제자유지수(Index of Economic Freedom)는 2018년에 69.1을 기록하여 세계 39위에 올랐다. 이는 사하라 이남 아프리카의 46개 국가 중 모리셔스와 보츠와나에 이어 세 번째로 높은 순위에 해당한다.

이러한 르완다의 급속한 성장 요인에 대하여 많은 연구자들은 제노사이드 이후에 제공된 원조의 효과를 중요하게 언급한다. 물론 막대한 원조액은 르완다 경제발전의 가장 큰 원동력이었음을 부정하기는 어렵다. 하지만 아프리카 대륙의 많은 국가들이 대규모 원조의 수혜에도 불구하고 저발전에 머물러왔다는 점을 고려해 볼 때, 성장을 추동한 대내적 요인에 대한 분석이 함께 이루어져야 한다. 르완다는 국유기업을 통한 국가의 경제 개입이 뚜렷이 나타났다. 르완다는 현재 크리스털 벤처스(Crystal Ventures limited)로 대표되는 국유기업을 통하여 국가적으로 산업을 관리하고 있다. 또한 르완다방위군 산하의 허라이즌 그룹(Horizon Group) 역시 사실상 정부의 관리 하에 놓여 있다. 즉 르완다는 2000년대 이후 사하라 이남 아프리카 지역에서 주로 나타났던 일반적인 시장과 국가의 관계에서 탈피해 왔다. 이는 결과적으로 국내 투자가 활성화되고 경제가 비약적으로 성장하는 원동력이 되었다.

Ⅲ. 르완다 평화구축의 배경 및 과정

1. 국가통합의 명분

1994년 정권을 획득한 카가메와 르완다애국전선에게는 혼란스러운 르완다 사회를 통합시키는 일이 무엇보다 시급했다. 이는 정권의 정당성 문제와도 결부되어 권력의 중앙집중화를 위한 노력이 활발하게 이루어졌다. 카가메는 집권 초기부터 르완다의 통합을 강조하였다. 제노사이드라는 과거의 트라우마를 공유하고 있는 모든 르완다인들에게 이러한 통합 및 분열 방지의 명분과 구호는 누구도 쉽게 부정할 수 없는 것이었다. 실제 르완다에서는 상대방의 종족을 묻거나 과거 제노사이드와 관련된 일들을 이야기하는 것은 매우 무례할 뿐 아니라 법에도 저촉될 수 있는 행동이다. 카가메와 르완다애국전선은 이러한 역사적 비극이 다시는 반복되지 않아야 한다는 것을 끊임없이 강조하며 이를 핵심적인 통치의 기술로 이용하였다. 이는 르완다 헌법 조문의 여러 부분에서도 잘 드러나고 있다.

[표 5-2]에서 나타난 대로 르완다 헌법의 특징은 제노사이드 후속조치 및 국가통합을 위한 제도를 명시하고 있다는 것이다. 이는 국가의 기본원칙으로서 타인에 대한 차별금지를 국민의 의무로 규정하며, 종족 등 차별에 근거하는 정당의 불인정 및 사회적 통합을 강조하고 있다. 이러한 인식은 2016년 7월 키갈리에서 개최되었던 제27차 아프리카연합 정상회의의 환영사에서도 잘 드러나 있다.

[표 5-2] 르완다 헌법 제9조

르완다는 다음의 기본원칙을 준수하고 촉진해야 할 의무를 지닌다.
① 제노사이드 이데올로기 및 징후에 대한 항거, 종족청소, 지역구분 등과 같은 집단종족학살로 인한 현상에의 항거 및 국가통합의 증진
② 권력의 균등한 분점
③ 법치국가, 민주정부, 모든 르완다인들의 평등 및 의사결정기관 내에서 최소 30%의 여성을 고용함
④ 사회복지의 촉진 및 사회 정의를 위한 제도 설립
⑤ 대화와 합의에 바탕을 둔 해결을 위한 노력

"아프리카연합의 제1원칙이기도 한 통합(unity)의 개념은 보편적 가치의 기반 위에 인간의 다양성을 확보하고자 하는 것입니다. 통합의 치유력에 대한 믿음은 아프리카의 정치문화를 규정하는 미덕이며 점점 분열되는 세계에서 이 원칙에 의지함으로써 아프리카는 더 많은 것을 해낼 수 있습니다. 과

거 르완다를 지워버릴 수 있었던 역사는 분열주의의 결과에 대한 증거물로 영원히 남을 것이고 국민 통합은 르완다에서 이루어낸 변혁의 출발점이었습니다... 통합은 단순히 슬로건이 아니라 아프리카인들의 삶에 실질적 결과를 가져다 줄 수 있는 도구입니다." - 폴 카가메

즉 카가메와 르완다애국전선은 '다시는 르완다가 분열되어서는 안 되며, 과거의 비극을 딛고 국가통합과 화해협력이 이루어져야 한다' 라는 점을 현재까지 지속적으로 강조해오고 있다. 이는 신정부의 체제 정당성과 안정화에도 크게 기여하게 되었다.

2. 가차차 법원

내전 이후 5년 임기로 출발한 르완다 과도정부는 총선을 치르기에 앞서 신헌법을 제정하였다. 이와 동시에 제노사이드의 처분을 위한 가차차 법원(the Gacaca Court) 등 국가재건 및 통합과 관련된 제도들이 설립되었다. 또한 제노사이드의 가해자들을 처벌하기 위해 르완다국제사법재판소(ICTR: International Criminal Tribunal for Rwanda)가 1994년에 세워져 2014년 12월 31일까지 운영되었다. 르완다국제사법재판소는 제노사이드의 주요 책임자들에 대하여 61건의 유죄판결을 이끌어내었다.
하지만 르완다국제사법재판소의 임무 수행에는 다음과 같은 장애물이 존재했다. 그것은 르완다 정부와의 마찰, 기소 및 처벌까지 너무나 많은 시간이 걸린다는 점, 재판소의 정통성 문제 등으로 요약할 수 있다. 결국 1997년 6월, 르완다 정부는 이러한 어려움을 해결하기 위하여 다른 대안을 모색하였다. 먼저 과거의 사건을 신속하게 처리하고 화해에 기여하기 위하여 1999년에 국가인권위원회와 국가통합·화해위원회를 설립하였다. 이는 인권침해행위의 조사와 더불어 종족 간 대립을 완화시키고자 하는 의도였다.
하지만 국가통합·화해위원회는 르완다의 사법체계가 엄청난 양의

제노사이드 사안을 효과적인 방법으로 처리하지 못하고 있다는 점을 인지하였다. 따라서 이들은 존경받는 원로들이 마을의 분쟁을 해결하였던 전통적 메커니즘인 가차차를 활용할 것을 권고하였다.5) 결국 르완다 정부는 기존의 르완다 국제형사재판소를 보완하기 위하여 제노사이드에 대한 가차차 법원의 관할권을 인정하기에 이르렀다. 이는 재판 및 처벌의 지연과 포화 상태의 감옥 문제를 해결하고 제노사이드에 대한 사회적 분위기를 쇄신하며, 무엇보다 국가적 차원의 화해를 도모하기 위함이었다. 가차차 법원은 전통적인 방식에 따라 마을의 구성원들이 한데 모여 범죄자의 증언과 반성을 지켜보았다. 특히 가해자가 피해자의 유족들에게 눈물을 흘리며 사죄하는 모습은 정신적인 위로와 함께 공동체의 재건에 큰 영향력을 발휘하였다. 즉 르완다에서 가차차 법원은 서구식 형사체계의 새로운 대안으로 기능하였다고 볼 수 있다. 르완다는 제노사이드 가해자들에 대한 처벌에 있어 개인의 책임을 묻되 조속히 과거의 상처와 고통을 치유해야만 했다. 피고인에 대한 적법절차 보장, 독립된 재판관으로 구성된 법원에 의한 재판 등 공정한 사법체계의 정비는 요원한 일이었다. 결론적으로 가차차 법원은 많은 근본적 한계점에도 불구하고, 르완다의 사회통합과 평화구축 작업에 크게 기여한 것으로 평가된다.

3. 일당체제의 확립

카가메와 르완다 신정부는 역사적 비극과 상처를 통치 수단으로 끌어내는 데 성공하였다. 르완다는 비록 헌법 개정을 통하여 복수정당제를 인정하고 있지만, 여전히 헌법 제54조에 따라 종족, 지역, 성별, 종교 등의 차별을 가져올 수 있다고 여겨지는 정당은 허가되지 않는다. 또한 각 정당은 정치 활동과 별개로 르완다 국민 통합을 위해 노력해야 하는 의무를 부여받고 있다.

많은 연구자들은 르완다의 통합과 발전의 근원적인 이유로 르완다애 국전선의 완전한 승리와 권력의 안정화를 언급하고 있다. 이러한 정치 적 환경은 르완다의 국가 역량을 집중시키고 부분적으로 합의 민주주의 의 형태를 이끌었다는 것이다. 르완다애국전선은 이를 토대로 광범위한 사회통제 및 관리체계의 확립했다. 결국 새로운 르완다의 사회 및 제도 는 마치 군 조직과 같이 위계적이고 엄격한 구조로 나타나게 되었다.

내전 이후 군사적 승리를 통해 권력을 쟁취한 카가메와 르완다애국 전선의 정치엘리트들은 교육수준이 높고, 경험이 많으며, 경제재건에 대 한 비전을 공유하는 테크노크라트(technocrat)들로 구성되어 있었다. 이 들은 각 지방의 관리자 및 국유기업의 수뇌부로 임명되어 개혁을 이끌 었다. 실제 르완다에서는 여러 투자그룹들이 정부 및 르완다애국전선의 통제를 통해 직접적으로 지대를 창출하였고, 정부의 정책 방향에 따라 운영이 결정되는 모습을 보인다. 즉 르완다에서 투자그룹은 철저히 정 부 및 여당의 정치적 목적에 따라 운영되는 측면이 강하다. 또한 르완다 정부는 이러한 위계적인 체계의 확립을 통하여 본격적인 경제개발계획 을 추진할 수 있었다.

현재 카가메는 대통령뿐 아니라 르완다애국전선의 의장을 겸직하고 있다. 그는 2013년 12월 15일 개최된 르완다애국전선 제12차 전국대회 에서 99.5%의 압도적인 지지율(총 1,957표 중 1,948표 획득)로 4년 임기의 르완다애국전선 의장에 재선출되었다. 또한 같은 해에 이루어진 르완다 의 하원 총선에서도 르완다애국전선 중심의 연정이 유효표의 76.22%를 점유하여 다수당 지위를 유지하고 있다. 르완다 집권 연정에는 르완다 애국전선 외에 중도민주당(PDC: Parti Democrate Centriste), 화합진보당 (PPC: Party for Progress and Concord), 르완다사회당(PSR: Parti Socialiste Rwandais) 및 이념민주당(PDI: Parti Democrate Ideal) 등이 참여하였으며 각각 1석을 차지하였다. 즉 르완다는 전체 자유경쟁의석 53석 중 42석

을 르완다애국전선 및 연정 정당이 차지하고 있다.6)

카가메는 이후 선거에 재출마해 2회 집권하게 될 경우 향후 2034년까지 합법적으로 국가를 통치하는 것이 가능해졌다. 하지만 카가메의 장기집권은 주변 국가들에 비해서 국내의 반대 세력과 국제사회의 비난이 상대적으로 크지 않다. 이러한 배경에는 앞서 언급한 경제정책 및 사회통합 노력의 성과가 강력한 통치의 정당성으로 작용하였기 때문이다. 이러한 카가메의 자신감은 다음의 인터뷰에서도 잘 드러난다.

"르완다는 르완다만의 역사를 갖고 있으며 그에 따른 고유의 민주 절차와 선거 행위가 존재한다. 제노사이드를 경험하지 않은 국가들과 비교하여 르완다를 판단하는 것은 의미가 없다. … 르완다는 경제, 제도, 역량 등 모든 부분에서 역동적이며 르완다가 그동안 달성한 성과들은 되돌릴 수 없다. … 이는 르완다라는 특수한 맥락에 대입해서 이해되어야 한다. … 외부의 많은 이들이 자신의 기준대로 평가하여 르완다를 '비자유' 국가라고 분류하고 있으나 이러한 비난은 그들의 오만함을 드러내는 것이다."7)

4. 중앙-지방 관계 재편

르완다애국전선의 정치엘리트들은 대부분 난민 출신의 투치이다. 따라서 후투가 대다수인 르완다의 각 지방을 관리하고 통제하는 일은 무엇보다 시급하고 중요한 과제였다. 즉 새로운 정권에 대한 후투인들의 지지 확보는 사회통합과 평화구축을 위하여 반드시 필요했다. 이는 종족 간 갈등이 오랫동안 지속되었던 르완다의 역사에서도 새로운 도전과제였다. 르완다의 첫 대통령인 카이반다는 키갈리 및 수도권 지역이 주된 정치적 기반이었고, 뒤를 이은 하뱌리마나는 기세니(Gisenyi) 출신이었기 때문에 북쪽 지역이 주된 정치적 기반이었다. 반면에 우간다의 난민 캠프 출신인 카가메와 르완다애국전선의 투치 동료들은 르완다 내에서 특별한 지역을 기반으로 지지가 확보된 상황이 아니었다. 르완다애국전선은 이 당시 확실한 지역적 후견관계를 가지지 않았다. 이에 르완다애국전선이 체제 정당성 확보를 위해 택한 명분은 경제발전과 농업의 현대화 및 전문화였다. 이는 대부분이 농업에 종사하는 르완다인들의 포괄적인 지지를 얻고자 하는 정치적 목적이 내재해 있었다.

그러나 초기에는 그러한 정책들이 지방 소작농에 대한 지원 부족으로 농촌 지역의 지지 확보에 많은 어려움을 겪었다. 르완다애국전선은 이러한 불만 해소를 위해 막대한 사회적 비용을 투자하였다. 이는 당시 피폐했던 농민들의 삶의 질 증진에 초점을 두고 있었다. 거대한 사회비용 투자와 개발정책은 정부에 대한 지지를 결집시키는 데에 기여하였다. 이는 제노사이드 생존자들에 대한 대규모 지원과 더불어 보건 분야의 개선과 식수 제공 등으로 나타났다.

또한 르완다애국전선은 역설적으로 자율적인 참여를 보장하는 분권화 정책을 시행하여 지방 엘리트들의 불만을 줄이는 데에 성공했다. 르완다의 지방 분권화 과정은 중앙정부로부터의 수직적 관계와 모니터링 구조를 재조정하고, 동시에 고착화되어 있던 각 지방 후견관계의 약화를 가져왔다. 르완다애국전선은 지방 분권화 정책의 일환으로 행정체계를 개편하였다. 이 시기 르완다의 구(District)는 기존의 154개에서 106개로 통합되었으며, 이후 도(Province) 역시 12개에서 5개로 통합되고 구는 다시 106개에서 30개로 통합되었다. 읍면(Sector) 역시 1,536개에서 416개로 재편되었고 마을집합체(Cell)는 9,135개에서 2,148개로 크게 줄어들었다. 또한 각 지역의 부시장 역시 3명에서 2명으로 줄어들게 되었다.

위와 같은 노력들로 인하여 오랜 기간 지속되어 온 제도적 환경이 재조정되었고 정부의 통제력은 강화되었다. 즉 지방의 분권화는 역설적으로 권력 집중화 과정으로 이해되어야 한다. 르완다애국전선은 이를 통해 중앙정부와 지방정부 사이의 확실한 위계관계를 정립시켰으며, 개혁으로 인하여 성취된 농업 생산량의 증대와 빈곤 감소 역시 체제 정당성 강화에 기여하게 되었다.

또한 르완다애국전선은 광범위한 토지 개혁(Villagization: 키냐르완다어로 'Imigudugu')을 단행했다. 이는 그동안 비효율적으로 운영되어왔던 농촌 공간의 재편을 통해서 농업 생산량의 극대화를 추구하려는 것이었다. 르완다의 토지 개혁은 토지 보유권(Land−Tenure) 조정과 더불어 농업의 현대화를 추구하며 각 지방으로의 서비스 공급을 목표로 하고 있다. 이로 인해 식수, 전기, 위생시설 등이 낙후된 지역의 주민들에게까지 제공되었다. 이러한 정책은 지역주의를 감소시키는 것 이외에도 각 지방에 파견된 테크노크라트들의 충성과 헌신을 이끌어내었다. 각 지방에 파견된 관료들은 젊고 유능하였으며 여러 제도적 장치로 인하여 중앙정부에 성과를 보이기 위해 분투했다. 이들은 이러한 동기부여로 인해 지방의 후견관계에 쉽게 동화되지 않고 중앙의 통제에 순응했다.

5. 사회적 통합: 자기생산해법

르완다는 흩어진 사회를 통합하고 위계적인 체계를 확립시키는 정책을 펼쳤다. 대표적으로 전 국민을 대상으로 하는 '자기생산해법(Home-Grown Solutions)' 프로그램이 도입되었다. 이는 1994년 제노사이드 이후 국가를 재건하고 공통의 정체성을 양성하기 위해 르완다 정부가 고유의 문화와 전통적 관습을 개발 프로그램에 적용한 것이다. 이러한 '자기생산해법' 프로그램은 다음의 12가지에 이른다.

[표 5-3] 자기생산해법 프로그램

프로그램	역할	주요 내용
인간도 (Ingando)	연대 캠프	− 르완다인들의 자조 커뮤니티 운영을 장려하고, 시민교육을 통한 사회적 화합 촉진 − 제노사이드 생존자 및 취약 계층을 위한 안식처 지원

프로그램	역할	주요 내용
우무간다 (Umuganda)	지역사회 활동	− '공동의 목표 달성을 위한 단결'이라는 의미 − 18세 이상 65세 이하의 모든 르완다인들은 매 달 마지막 토요일에 다양한 공공사업에 참여해 야 함 − 시민들에게 공지사항을 전달하는 매개 역할
우부데헤 (Ubudehe)	지역사회 개발	− 빈곤감소를 위한 금융(pro−poor credit) 제도 − 누적 상환금에 한하여 그 다음 수혜자가 대출을 받을 수 있으므로, 차기 수혜자가 감시 역할을 담당
가차차 (Gacaca)	제노사이드 사건 처리를 위한 전통 법정	− 제노사이드 생존자에 대한 정의 구현 및 사건의 처리를 담당하는 전통법정 − 총 195만여 건의 제노사이드 관련 사건을 재판 하고 2012년 6월 18일에 공식적으로 종료됨 − 일련의 기준에 근거하여 청렴한 자(inyangamu- gayo)를 판사로 선출
우뭉이헤레로 (Umwiherero)	국가 지도자 수련회	− 매년 초 대통령실과 총리실에서 주관 − 국가 고위 관료 및 민간영역 지도자들이 국가가 당면한 다양한 개발 과제들에 대해 논의
우무쉬이키라노 (Umushyikirano)	국민 대화 협의회	− 참가자들이 서로 질문 및 의견을 교환하고 경험 을 공유하는 회의 − 대통령과 중앙정부 관료 및 의원, 지방정부, 외 교관, 약 1천명의 르완다인들이 함께 참여
아분지 (Abunzi)	중재위원회	− 과거 르완다에는 마을에서 갈등이 발생할 경우 신뢰받는 사람들(Abunzi)이 이를 중재하였음 − 법정 소송 사건의 지연 축소, 정의 체계의 분권 화, 시민들의 비용 부담 경감 및 접근성 향상을 위해 재도입
기링카 (Girinka)	빈곤 가구당 소 한 마리 갖기	− 각 마을은 수혜자를 선정하고 임신한 젖소 한 마리를 전달해야 함 − 전달된 젖소로 이득을 얻은 수혜자는 젖소가 낳 은 첫 암송아지를 다른 수혜자에게 전달함
이미히고 (Imihigo)	실적 제도	− '이행 약속(vow to deliver)'을 의미함 − 군(district) 단위의 지방정부부터 중앙정부에 이 르기까지 국가의 과제들을 목표로 설정하고 평 가받음 − 중간평가는 6개월마다 이루어지고, 최종 평가는 별도로 구성된 조직에 의해 연말에 진행됨

프로그램	역할	주요 내용
		− 르완다의 모든 공직자들은 이미히고에 서명해야 함 − 목표의 70% 이상 달성시 보너스를 지급받으며, 60% 미만 달성시 보직에서 해임됨
이토레로 (Itorero)	시민교육	− 언어와 애국심, 사회관계, 스포츠, 춤 등을 배우는 전통 학교에서 유래 − 식민지 시절 소실된 문화적 가치를 재도입하는 역사 교육 및 체육 활동으로 구성 − 중등교육을 마친 18~35세의 모든 청년들은 의무적으로 참여해야 함
우무가누라 (Umuganura)	햇과일 축제	− '수확의 날', 과거 모든 르완다 사회가 함께 어울리는 행사였음 − 오늘날에는 농업 분야를 넘어 다양한 분야의 성과들을 되짚어 보고, 국가 개발에 기여할 수 있는 방안에 대해 함께 생각하는 역할을 담당
아가치로 (Agaciro)	개발 기금	− 국가경제의 안정성을 유지하고, 사회경제의 발전을 가속화하며, 르완다의 재정자립을 위해 공공 저축을 마련하려는 목적 − 국가 지도자들은 정기적으로 아가치로에 기여해야 하며, 일반 국민들은 금액에 관계없이 자발적 기여가 장려됨 − 주로 국채에 투자되거나 상업 은행의 정기 예금 방식으로 운용

가차차 법원을 포함한 12가지의 자기생산해법 프로그램은 카가메 정권의 안정 및 사회적 통합에 매우 중요한 역할을 담당하고 정부의 일원적 관리체계에도 큰 도움을 주고 있다. 특히 우무간다(Umuganda)와 이미히고(Imihigo)는 르완다의 사회통합을 대표하는 중요한 프로그램이다.

먼저 우무간다는 일종의 공공사업으로서 마을 공동체 및 사회적 통합에 있어 큰 역할을 담당하고 있다. 우무간다는 참여 당사자인 감독위원회와 지역사회가 협력하여 수행할 활동들을 결정하게 되고, 르완다 정부는 주민들의 참여를 촉진하기 위해 2009년부터 '전국 우무간다 대회'를 도입하고 있다. 이 대회에서 가장 우수한 성과를 달성한 곳에는 상금이 수여된다. 이렇듯 우무간다는 지역사회의 문제에 대해 주민들이 스스로 함께 해결하고 협력함으로써 르완다의 화해 및 평화구축에 일조하였다.

이미히고는 발전목표에 대한 실적 이행의 계약으로 운영되며, 이를 위해 중앙정부는 지방 단위에서 수행할 국가 과제들을 우선 파악한다. 이후 지방정부는 추진해야 할 우선 과제 및 행동 강령들을 설정하고, 그 과정에서 중앙정부는 구체적 목표 달성을 위해 지방정부를 지원한다. 각 지역은 최종평가에서 90% 이상 목표 달성시 녹색(달성), 50~89% 달성시 황색(부분 달성), 절반 이하 달성시 적색(미달성) 평가를 받게 되며 미완료된 과제는 차후 예산에 반영된다. 이미히고는 르완다 정부로의 위계적인 권력집중 및 사회통합의 측면에서 현재까지 막강한 영향력을 발휘하고 있다.

이러한 사회적 통합 노력들은 모든 르완다인들을 정부 프로그램에 참여시킴으로서 보다 효율적인 통제를 가능하게 했다. 현재 르완다의 각 지방정부는 모든 프로그램들을 정부에 보고하고 평가받아야 하고, 마을 단위에 이르기까지 정부의 지시 사항들은 신속하게 전달된다. 이는 정부의 위계적인 통제하에 각 지방에 존재하였던 토착세력들의 영향력을 약화시키는 데에도 기여하였다.

Ⅳ. 경제발전과 평화구축의 병행

1. 르완다 비전 2020

'르완다 비전 2020(Rwanda Vision 2020)'은 르완다의 전 국가적인 경제개발 프로그램이다. 비전 2020은 경제적 성과를 넘어 르완다인들을 통합시키고 결속시키는 데에도 그 목적을 두고 있다. 비전 2020은 르완다의 경제를 중소득 국가 수준으로 변화시키려는 데에 중점을 두고 이를 위해서는 적어도 7%의 연간 성장률이 요구된다고 설명하고 있다. 또한 농업 중심의 사회를 지식기반 사회로 전환하고 민간투자를 장려하여 해외 원조에 대한 의존을 감소시키려는 목표도 담겨 있다.

이러한 목표의 설정 배경은 다음과 같다. 제노사이드 이후 르완다 경제는 내부적으로는 예산 부족, 외부적으로는 대외경제적 불균형으로 인한 낮은 저축률 및 투자율을 보여 왔다. 또한 르완다의 주된 수출 품목이 불안정한 국제 시장으로부터 쉽게 영향을 받는 커피와 차 등으로 구성되어 있다는 점도 중요한 요인이었다. 특히 르완다는 사하라 이남 아프리카에서도 대표적인 자원 빈국이기 때문에 경제정책의 우선순위를 설정하는 것이 중요하다는 입장을 견지해 왔다.

이에 르완다는 비전 2020에서 민간 부문에 도움이 되는 경제정책들의 실행을 우선시하고 있다. 르완다는 특히 원조에 대한 의존성을 줄이기 위하여 해외 투자자들을 적극적으로 유치하는 전략을 추구하고 있다. 궁극적인 목표는 이러한 정책을 통하여 르완다를 농업기반의 경제에서 지식기반사회로 전환시키려 하는 것이다. 또한 그 과정에 있어 르완다만이 갖는 상대적 이점을 명시하고 있다. 작은 영토를 가진 르완다는 사회기반시설의 개발이 타국에 비해 용이하며, 지정학적 위치와 풍부한 노동력 등이 강점이라는 것이다.

특히 르완다 정부는 서비스업 분야가 경제에 있어 가장 중요한 중장기적 원동력이라는 인식을 공유하고 있다. 구체적으로 아래에 나타난 비전 2020의 6가지의 핵심 주제(pillars)들은 다음과 같은 세 가지 서로 교차하는 문제들과 얽히게 된다고 밝히고 있다. 이는 르완다만의 역사적 특징 및 지리적 조건에 근거한 현실적 문제들이다.

먼저 '좋은 거버넌스(good governance)와 유능한 국가'는 르완다의 부족한 자원을 관리하는 데 있어 향상된 거버넌스 수준을 달성하고자 하는 것이다. '인적자원발전과 지식기반경제'는 기술 및 경영 분야에서 직업 훈련을 시행하고 소액대출을 추진하는 것이다. 이외에도 유아 사망률 및 산모 사망률의 감소, 평균 수명의 증가, 질병 통제 및 후천성면역결핍증 발병률의 감소를 보건 분야의 목표로 삼고 있다.

다음으로 비전 2020에서 가장 특기할만한 점은 발전 가능성이 큰 '민간 분야 주도의 경제' 장려이다. 특히 르완다 정부는 민간 부문이 효율적인 결과를 산출해 낼 수 있는 분야에 대해서는 관여하지 않을 것이라 언급하고 있다. 국가는 민영화 정책에 전념해야 하며 사회기반시설, 인적자원, 법적인 제도는 민간투자를 위한 기폭제의 역할만을 할 뿐임을 강조하고 있다. '사회간접자본의 증대'는 현대적이고 실용적인 농업을 위한 토지 재편, 도시 개발, 교통 발전 등을 목표로 하고 있다. 특히 르완다는 내륙지역이기 때문에 케냐와 탄자니아 등 주변 국가의 항구까지 높은 운송비용의 문제를 겪어 왔다. 따라서 운송비용을 줄이기 위해 탄자니아의 이사카(Isaka) 및 우간다와도 연결되는 철도의 확장 등을 언급하고 있다. 그리고 르완다는 작은 영토를 가진 국가라는 이점을 이용하여 정보통신 분야에도 집중적으로 투자하고 있다. 또한 이와 관련된 공공 서비스의 효율성이 전자정부 정책을 통해 증가할 것이라 언급하고 있다. 이외에도 에너지, 식수, 폐기물 관리 등에 대해서도 여러 계획을 추진 중이다. 다음으로 '농업에 기반을 둔 생산과 시장'은 농업 분야에서 연간 4.5~5% 성장률 달성을 목표로 하고 2020년까지 완전

[표 5-4] 비전 2020의 6가지 핵심 주제 및 교차적 문제

6가지 핵심 주제	교차적 문제
1. 좋은 거버넌스와 유능한 국가	1. 성 평등
2. 인적자원발전과 지식기반경제	2. 환경 보호 및 지속 가능한 천연 자원 관리
3. 민간 분야 주도의 경제	
4. 사회간접자본의 증대	3. ICT를 포함한 과학기술의 발전
5. 농업에 기반을 둔 생산과 시장	
6. 지역적이고 국제적인 경제 통합	

하게 상업적인 농업 분야로 대체하고자 한다. 마지막으로 '지역적이고 국제적인 경제 통합'은 해외투자를 장려하고 국제적으로 자유로운 무역을 추구하는 것이다. 이러한 여섯 가지의 핵심 주제와 연관된 교차 문제는 다음과 같다.

먼저, '성 평등'은 성별 간 형평성을 성취하기 위하여 관련된 법령을 갱신하고 조정하는 것을 목표로 한다. 다음으로 '환경 보호 및 지속 가능한 천연자원 관리'는 르완다의 높은 인구와 부족한 천연자원 사이의 불균형을 타개하려는 노력이다. 마지막으로 '정보통신기술(ICT)을 포함한 과학과 기술의 발전'은 르완다가 ICT로 대표되는 과학 기술의 증진에 역량을 집중해야 함을 강조하고 있다.

이러한 르완다 정부의 전략은 대내적으로 정치적 안정 및 경제정책의 성공적인 시행을 가져오는 데에 크게 기여하였다. 르완다의 경제발전은 과거 동아시아의 발전국가들을 연상케 하며 실제 많은 공통점을 지닌다. 르완다 정부 역시 이러한 의지를 비전 2020의 공식 문서에 다음과 같이 언급하고 있다.

> "비전 2020은 상대적으로 불리한 조건을 지녔던 국가들이 성공했다는 사실에 기반을 둔 현실적인 계획이다. 이러한 꿈이 현실이 될 수 있다는 것은 과거 동아시아의 '호랑이들(한국, 대만, 싱가포르, 홍콩)'이 달성했던 경험이 증명한 바 있다."

2. 평화구축과의 연관성

르완다의 평화구축과정은 비전 2020으로 대표되는 경제발전과 매우 밀접히 연관되어 있다. 르완다는 인구의 약 90%가 농업에 종사하며 일부는 광물과 농산물 가공에 의존하는 국가이다. 제노사이드는 취약했던 르완다의 경제적 기반을 더욱 훼손하고 민간 및 해외 투자의 지연 등을 초래하였다. 르완다의 신정부는 국가의 재건과정에서 경제성장, 빈곤과 불평등 감소, 자원의 재분배를 천명했다. 이러한 정책은 당시 증가했던 해외 원조에 바탕을 두고 있다. 전례없던 제노사이드의 여파로 르완다에 대한 해외 원조는 당시 사하라 이남 아프리카의 평균보다 55%나 높게 제공되었다. 이러한 막대한 원조는 르완다의 재건 및 평화구축을 위한 정책의 주춧돌이 되었으며, 이를 바탕으로 르완다 정부는 경제발전에 힘을 기울이게 되었다.

르완다의 GDP는 2001년 이후 연평균 8%씩 성장하여, 1994년 416달러에 불과했던 1인당 국내총생산(GDP)이 2017년에는 2,090달러까지 향상되었다. 또한 빈곤율은 2006년의 57%에서 2014년에는 40%까지 떨어졌으며 기대수명도 2000년에는 46.6세에 불과했지만 2015년에는 59.7세로 높아졌다. 또한 2005~2006년에는 국제통화기금(IMF)과 세계은행의 외채과다빈곤국에 대한 부채탕감계획(initiative debt relief)의 혜택을 받기도 했다.

르완다의 이와 같은 성장은 동아프리카 지역의 평균에 비하여 높은 편이고, 아프리카 전체 국가의 평균과 비교할 때는 현저히 높은 수준이다. 또한 만성적인 인플레이션도 10.3%에서 2.3%로 크게 개선되었다. 이는 당시 세계식량위기로 인해 식량 가격이 20% 이상 상승하였음에도 불구하고 이루어진 성과이다. 특히 르완다는 전력생산, 항공운송, 전자정부(e-government) 등에 대한 공공투자로 인해 지속적 성장을 가져올 것으로 관측되고 있다. 그렇지만 소수의 수출상품에 의존하는 현 구조는 여전히 제약요인이 되고 있어 향후 극복해야 할 과제라 할 수 있다.

이상과 같은 르완다의 급속한 성장은 다음의 요소들에 뒷받침된다. 계획적이고 안정된 거시경제와 시장 지향적 정책, 향상된 규제 프레임, 정부의 투명성, 강력한 반부패 정책, 공공투자와 소비의 활성화 등이다. 특히 르완다 정부는 부패의 척결과 투명성 제고를 위해 무관용정책

(Zero−tolerance policy)을 채택하고 있다. 실제 르완다에서 대통령을 포함한 주요 관료는 재산을 대중에게 공표하도록 헌법에 규정하고 있다. 또한 르완다는 민간부문에서 기업 친화적 환경 개선을 위해 여러 개혁을 수행해 왔으며, 이 때문에 경제적 자유의 측면에서 세계적 수준으로 평가받고 있다.

결론적으로 르완다는 제노사이드 이후 사회통합과 화해협력, 이와 연관된 경제발전 정책을 모두 성공적으로 달성하였다. 이러한 높은 성취는 상호 매우 밀접하게 연관되어 있다. 일당 지배의 확립 및 사회적 통합 정책, 투자그룹들을 활용한 직접적인 관리와 경제개발 프로그램 등은 모두 카가메와 르완다애국전선의 정치적 안정화에 기여했다. 또한 이러한 노력들은 르완다가 평화구축의 길로 나아가는 데에 있어 중요한 밑받침으로 작용하게 되었다.

V. 한반도의 평화구축에 주는 시사점

르완다는 과거의 비극을 딛고 사회적 통합과 높은 경제성장을 달성해가고 있으며, 르완다애국전선과 카가메 대통령은 르완다 전역에 걸쳐 절대적인 지지를 얻고 있다. 하지만 괄목할 만한 변화에는 그 한계 역시 선명히 존재한다. 르완다의 사례는 한반도의 평화구축 과정 및 추후 발생할 수 있는 문제들에 대하여 다음과 같은 시사점을 제공할 수 있다. 이는 한반도의 통일이 궁극적 목표가 아닌 항구적인 평화를 위한 하나의 중간 거점으로 인식되어야 함을 보여준다.

첫째, 한반도에서 최근 대두되고 있는 '평화경제론' 논의에 많은 교훈을 줄 수 있다. 평화경제론은 분단체제의 극복이라는 통일의 정향뿐 아니라 그 이후 나타나는 문제들까지도 다루어야 한다. 제노사이드라는 최악의 상황을 극복하고 급격히 성장한 르완다의 경제는 다시금 체제

정당성의 강력한 명분으로 작용하였다. 따라서 '장기분쟁지역'인 한반도의 갈등 해결과 평화로의 전환 또한 경제발전과의 상관관계를 분석하는 데에 도움을 줄 수 있다. 경제성장을 통해 평화를 진전시킬 수 있다는 측면도 중요하지만, 동시에 평화를 통해 장기적인 경제발전을 가능케 하는 기반을 마련하는 것 역시 중요함을 시사한다.

둘째, 한반도에서 통일 이후 나타날 문제점들에 대해 예측하고 대응하는 데에 도움을 줄 수 있다. 현재 르완다는 종족 간의 구분 및 차별을 공식적으로 금지하고 있다. 하지만 여전히 르완다애국전선은 소수 종족인 투치로 주로 이루어져 있는데 후투는 보건과 교육 등에서 이등국민화되어 있다. 따라서 궁극적인 사회통합의 측면에서도 장기적 안정 여부에 대한 의문이 존재한다. 이를 고려하지 못한 통합은 국가경영에 있어 자원 분배의 불투명성, 그리고 특정 집단의 배제와 불평등을 다시금 만들어내게 된다. 이는 한반도의 통합 및 평화구축에 더욱 많은 민주적 공간과 평등을 위한 노력이 요구됨을 시사한다.

셋째, 르완다에서 나타나는 일당체제 및 장기집권 하에 이루어지는 평화구축 과정은 여러 성과에도 불구하고 근본적인 결함이 지적되고 있다. 안정된 국가경영에 필요한 '견제와 균형'의 결여는 언제나 권력의 부패를 초래하게 된다. 현재의 르완다는 반정부적인 활동 및 연설이 여전히 금지되어 있고 언론 및 미디어 관련 법 역시 친정부 성향에서 벗어나지 못하고 있다. 또한 정당과 시민사회의 자유로운 활동도 금지되고 있다. 즉 르완다는 평화구축과 경제발전의 이면에 감추어진 사회적 불평등 및 빈곤의 근원적 미해결, 억압적인 사회질서 등으로 인하여 동전의 양면과도 같은 불안정성이 여전히 내재해 있다. 이는 한반도의 평화구축 과정에 있어 좋은 거버넌스의 확충과 재분배 정책의 확립, 시민사회의 발전 등이 반드시 고려되어야 함을 시사한다.

06

콜롬비아 평화 프로세스: 화해와 평화로 가는 긴 여정

홍석훈

Ⅰ. 서론

 탈냉전 이후 국가 단위의 충돌과 전쟁의 양상은 줄고, 국가 내부의 인종, 종교, 사회적 문제 등 다양한 갈등이 심화되고 있다. 국가 단위의 전통 안보 개념과 더불어 비전통 안보 개념인 인간안보의 중요성도 부각되고 있다. 폭력과 평화연구는 북유럽 평화학 연구의 주요 논의로 심화 되고 있다. 지난 냉전 이후 평화학 범위는 생태평화, 평화문화, 다문화, 다양성 등으로 확대되었다. 평화학은 연구 대상과 평화의 가치, 그리고 평화의 조건에 대한 연구도 지속적으로 연구되어 왔다. 이 중 요한 갈퉁(Johan Galtung)은 대표적 평화학자로 알려져 있다. 갈퉁은 전쟁, 테러, 린치, 폭행 등을 포함한 직접적 또는 물리적 폭력이 없는 상태를 '소극적 평화'(negative peace)로, 구조적 폭력 및 문화적 폭력을 행사하는 나쁜 사회제도, 잘못된 관습, 불평등한 경제, 나쁜 정치나 법률, 환경파괴와 오염, 나쁜 개발이 부재하는 상태를 '적극적 평화'(positive peace)로 구분한다.[1]

 라틴아메리카지역은 스페인 식민통치로 인해 백인 정복자와 피지배자인 원주민과의 억압과 착취의 역사를 기반으로 직접적·구조적 폭력이 재생산된 지역으로, 평화연구에 매우 중요한 의미를 가진다. 특히, 콜롬비아는 라틴아메리카 지역의 주요 폭력 발생 국가로서 지난 반세기 동안 정부군, 좌·우익 불법무장조직 등의 3자구도 속에 장기 내전을 겪었으며, 그로 인한 사회 내부의 인권유린과 폭력은 일상화 되었던 국가이다. 2000년 이후 정부군과 불법무장조직과의 더욱 가속화된 분쟁으로 콜롬비아는 단기간 내 세계최대 실향민과 난민 배출국이 되었다. 이러한 콜롬비아 내전은 2016년 10월 마누엘 산토스(Manuel Santos) 정권과 최대 무장조직인 콜롬비아 무장혁명군(Fuerzas Armadas Revolucionarias de Colombia: FARC)와의 평화협정 체결로 무력분쟁이 공식 종식되었다.

이러한 평화협정은 분쟁을 종결 짓는데 중요한 수단으로 그 역할을 담당하였다. 전통적으로 평화협정은 전쟁의 종결이라는 형식적 의미를 지니고 있으나, 탈냉전 이후에는 실질적 평화정착을 위한 수단으로 활용되기도 하였다. 역사적으로 평화협정 이후 상호 실체 인정, 신뢰구축, 제도 마련, 이행기구 설치 등 다양한 형태의 내용이 담긴 여러 가지 조치들이 파생되기도 하였다. 반면, 평화협정을 체결한 이후 테러나 무력분쟁이 발생하여 또 다른 평화협정을 체결하는 사례가 나타나기도 하였다.

물론, 역사적으로 평화협정이 체결되었다고 해서 반드시 당사자 간 분쟁이 종결되는 것은 아니며 갈등 당사자 간 화해를 통한 갈등 해소가 자동적으로 이행되는 것도 아니다. 콜롬비아 평화협정 문제도 이러한 고민에서 출발한다. 콜롬비아 정부와 반군이 평화협정을 체결하고 반세기 이어진 내전을 끝낸 지 3년이 지났지만, 여전히 많은 옛 반군들이 살해되는 등 완전한 평화가 찾아오지 않고 있다. 유엔은 2020년 1월 1일(현지시간) 보고서에서 지난 2019년 한 해 동안 콜롬비아에서 옛 콜롬비아 무장혁명군(FARC) 조직원 77명이 살해됐다고 밝혔다. 2017년의 31명, 2018년 65명에서 점점 늘어난 것으로, 지난 2016년 11월 정부와 FARC가 평화협정을 체결한 후 지난해 가장 많은 옛 반군들이 살해된 것이라고 유엔은 설명했다.[2]

그러나 평화협정은 분쟁을 종식시키고 평화를 만들어가는 제도적 시발점이며 보장책이라는 점에서 매우 중요한 의미를 가진다. 먼저 평화협정이 체결된 가운데 평화를 구축하는 과정 속에서 다수의 평화협정들이 각각 어떠한 성격을 가지고, 각 당사자들이 어떠한 화해·협력 과정을 수행하였는지를 분석하는 작업이 필요하다. 이 글은 콜롬비아 평화협정 사례를 중심으로 이 지역에서의 내전의 폭력 양상과 평화협정 체결과정이 어떻게 진행되었는지, 그리고 평화협정 이후 콜롬비아 사회내부의 평화정착과 화해·협력 문제를 다루고자 한다.

II. 콜롬비아 내전의 배경과 전개과정

1. 콜롬비아 내전의 배경과 원인

19세기 중반 라파엘 레예스(Rafael Reyes) 보수정권은 경제개발과 산업화를 추진하며 수출상품의 다각화를 위해 노력하였다. 정부는 전통적인 수출상품에서 벗어나 커피 중심의 산업화를 중심으로 토지개발에 집중하였다. 그러한 과정에서 커피 재배지 확장을 목적으로 밀림과 산악지역 불모지가 농민에게 분배되었다. 서부 산악지역 안티오키아(Antioquia)를 중심으로 확장된 커피경제는 콜롬비아 경제의 중심이 동부에서 서부지역으로 이동하는 계기가 되었다.[3] 즉, 커피재배지 팽창과 이동은 지역주의 강화와 함께 지역분쟁의 주요 원인으로 작용하였다.

동부지역 지주계급은 카카오 재배와 면직물 수공업 중심의 자본축적을 발전시켰다. 그러나, 1850년 이후 카카오 생산 감소와 면직물 가격 하락으로 인해 지주들은 커피경제로 전환하였다. 대농장 아시에스다(Haciesda)가 발전한 산탄데르(Santander)와 쿤디나마르카(Cundinamarca)지역 지주계급은 경제적 부를 독점하기 위해 커피 경작자와 수출업자로 변모하였고, 이는 콜롬비아의 농장과 수출업이 대토지 소유자로부터 만

〈그림 6-1〉 콜롬비아 지도

들어진 계기가 되었다.

    1870년대 산탄데르와 쿤디나마르카 지역은 국내 커피 생산의 80%를 차지하며 경제적으로 중요한 위치를 차지했다. 특히 쿤디나마르카 지역은 다양한 방식으로 노예제도와 유사한 커피 아시에스다 경제가 정착하였다. 백인 농장주는 비옥한 토지를 독점하였으며, 그 과정에서 커피 경작과 원두 판매권을 두고 지주계급과 소농 사이에 갈등이 발생하게 되었으며, 이는 콜롬비아 토지소유권 분쟁의 기원이 되었다. 19세기 중반 산탄데르와 쿤디나마르카 지역은 토지소유권을 둘러싼 폭력의 중심지로 변모하였다. 당시 콜롬비아에서는 문서화된 토지증서가 존재하지 않았기 때문에 상인은 국가로부터 광활한 불모지를 양도받아 토지를 축적하였다. 이는 1920~30년대 초 불모지 소유권을 두고 대농장주와 소작농, 상인 간에 무력 충돌이 발생하게 된 원인이 되기도 하였다.

    토지분쟁은 1934~1936년 국가의 중요한 문제로 부상하였다. 토지소유권 갈등은 농민운동과 공산당의 형성에 영향을 미쳤으며 급진자유주의 세력의 개혁사상에 토대가 되었다. 또한 지역주의 강화와 함께 자유와 보수 양당주의에 기초한 정치적 갈등을 야기하였다. 동부 산탄데르와 쿤디나마르카 지역은 자유당 지지 세력의 거점지로 발전했으며, 서부의 안티오키아와 칼다스(Caldas) 지역은 보수당 세력의 중심지로 성장하였다.[4]

콜롬비아 정부는 경제개발이라는 명목 하에 농민 토지에 대한 강탈을 합법화하여 지주계급에게 특혜를 주었다. 대신 소작농은 미개간 불모지를 개척하여 토지를 확보하도록 내몰리게 되었다. 결국, 농민들은 신변보호를 위한 자위대를 조직하게 된다. 농민 자위대의 거점지역인 수마파스(Sumapaz), 테껜다마(Tequendama)와 톨리마(Tolima), 그리고 우일라(Huila) 지역은 전통적인 폭력과 갈등 중심지로 성장하였다.[5] 이러한 토지·지역 갈등은 정치폭력과 엘리트 정치협약의 역사적 배경을 형성하고 있다.

그럼에도 콜롬비아는 라틴아메리카 국가들 중에서도 자유, 보수 양당제를 기반으로 제도적 민주주의를 발전시켜온 대표적 국가이다. 1946년 콜롬비아는 대선을 계기로 전통적인 자유와 보수 양당 간의 갈등이 첨예화되고 소요사태로 인해 정치적 불안이 가중되었다. 16년의 자유당 체제는 종식되었고, 정권으로 돌아온 보수당은 강압정치로 자유당 세력에 대한 탄압을 시작하였다. 1948년 도시노동자 절대다수의 지지를 받던 급진주의 지도자 엘리에세르 가이탄(Jorge Eliecér Gaitán)이 암살되자 민중의 분노는 폭력으로 표출되었다. 집권당은 대규모의 민중 폭력 사태로 사회통제 능력을 상실하여 권력 기반이 불안정하게 되자 강도 높은 정치적 탄압을 시작했다. 이러한 상황 아래 자유당파 정치인과 지식인 그리고 학생을 중심으로 불법무장조직이 형성되었다.

군부는 도시를 중심으로 확산된 폭력사태와 반정부 불법무장조직의 활동을 계기로 정치적 개입을 시작하였다. 보수당의 사병으로 전락한 경찰은 자유당에 대한 가혹한 폭력적 탄압에 동원되었다. 자유당파 불법무장조직의 활동은 점차 확산되었고, 집권당은 폭력사태에 대한 효과적인 진압을 목적으로 군과 경찰의 보수화를 진행하였다. 자유당 지지 군부 세력은 자유당 시위진압에 군이 동원된 사실에 반발하여 훈련된 불법무장단체를 조직하였다. 그 결과 군 내부에서도 갈등관계가 형성되었다.

한편, 1958년 양당의 갈등으로 확산된 정치폭력사태로 인한 과두지배체제의 위기는 자유와 보수 양당 엘리트들의 정치협약체인 '국민전선(Frente Nacional)'이 형성되는 계기가 되었다. 협약을 통한 엘리트들의 정치 독점은 폭력이 확산되는 원인으로 작용하였다. 양당의 협약을 통한 평화적 정권교체로 표면적으로 민주주의체제는 유지되었으나, 여전히 농촌지역을 중심으로 폭력은 정치적 통제의 유효한 수단이 되었다. 그 결과 정치적 신념과 가치로부터 더욱 멀어지는 불법무장조직이 성장하고 확대되었다.

국민전선은 국민의 정치적 참여를 제한하며 엘리트들의 정치 독점을 강화하는 제도적 장치였다. 엘리트들의 정치 협약으로 양당의 정치적 폭력사태는 일시 중단되었다. 그리고 자유당파 불법무장조직은 무기를 반납하며 사회에 복귀하였다. 그러나 도시중간계층과 지식인을 중심으로 형성된 급진자유파 세력에 의한 사회적 갈등은 더욱 확산되었다. 급진세력은 정치적 참여에 대한 권리를 주장하여 폭력시위를 주도하였다. 그러한 과정에서 좌파계열 불법무장조직이 성장해 나갔다.

콜롬비아 사회의 정치폭력 사태를 계기로 1940년대 중반부터 불법무장조직이 형성되었다. 이후 1958년 쿠바혁명의 영향으로 인해 불법무장조직은 더욱 더 확대되었다. 1970년대 중반부터는 테러를 통해 정부를 위협하기 시작하였으며, 1980년대부터 마약조직과 연계하여 조직의 활동자금을 지원 받으면서 조직을 유지하게 되었다. 동구권 붕괴 이후 불법무장조직은 공권력이 미치지 않는 중소도시를 중심으로 경제부문에서 다양한 수준의 역할을 담당하고 있다. 납치, 요인 암살과 같은 범죄는 물론 석유, 광산, 금과 같은 지하자원의 약탈 및 마약거래 개입을 통한 지하경제 통제는 불법무장조직의 주요 활동으로 알려져 있다.6)

2. 콜롬비아 반군의 형성과 내전의 전개

FARC, 민족해방군(Ejercito de Liberacion Nacional: ELN) 등 무장게릴라 세력들은 콜롬비아에서 정치사회적으로 소외된 집단의 이익을 대변하기 위한 조직으로서 마르크스주의 정부 수립을 목표로 1960년대 초 형성하기 시작하였다. 콜롬비아에서 활동했거나 활동 중인 주요 불법무장조직은 1965년 결성된 것으로 추정되는 ELN과 1964년 결성된 FARC, 1967년 중소분쟁에 따른 공산당의 분열로 형성된 자유민중군(Ejercito Popular de Liberación: EPL), 그리고 1973년 도시 지식인을 중심으로 결성된 4월19일운동(Movimiento de 9 de Abril: M-19) 등이 있다.7)

FARC는 콜롬비아 및 남미 최대 규모의 조직적인 반군단체로서 반미주의를 표방하며 기존 정부와 기득권층을 타파하고 좌익정부 수립을 목적으로 형성되었다. 군자금과 대외 협상력을 높이기 위해 주요 도로와 공공건물을 파괴하였다. 정부 요인과 민간인에 대한 납치를 통해 막대한 금액의 몸값도 요구하였다. 1980년대 중반 이후 마약조직과 공생하며 조직을 유지해갔다. FARC는 자신들의 활동지역에서 생산되고 유통되는 모든 마약에 대해 20%의 세금을 징수하였다. 그리고 마약 카르텔을 보호해주는 대가로 받은 이윤은 전투장비 구매와 정부군 보다 높은 액수의 조직원 월급으로 사용하였다. FARC는 남부와 동부지역 불법 작물재배지를 중심으로 활동하였으며 아마존(Amazona), 푸투마요(Putumayo), 그리고 태평양 밀림지역은 FARC의 주요 거점지로 이용되었다. 그러나, 1990년대 동구권의 몰락으로 이념적 기반을 상실했으며 우리베 전 대통

〈그림 6-2〉 콜롬비아 반군의 군사훈련 모습

* 출처: https://www.nytimes.com/2019/05/17/world/americas/colombia−farc−peace−deal.html

령 집권기간 동안 반마약·테러정책인 '플랜 콜롬비아(Plan Colombia)'에
의거 미국의 지원을 받은 정부군의 적극적 공세로 이들의 무장투쟁 능
력은 현저히 저하되었다.

정리하자면 콜롬비아 내전은 정부와 비정부간 분쟁이다. 여기에는 콜
롬비아 정부와 불법 범죄 조직 간의 간헐적인 무력 충돌이 포함되지만
다양한 형태의 무장충돌이 나타난다. 다음으로 좌익 게릴라 조직인 콜
롬비아 혁명군(FARC) 대 콜롬비아 정부 간의 분쟁이다. 두 당사자 간의
무력 충돌은 콜롬비아 분쟁의 양상을 내전으로 규정지을 정도로 대립의
크기가 가장 컸다.

비정부 행위자들 사이의 무력 충돌 양상도 몇 가지 형태로 전개되었
다. 첫째, 좌익게릴라군 간 분쟁으로 민족해방군과 콜롬비아 혁명군 간
분쟁이 있다. 양측은 2006년부터 자연자원과 마약 밀매 경로 관련 전략
적 요충지를 두고 충돌하기 시작해 2010년에는 전면전까지 선포되는 등

<그림 6-3> FARC(콜롬비아 반군) 행군

* 출처: https://edition.cnn.com/2016/09/10/americas/farc－colombia－release－child－soldiers/index.html

폭력 수준이 상승하게 되었다. 둘째, 마약 밀매 카르텔과 준군사조직 (paramilitary groups) 간 분쟁이 있다. 2006년, 콜롬비아 통합자위대 (United Self－Defense Forces of Colombia, AUC)가 해체되어 분열된 이 래, 잔존 세력들은 쇠퇴해가는 마약 조직들과 연계해 새로운 범죄 조직 을 구성했다. 이들은 국내외에서 마약 밀매와 강탈, 자금세탁, 불법 채 굴 등의 범죄행위를 벌였고, 서로의 이권을 확대해 나가는 과정에서 2013년에 내분이 발생한 바 있다.[8] 전체 30여 개 조직으로 시작해 현재 6개 정도가 남아있는데, 그중 우라베노스(Los Urabenos)가 가장 강한 세 력으로 성장하여 3개 활동지역에서 1,200명이 넘는 조직원을 보유하게 되었다.[9] 결국, 1990년대 이후 무장게릴라 세력들은 쇠퇴하였으나 신흥 범죄단체들의 세력은 오히려 확대되었다.

2016년 11월에 콜롬비아 정부와 최대 좌익 게릴라 반군 조직인 콜롬 비아 혁명군 사이에 체결한 평화협정을 계기로 콜롬비아 내전은 소강상 태에 접어들게 되었다. 2013년 7월에 콜롬비아 혁명군과 민족해방군 두

조직의 간부들이 통합을 약속하는 공동 성명서를 발표한 것을 계기로 좌익 게릴라 반군 사이의 무력충돌 역시 일단락된 바 있다. 콜롬비아의 마약 카르텔의 영향력이 약화되는 상황을 고려할 때 이들이 콜롬비아 내전과 관련한 핵심 행위자로 다시 부각될 가능성을 낮다고 볼 수 있다.

Ⅲ. 콜롬비아 평화협정 체결 과정

1. 평화협정 추진 과정

1980년대 접어들어 FARC와 M-19의 무력공격은 절정에 달했다. 1982년 취임과 동시에 베리사리오 베탕쿠르(Belisrio Betancur) 대통령은 불법무장조직에 대한 사면조치를 통해 무력분쟁 종식을 위해 노력하였다. 정부는 주요 불법무장조직과 대화를 시도하며 협상에 적극적인 불법무장조직의 안정적인 사회복귀를 지원하였다. 불법무장조직원에 대한 사면조치와 함께 정치참여의 기회도 부여하였다. 이러한 정부의 노력에 힘입어 다수의 불법무장조직이 정부와 정전협정을 체결하는 등 정치세력으로의 전환을 도모하였다.[10]

1989년 M-19는 정부와 최초로 평화협정을 체결하였으며 이듬해 총선에서 나바로 울프(Navarro Wolf) 사령관이 나리뇨(Nariñ) 주지사에 당선됨으로써 제도권 진입에 성공하였다. 그러나 정치에 참여한 전직 불법무장조직 출신 정치인이 우익 암살단에 의해 살해되자 세력이 약화되었던 불법무장조직은 다시 무력으로 정부를 위협하였다.

1990년대 접어들어 콜롬비아 정부는 최대 불법무장조직 FARC와 ELN를 대상으로 평화협상을 적극적으로 추진하였다. 안드레스 파스트라나(Andrés Pastrana) 보수정권은 협상과 진압이라는 이중전략을 통해 게릴라와 대화를 시도하는 한편, 미국의 지원 아래 적극적인 마약 및 좌익 게릴라 소탕작전을 전개하였다. 특히 정부는 FARC의 통제 하에 있던 남부 마약 재배지인 5개 자치구를 대상으로 긴장완화 지역을 조성하고, 공권력 철수를 통해 3년간 협상을 추진했다. 그러나 정부를 신뢰하지 못한 FARC와 ELN의 폭력은 격화되었다.

2000년 들어 미국은 플랜 콜롬비아(Plan Colombia)를 통해 내전 종식을 위한 콜롬비아 정부의 정책을 지속적으로 지원하였다. 미국의 지원에 힘입어 2002년 게릴라와 평화협상 불가를 선언하고 마약퇴치 및 불법무장조직에 대한 강경책을 선택한 알바로 우리베(Álvaro Uribe) 정권이 등장하였다. 우리베 대통령은 미국의 군사적 지원 아래 힘에 의한 국가안보정책을 추진하며 강도 높은 게릴라 진압작전을 전개하였다. 그러한 정책의 가시적인 성과에 힘입어 우리베 대통령은 2006년 재집권에 성공하게 되었다.

그러나 남부 마약 재배지를 기반으로 활동하는 FARC는 유엔 중재안을 거부한 채 정권교체를 주장하며 테러와 무력분쟁을 일삼았다. 정부의 공격을 피해 국경지대로 이동한 불법무장조직들은 접경지역 주민에 대한 위협을 일상화함으로써 콜롬비아의 폭력이 인접국가로 확대되는 결과를 초래했다. 또한 부족한 공권력을 보완하기 위해 정부에 의해 양산된 우익 무장단체인 콜롬비아 연합자위대(Autodefensas Unidas de Colombia: AUC)가 양민에 대한 무차별적인 폭력을 자행함으로써 폭력 심화와 동시에 강제 실향민 및 난민이 급증하였다.[11]

2011년 집권한 산토스 대통령은 장기 내전종식을 목표로 2012년 10월 FARC와 평화협상 개시를 공식 선언하였다. 동시에 제2의 불법무장조직 ELN과도 평화협상을 추진하였다. 전 정권에서 불법무장조직에 대한 강경진압을 지휘해온 산토스 대통령이지만 FARC 및 ELN와 적극적인 대화를 시도하며 우리베 전 대통령과 거리를 유지하였다.[12]

산토스 정부는 FARC와 개인적으로 친분이 있는 인사들로 협상팀을 구성하여 신뢰에 기반한 접근을 유도하였다. 콜롬비아 전 부통령 움베르

토 데 라 까예(Humberto de la Calle)를 중심으로 구성된 협상팀은 2012
년 9월 4일부터 FARC측 협상대표 마르코스 칼라르카(Marcos Calarcá)
그리고 안드레스 파이스(Andrés París)와 함께 평화협상을 지속해 갔다.
그러나, 쿠바의 아바나와 노르웨이 오슬로에서 진행된 협상은 별다른
성과를 거두지 못했다. 이후 2015년 9월 마누엘 산토스 대통령과 FARC
사령관 로드리고 론도뇨(Rodrigo Londoño)가 처음으로 아바나에서 회동
하여 협상을 진행했으며 10월 23일까지 평화협정에 최종 서명하기로 합
의했다. 그러나 일부 쟁점 사안에 대해 양측이 첨예한 입장 차이를 유지
함으로써 협상은 난항을 거듭했다. 결국, 예상보다 3개월 연장된 2016
년 6월 23일 쌍방이 포괄적인 정전 합의에 서명하여 콜롬비아의 평화협
상은 타결되었다. 마침내 2016년 11월 12일 산토스 대통령은 무장혁명
군과 새로운 평화협정을 체결하였음을 국민 담화를 통해 발표하였다.
이 협정에는 정부가 협상 반대 진영이 새롭게 제안한 57개 주제 중 56
개에 대한 조정안이 포함되었다.[13]

　　2016년 6월 FARC와 정부의 평화협상이 체결된 이후 ELN는 납치한
정부인사 및 정치인을 석방하고, 정부와 대화에 적극적인 자세로 임했
다. 2017년 1월 ELN은 납치한 전 상원의원 오딘 산체스(Odín Sánchez)
를 석방하였고 이에 대해 정부는 ELN 지도자 에두아르도 마르티네스
(Eduardo Martínez)와 카를로스 구에야르(Juan Carlos Cuellar)에 대한 사
면조치를 단행하였다. 그러나 협상이 진행되는 과정에도 ELN에 의한 외
국인 납치와 송유관에 대한 테러는 지속되었다. 결국 대화는 중단되었
고, 2017년 9월 교황의 콜롬비아 방문을 계기로 양측은 102일간 휴전에
합의하였다.[14]

　　'콜롬비아 내전 종결을 위한 협정(콜롬비아 평화협정)'은 정부와 콜롬
비아무장혁명군(FARC) 간 합의로서 2016년 11월 24일 비준되었다.
주요 내용은 첫째, 농촌 지역에 대한 포괄적 개선으로 소규모 농가, 실

[표 6-1] 콜롬비아 정부와 FARC 협상일지[15)]

시 기	협상 요지
1982~1986년(1차)	당시 벨리사리오 베탕쿠르 대통령은 정치범들에게 사면과 석방을 약속하며 FARC와 평화협상을 시작. FARC가 8년 내 국가를 접수하겠다고 발표하면서 양측 간 평화 무드는 급속히 가라앉음
1990~1992년(2차)	콜롬비아 정부는 멕시코와 베네수엘라에서 활동하는 상위 게릴라 그룹인 CGSB와 대화를 시작했지만, 폭력은 수그러들지 않음. FARC가 광범위한 군사활동을 벌이면서 회담 재차 결렬
1999~2002년(3차)	안드레스 파스트라나 당시 대통령은 FARC와 평화회담을 벌여 FARC 측에 평화지대를 제공하는 데 합의. 그러나 미군의 콜롬비아 정부 지원과 FARC의 평화지대 악용, 양측 간 무장 공격이 반복되면서 평화회담 결렬. 이후 친미성향의 알바로 우리베 정권, FARC에 대한 집중적인 단속 전개
2010년 8월	후안 마누엘 산토스 대통령, 집권과 함께 FARC와 평화협상의 여지를 열어두고 FARC는 정부와 협상 전 모든 인질을 석방하라고 요구
2012년 2월	FARC, 몸값을 노린 납치 중단과 인질로 잡은 군인과 경찰을 석방 방침 발표
2012년 8월	정부−FARC, 6개월간 비밀회담에 이어 10월 평화협상 개최 발표
2012년 10월	정부−FARC, 노르웨이 오슬로 인근 호텔서 평화협상 개시 선언
2012년 11월	정부−FARC, 쿠바 아바나에서 4차 평화협상 돌입
2014년 11월	정부, 군 장성 피랍에 FARC와 평화협상 중단 선언
2015년 9월	정부−FARC, 6개월 이내 평화협상 마무리 합의. 협상 타결 후 60일 이내 반군 무장해제, 반군의 내전 범죄 처벌 등 합의
2016년 3월	정부−FARC, 자체 협상 시한 넘겼지만 협상 계속
2016년 6월	정부−FARC, 쌍방 정전협정 체결. FARC 최종 평화협정 체결 후 6개월(180일) 이내에 지정된 평화지대로 이동해 무장해제
2016년 8월 24일	정부−FARC, 최종 평화협정 합의

향민 등을 위한 토지개혁을 단행하고 평등의 원칙에 따른 농촌생활 개선 내용을 담고 있다. 둘째, 평화구축을 콜롬비아인의 권리이자 과제임을 명시하고 시민들의 효과적 참여를 위한 민주주의 강화에 합의하였다. 셋째, 콜롬비아 내에서 더 이상의 폭력행위 중단을 위한 합의 이행을 강조한다. 이는 정부와 무장혁명군 간의 무력사용과 적대행위를 중단하고 무장혁명군 구성원들을 민주사회의 일원으로 포용하기 위함이다. 넷째, 불법 마약문제 해결을 위한 것으로, 빈곤 퇴치를 통해 불법 마약 생산과 유통을 막고 대체 작물 재배 및 마약 사용 방지 프로그램을 운영할 것을 포함하였다. 다섯째, 내전 피해자들에 대한 진상규명과 재발 방지를 약속하였다. 내전에 대한 역사적 진실을 규명하고 피해자 규정과 권리를 보장하기 위함이다. 1964년 이래 지속된 내전으로 26만 명의 희생자 가족 및 680만 명의 실향민에 대한 보상과 4만 5000명의 실종자들을 찾기 위한 수색대를 구성하고 그런 희생의 재발을 막기 위한 특별사법위원회를 설립하기로 했다. 특별사법위원회는 콜롬비아 헌법과 국제법에 의거해 설립하는데, 모든 희생자들의 권리에 대한 보상과 향후 콜롬비아 평화정착에 대한 권한을 가진다.

평화협정 체결 이후 2018년 평화적 대선과 총선이 진행되었다. 또한, 내전 피해자 규정과 권리회복 및 역사적 진실규명을 위한 '평화특별재판부'가 설치되었으며, 2018년 11월 29일부터 '진상규명위원회' 활동이 시작되었다.

2. 평화협정 체결과 이행의 난관

콜롬비아 내전은 사실상 사상의 차이와 국내적 패권 다툼에서 비롯된 콜롬비아 정부와 반정부군 사이의 무력 충돌로 규정할 수 있다. 1964년부터 시작된 이 분쟁은 상당히 높은 폭력 수준을 유지하다가 양측 사이의 평화협상이 진행되면서 다소 약화되었고 간헐적인 교전이 진행되었다.

1984년 FARC와 콜롬비아 정부 간의 1차 평화협상이 진행된 바 있으며, 이후 2012년 11월에 산토스 대통령 주도 하에 평화협상이 재개되었고, 2013년 5월에 농지개혁과 마약과의 전쟁에 대해, 11월에는 FARC의 정치참여에 대한 일정에도 합의했다. 2014년 6월, 산토스 대통령이 재임에 성공함으로써 평화협상의 성공적 도출에 대한 국제적 기대감도 높아졌다. FARC 역시 2013년 12월에 일방적으로 휴전을 선언하는 등 평화협상에 적극적인 모습을 보여주었다. 이러한 상황 전개를 배경으로 2016년 11월에 마침내 양측 간에 평화협정이 체결되었다.

콜롬비아 정부와 FARC와의 분쟁은 50여 년 이상 지속되었고 그 과정 속에서 평화 협상이 여러 번 결렬되는 경험을 했다. 협상 과정에서 협상을 방해하는 요인들은 다양했다. 협상이 불리하게 작용할 것으로 우려한 다른 게릴라군이나 준군사조직들이 화해 분위기를 저해하는 폭력을 행사하기도 했고, 혁명군 내부에서 분열이 일어나 합의된 사항들을 일방적으로 파기하기도 했다. 또한, 콜롬비아 정부가 콜롬비아 무장세력을 신뢰하지 못했고, 좌익 반군이 정부를 신뢰하지 못하는 이유도 존재했다.

하지만, 평화협정의 추진과 합의는 콜롬비아 국민들이 평화를 위해 부단히 노력한 결과라는 의견이 다수이다. 평화를 위해 많은 시민단체들과 학생들의 지속적 시위와 열정적 노력이 전개되었으며, 그것은 다양한 사회 분야와 지역으로 확대되었다. 특히, 정부군과 무장혁명군 간 분쟁이 집중되었던 농촌 지역과 군사적 분쟁으로 인한 희생자가 많았던 지역으로 평화협상 지지 여론이 확산되었기 때문에 평화협정 체결이 가능하였다.[16]

지난 2011년 산토스 대통령이 장기 내전의 종식을 주장하면서 FARC와 평화협정을 추진한 이후 콜롬비아 정부와 FARC와의 평화협정이 마침내 체결되었다. 이로써 콜롬비아 평화 프로세스는 큰 전기를 맞이했다. 그러나 콜롬비아 사회에는 오랜 내전의 트라우마와 평화협정 반대 보수파와 이탈한 FARC 세력의 갈등이 완전히 사라지지 않고 있다. 현 두케(Iván Duque) 대통령[17]은 콜롬비아 정부가 2016년 콜롬비아무장혁명군(FARC)과 체결한 평화협정에 반대해온 강경우파집단 출신으로, 우리베의 정치적 후계자답게 대선 운동 기간 내내 평화협정이 옛 FARC에 너무 관대한 만큼 수정을 가해야 한다는 입장을 강조하고 있다. 마약밀매는 물론 살인과 납치 등 반인권 범죄에 연루된 옛 FARC 지도자와 반군 대원들이 아무런 대가를 치르지 않은 채 정계에 발을 디디고 사회로 복귀하게 놔둬서는 안 된다는 게 두케와 우리베 측의 주장이다.

평화협정이 체결되었지만 정부·여당이 연립정부 구성에 실패하면서 여당이 의회에서 절대 다수를 차지하지 못하게 되었다. 그래서 주요 개혁 법안들이 난항을 겪고 줄줄이 좌초하면서 국민들의 실망감이 증대하여 취임 초반 대통령 국정 지지율이 20%선으로 하락하는 등 고전을 면치 못하였다. 2019년도에 들어서면서 불법 무장조직 및 마약 조직에 대한 강경 대처, 베네수엘라 민주질서 회복 및 인도적 지원을 위한 주도적 역할을 해나가자 국민들의 두케 대통령에 대한 지지율이 55%로 상승세를 타며 점차 국정 주도권을 확보해 갔다. 하지만 여전히 콜롬비아 정부와 반군 세력 간의 대립이 격화된다면 무력 출동 발생 등 내전 양상으로 발전될 개연성이 없지 않다.

IV. 콜롬비아 화해·협력 추진 과제

2016년 6월 23일 평화협상 체결 이후 마누엘 산토스 정부는 국내 폭력종식을 위해 또 다른 불법무장조직과 평화협상을 진행하는 동시에, 무력분쟁 희생자 권리회복, 시민안전 그리고 빈곤감소를 위한 제도적

콜롬비아 산토스 대통령(좌)과 FARC 지도자 론도뇨(우) (2016. 6. 23)
* 출처: https://time.com/4389046/colombia−farc−peace−juan−manuel−santos/

장치를 마련하며 국가발전계획을 추진해 갔다. 그러나 소극적 평화 유지를 위한 일도 콜롬비아 정부에게는 큰 과제로 다가간다.

평화협정 이후 평화정착을 위해서는 여전히 발생하는 보복과 폭력 발생의 종식이 우선이다. 2016년 콜롬비아 정부와 옛 최대 반군인 무장혁명군(FARC)이 체결한 역사적 평화협정은 과거 FARC의 2인자인 이반 마르케스(본명 루시아노 마린)가 지난 2019년 8월 29일(현지시간) 인터넷을 통하여 "제2의 마르케탈리아" 시작을 전세계에 알렸다.[18] 마르케탈리아는 1950년대 FARC가 처음 탄생한 지역을 말하며, 마르케스는 콜롬비아 정부가 쿠바 아바나에서 체결한 평화협정을 준수하지 않았다고 비난하고 나선 것이다. 코로나19 감염증 확산으로 잠시 휴전하고 있지만, 콜롬비아 '최후의 반군'인 민족해방군(ELN)은 지난 2월 무장파업을 선언하고 콜롬비아 정부와 대치하고 있다.

나아가 평화협정의 주요 쟁점인 농촌개발사업과 피해자 보상 문제 해결을 위해 정부는 국제사회의 지원으로 투자자금을 조성하고 있으나 예산을 충당하지 못하고 있는 실정이다. 또한, 외부에 취약한 콜롬비아 경제구조는 불법무장조직의 사회 재통합에 필요한 재원 확보를 더욱 어렵게 만들고 있다. 내전으로 야기된 국론 분열, 내전의 피해자 보상과 치유, 무장 해제자에 대한 사회적 편입, 강제이주자에 대한 지원, 전범자 처리와 약탈 토지에 대한 반환, 그리고 진실규명을 통한 사회정의의 복원 등 사회 내부의 복잡한 문제들에 대한 해결 방안이 제시되어야 한다. 이러한 과정에서 국민들 간의 갈등 치유와 화해의 과정이 동반되어야 하고, 이러한 문제를 진행하는데 필요한 비용과 국민적 합의를 도출해야만 하는 과제를 안고 있다.

콜롬비아는 과거 스페인 식민지 시대로부터 시작된 억압과 착취의 구조적 폭력은 독립 이후에도 백인 엘리트들의 권력 기반과 맞물려 재생산되어 왔다. 소수 엘리트 중심의 경제 독점과 차별의 구조화는 불법무장조직을 낳았고 구조적 폭력도 공고화되었다. 19세기 중반 경제적 이해를 출발점으로 형성된 콜롬비아 양당제는 정치적으로 국민의 갈등을 해결하고 통합시키는 기제로 작동되기보다는 지배계급의 통제기제와 합법화 수단으로 자리 잡았다. 이에 소외 계층과 지역은 이러한 중앙권력의 경제적·정치적 폭력에 맞서 무장 폭력으로 맞서게 된 것이다. 물론 콜롬비아 무장조직은 1940년대 중반 보수 집권당의 강압정치에 맞서기 위해 형성되었지만, 이후 양당 엘리트 중심의 정치 구조는 좌파계열 불법무장조직이 성장하는 계기가 되었다. 그런 배경에서 국민전선이 출발하였고 국민전선의 폭력은 농촌지역으로 확산되어갔다. 폭력 희생자들이 다시 폭력으로 대응하면서 콜롬비아 사회는 폭력과 보복의 악순환을 되풀이한 것이다.

따라서 콜롬비아 평화협정은 이러한 총체적인 폭력을 막는 시발점으로 그 의미가 크다. 콜롬비아 평화협정은 1984년 이후 콜롬비아 정부와 FARC의 오랜 협상의 결과이고, 콜롬비아 국민들의 평화에 대한 갈망과 오랜 시민단체, 학생 운동 등이 열정적으로 전개되었기 때문에 가능한 것이었다. 평화협상이 지속된 것은 상대방에 대한 인정과 지속적인 대화 노력이 있었기 때문이다. 또 협상 과정에서 상호 간 안전보장 제공을 위해서 제3자의 개입도 중요하다. 콜롬비아 평화협정 체결에 제3자인 쿠바와 노르웨이가 협상 개시에 도움을 주었고 베네수엘라, 칠레도 평화협정 과정에 개입하여 중재 역할과 안전보장의 환경을 조성해 주었다.

반대로 평화협상 과정에서 걸림돌은 무엇보다도 불신이 가시지 않아 협상 주체 간의 불일치한 행동이 일어났다. 협상에서 우위를 차지하기 위해 혁명군 내부의 분열과 2014년 콜롬비아 군부가 정부 협상 내용을 감시한다는 스캔들이 붉어지면서 콜롬비아 군부의 평화협상 의지가 의심되기도 하였다. 무엇보다도 2014년 3월 의회선거에서 평화협상 반대파인 우리베 전 대통령이 상원의원으로 당선되어 콜롬비아 정부 내부의 평화협상 반대 입장을 국민들에게 널리 알리는 계기가 되었다. 이처럼 정부 내부에 평화협상 반대파들의 영향력이 잔존하고 있다.

평화협정 체결 이후에도 평화협상에 반대하는 FARC 지도자급 잔존 조직과 우리베를 중심으로 구성된 민주중앙당이 평화협정에 대한 반대 입장을 표명하고 있다. 더욱이 현 우케 대통령도 평화협상 이행에 미온적 입장이어서 콜롬비아 갈등은 여전히 위험 상태에 놓여 있다. 또한 ELN 등 무장세력의 반정부 투쟁, FARC의 정치참여로 인한 콜롬비아 내부 정치의 불안정성과 코카잎 농장의 이권 싸움 등 콜롬비아 국내정치의 안정도 불확실한 상황이다.

콜롬비아 평화협정 체결이 지속가능한 평화를 자동적으로 가져다주지는 않는다. 다만 평화협정이 지난 50년여 간 내전으로 만연된 폭력의 종식과 피해자들에 대한 치유와 개인의 평화가 추구될 수 있는 시작점이 된 것은 분명하다. 평화협정 이행을 위해서는 내전으로 인한 폭력 희생자와 강제이주자 처리문제, 진실 규명과 용서를 통한 국민 화해와 통합의 문제 등 향후 많은 노력과 비용이 요구될 것이다. 콜롬비아의 지속적인 평화를 위해서는 정부와 국민들의 협력과 이해 없이는 불가능하다. 여기에 성공적 평화체제가 완성되기 위해서는 국제사회의 지원과 협력이 필요하다.

콜롬비아 내전 종식과 평화협정 체결 및 이행 과정은 한반도에 시사하는 바가 크다. 콜롬비아는 정부와 무장반군의 오랜 내전을 경험하면서 폭력의 상처와 피해가 깊어졌다. 그럼에도 평화를 위한 상호 노력과 상대방을 인정하고 오랜 협상 과정을 거치면서 정부와 콜롬비아무장혁명군(FARC) 간의 신뢰가 쌓이게 되었으며, 이는 평화협정을 통한 내전 종식이 현실화될 수 있었다.

남북한 역시 한국전쟁으로 동족상잔의 잔혹한 경험을 갖고 있으며, 휴전협정 이후 이념적 대립과 전쟁의 상처를 안고 오랜 냉전체제를 종식시키지 못하고 있다. 우선적으로 한반도의 평화체제 구축을 위해서는 한반도의 평화정착이 필요하다는 인식과 남북한 상호 인정과 신뢰가 무엇보다 중요하다는 것을 콜롬비아 평화협정 과정을 통해서 알 수 있었다. 또한, 콜롬비아의 내전 종식은 지속적이고 오랜 기간의 평화협상 과정이 있었다는 점이다. 남북한의 평화협정 과정은 오랜 시간과 절차가 요구될 수 있다는 점도 감안해야 할 것이다. 이는 하나의 평화협정 체결로 모든 평화를 가져오리라는 성급한 기대에 경종을 울리고 인내와 일관성 있는 자세로 복합 평화프로세스를 준비할 필요성을 말해준다. 평화협정 체결은 영구적 평화체제를 구축하는 시발점이며, 지속가능한 평화는 지난 대립의 트라우마 치유, 상호신뢰 구축, 진실규명 등 화해와 협력의 과정을 거쳐야 한다. 콜롬비아 경험은 한반도 평화체제 구축과 통일을 위해서는 남북의 상호 신뢰와 화해 과정이 필수적이라는 것을 말해 준다.

07

사이프러스의 장기분단과 통일 협상

서보혁

Ⅰ. 여는 말: 세계 유이의 분단국

많은 한국인들은 한반도가 세계 유일의 분단국이라고 알고 있다. 그러나 분단국은 또 있다. 제2차 세계대전 이후 식민통치를 받던 많은 국가들이 서서히 독립하기 시작했다. 그런 가운데 일부에서는 대내외적인 이유가 겹쳐 분단의 고통을 겪게 되었으니 한반도와 함께 사이프러스(Cyprus)가 그 예이다. 한반도는 지정학적인 배경과 이념 대결을 주요인으로 하여 분단되었다. 그에 비해 사이프러스는 세계대전 이후 처음 독립국가가 되었다가 두 민족 간의 무장 갈등으로 분단되어버렸다.

사이프러스는 지중해 동부에 있는 섬나라인데 지중해에서 세 번째로 큰 섬이다. 북쪽으로는 터키, 동쪽으로는 시리아·레바논·이스라엘, 서쪽으로는 그리스, 남쪽으로는 이집트와 마주하고 있다. 사이프러스는 다민족국가이다. 위키피디아 영문판(2020년 7월 1일 현재)에 따르면 사이프러스에 거주하는 인구는 119만여 명(2018년)으로 그리스계인들이 다수이고 터키계인들이 소수민족인데 이 외에도 아르메니아인, 마로나이트인들(Maronites)도 존재한다. 그리스계인들은 그리스정교를, 터키계인들은 이슬람교를 대개 신봉한다. 이 나라는 그리스어로 키프로스($K\acute{v}\pi\rho o\varsigma$), 터키어로 키브리스(Kıbrıs)로 발음한다. 이 글에서는 중립적인 태도를 취한다는 뜻에서 영어 발음, 사이프러스로 부르고 있다.

사이프러스는 고대로부터 해상국가로 발전하였는데 지정학적 위치로 인해 페니키아의 지배를 받았고, 기원후에는 그리스, 로마, 오스만제국의 지배를 받다가 19세기 말에 이르러 영국의 지배를 받았다. 제2차 세계대전 이후에도 영국의 지배를 받다가 1960년에 독립하여 사이프러스 공화국(Republic of Cyprus: 이하 남사이프러스)이 수립되었다.

그러나 1974년 그리스 군사정권의 지원을 받은 그리스계 세력이 쿠데타를 일으켜 사이프러스를 그리스와 병합시키고자 하였다. 이에 터키가 사이프러스를 침공하여 섬의 약 36%를 점령하면서 섬은 둘로 나뉘었다. 남측 지역의 사이프러스 공화국과 터키가 점령한 북측 지역에 북사이프러스 터키공화국(Turkish Republic of Northern Cyprus: 이하 북사이프러스)이 그것이다. 국제법과 국제사회는 사이프러스 공화국이 섬 전체에 대한 유일 주권국으로 간주하고 있지만 북사이프러스 터키공화국 지역은 실효적 지배를 하지 못하고 있다. 남사이프러스는 영연방 회원국으로서 서방국가들과 교류해왔고 1990년대 초부터 유럽연합(EU) 가입을 추진해 2004년 가입했다.[1] 그에 비해 북사이프러스는 터키를 제외하고는 국제사회로부터 외면받고 있고 경제적으로 남사이프러스에 비해 낙후되어 있다.

한반도와 사이프러스의 분단은 냉전 시기 군사적 충돌을 거쳐 이루어졌다는 공통점이 있다. 차이점은 ① 한 민족의 분단 대 두 민족의 분단, ② 이념에 의한 분단 대 민족 간 분단이라는 점에서 나타난다.

이 글은 사이프러스의 분단이 장기화된 과정에서 나타난 주요 양상과 특징을 살펴보고 통일 전망을 쟁점 중심으로 검토한 후, 한반도 평화·통일에 주는 함의를 찾아보고자 한다. 서론에 이어 제2절에서는 사이프러스 분단의 전개과정을 주요 사건을 중심으로 개괄하고 그 성격을 평가해보고, 제3절에서는 남북 사이프러스 사이의 쟁점을 도출해 통일을 위한 해결과제로 논의해보고자 한다. 제4절에서는 이상의 논의 결과

가 한반도에 주는 함의와 시사점을 토의해볼 것이다. 이런 논의를 위해
문헌연구, 비교연구, 현지답사와 같은 연구방법을 채택하였다.

<그림 7-1> 사이프러스 지도

Ⅱ. 사이프러스의 장기분단과 그 성격[2]

1. 갈등을 내재한 독립

제2차 세계대전 이후 국제질서는 미국과 소련 중심의 냉전 체제로
바뀌었고 그 이전 패권국가였던 영국의 지위는 추락했다. 1956년 7월
이집트가 영국이 관할해오던 수에즈운하를 국유화 선언한 것은 영국의
국위 추락을 잘 보여준 사건이었다. 그에 따라 영국은 지중해전략을 수
정해 사이프러스에서의 기지 사용을 조건으로 사이프러스의 독립을 인
정하기로 결정하였다. 그에 따라 1958년 말부터 그리스와 터키가 협상

을 해 취리히협정을 타결하고, 그 직후에는 영국, 그리스, 터키, 그리고 사이프러스 양측 주민 대표들이 취리히협정을 확인하는 런던협정을 체결하였다. 런던협정의 골자는 ① 신생 사이프러스 공화국의 설립, ② 사이프러스의 병합이나 분할은 완전 종식되었고 영국, 그리스, 터키는 사이프러스의 독립, 주권, 헌법을 수호할 권한을 가지며 이상의 사항이 침해받을 경우 3국은 개별 혹은 공동 행동을 취할 수 있는 보장조약(The Treaty of Guarantee) 선포, ③ 영국은 데켈리아, 아크로티리에 군사기지를 건설하고 그리스, 터키, 사이프러스 3국은 3국사령부를 설치해 그리스는 950명, 터키는 650명의 병력 주둔, ④ 사이프러스 공화국 헌법 제정 등이다.

1960년 8월 16일 제정된 헌법에 의거해 사이프러스 공화국이 선포되었다. 그에 따라 그리스정교회 대주교 마카리오스(Makarios) 3세가 대통령으로 취임하였고 곧바로 유엔에 가입하였다. 제정 헌법의 요지는 ① 대통령은 그리스계, 부통령은 터키계에서 선출하고 임기는 각각 5년으로 외교, 국방문제에 관한 의회 결의에 거부권을 갖고, ② 국방, 재무, 외무장관 중 한 명은 반드시 터키계에서 선출하고, ③ 국회의원은 총 50명으로 구성하되, 35명은 그리스계, 15명은 터키계에서 선출되고, ④ 총 2,000명으로 구성되는 군대는 그리스계 60%, 터키계 40%의 비율로 구성하고, ⑤ 양계 주민들 간에 발생할 수 있는 문제 해결을 위해 그리스계 1명, 터키계 1명, 제3국에서 1명으로 구성되는 최고헌법회의를 설치하는 것 등이다. 이것은 사이프러스를 구성하는 두 민족의 구성비를 고려하여 공존공영의 틀을 마련한 것이다.

그렇지만 그리스계는 그리스인들이 사는 지중해 도서를 그리스와 병합(일명 에노시스(Enosis))해 비잔틴제국의 영광을 재현하겠다는 큰 꿈(일명 메갈리 구상(Megali Idea))을 추구하였다. 그 꿈은 그리스로부터 발원하는 정치적 욕망이었고 폭력을 동반할 개연성이 높았다. 마카리오스 대통령 역시 에노시스를 지지했다. 그에 반발하는 터키계는 분리 혹은 자치를 추구하였다. 터키계 주민들은 "분할이 아니면 죽음을" 이라는 구호를 걸고 무력으로 맞섰다. 이렇게 사이프러스의 독립은 갈등이 내재하고 있었는데 정치권이 이를 타협으로 수렴시키지 못해 폭력적 양상을 띠기 시작했다.

2. 연속된 위기

1963년 마카리오스 대통령은 그리스 정권의 비호 하에 '13개조 계획' 이라는 헌법 수정안을 제시했다. 이 계획은 에노시스를 달성하겠다는 의지였는데, 헌법의 일방적 파기와 터키계 공동체의 생존을 위협하는 것이었다. 이에 대해 터키계 공동체와 터키 정부의 반발은 물론 영국도 분쟁을 우려해 헌법 고수를 천명했다. 터키계 주민들이 분리독립을 요구하자 마카리오스 정부는 계획을 단념하기는커녕 무력으로 헌법 수정을 도모한다. 결국 1963년 12월부터 내전이 발생해 터키계 주민 1,000여 명과 그리스계 주민 200여 명이 사망했다. 그리고 2만 명 이상의 터키계 주민들은 그들의 거주지를 떠나 터키군과 유엔군 보호지역으로 이주해야 했고, 부통령 파즐 큐축(Fazil Kücük)을 비롯해 터키계 각료들도 사직을 결정한다.

이 충돌을 중단시키기 위해 유엔 안전보장이사회는 약 7,000명의 평화유지군을 파견했다. 1964년 3월 4일 유엔 안전보장이사회는 결의 186호를 채택하여 유엔 평화유지군 창설과 중재자 선정에 나섰고, 미국도 중재에 나섰다. 그런 가운데 터키가 런던협정 상의 보장조약에 의거해 군사행동을 취하려 하자 미국 존슨 대통령이 터키 수상 이뇌뉴에 압력을 가해 군사행동 계획을 단념시키고, 내전은 중단되었다. 그러나 이는 사태의 봉합에 그칠 뿐 해결과는 거리가 먼 것이었다. 그리스계의 에노시스와 터키계의 자치 요구는 평행선을 유지했다.

1967년 2차 내전이 발생하는데 이번에도 그리스계 무장세력이 터키계 정착촌 지역을 공격하여 터키계 주민들의 안전이 위협에 처해졌다. 터키는 즉각 4개항의 최후통첩을 그리스계가 수용하지 않을 경우 무장행동에 나서겠다고 경고했다. 4개항은 ① 그리스계 사이프러스 국민군의 해체 및 사이프러스에 밀입국한 12,000명의 그리스군의 철수, ② 터키계 정착촌에 대한 행정자치권 부여, ③ 유엔 평화유지군의 증설, ④ 터키계 주민에 대한 보상 등이다. 이번에도 미국이 나섰는데 외교적 압박보다는 설득에 나서 터키의 무력행사는 일어나지 않았고, 대신 터키계 정착촌의 자치 행정이 시작되었다. 이어 문제해결을 위한 양측 공동체 간의 직접 협상이 시작되었다. 이 협상은 1974년 3차 위기 발생까지 지속되었다.

3차 위기는 1, 2차 위기와 다른 국면에서 발생하였다. 1973년 쿠테타로 들어선 그리스 군사정권의 비호를 받는 사이프러스 내의 강경 그리스계 세력이 마카리오스 대통령을 축출하려는 쿠테타 시도에서 출발한다. 이들은 마카리오스 대통령이 그리스 의존정책에서 탈피해 그리스계와 터키계의 갈등을 '조정'하려는 움직임에 반대하였다. 그리스 군사정권과 연계된 사이프러스 내 그리스계 군 장교들은 1974년 7월 15일 쿠테타를 일으켜 친 그리스 인사인 니코스 샘프손이 사이프러스 대통령에 오른다. 이에 터키 정부는 이 쿠테타의 최종 목표가 에노시스에 있다고 보고 터키계 주민 보호를 명분으로, 보장조약을 근거로 7월 20일 3개 여단 병력으로 무력침공을 감행한다. 그리스와 터키, 이 두 나라의 지원을 받는 그리스계와 터키계 민병대들이 얽혀 내전이 재연되었다. 이 내전으로 터키계 주민 800명 이상, 그리스계는 4,500~6,000명이 사망하고, 3,000명 이상이 실종됐다.

터키의 막강한 군사력 앞에서 그리스 정부와 파병된 그리스 군대가 분열하였고, 터키군을 막지 못한 그리스 군사정권은 결국 몰락하였다.

사이프러스에는 마카리오스가 다시 대통령직에 복귀한다. 이어 양측은 두 차례 제네바회담을 가졌지만 터키의 연방제안과 그리스의 반대로 합의에 이르지 못한다. 터키는 8월 16일 두 번째 침공을 감행해 북부지역을 완전 점령해 섬 전체의 35%를 차지했다. 그 영향으로 북부지역에 살던 그리스계 주민 20만 명이 난민이 되었다. 11월 들어 유엔 총회는 117개국의 만장일치로 터키군의 철수를 요구하는 결의안 3212호를 채택했다. 물론 터키측은 그 결의를 수용하지 않았다.

이로써 사이프러스의 분단은 기정사실화되었다. 3차례의 내전 이후 양측의 협상은 여러 차례 진행되었지만 합의에 이르지 못했다. 1983년 들어 남사이프러스측이 문제를 유엔에 상정하자, 터키계는 북사이프러스 터키공화국을 선포한다. 이에 유엔 안보리는 결의 541호를 채택해 북사이프러스를 불법으로 간주한다.

북사이프러스가 터키 정부의 지원 아래 북부지역을 통치하면서 사이프러스의 분단은 냉전이 해체되는 과정에서도 지속되었다. 사이프러스 내 그리스계와 터키계의 갈등은 둘 사이의 대립 외에도 그리스와 터키의 관계 및 양국의 대 사이프러스 정책, 그리고 인근 지역 및 유럽연합과의 관계 등 3차원으로 두텁게 만들어졌다. 1983년 이후 남북 사이프러스는 간헐적인 대화도 있었지만 그런 갈등 요인들로 인해 전쟁 재발 일보 직전까지 가는 상황이 발생할 정도로 대립을 지속해왔다.

3. 대립 속의 공존

이상 세 차례의 남북 사이프러스 간의 충돌 이후 양측은 대화와 대결을 거듭하면서 공존과 통일의 가능성을 시험해갔다.

1996년 완충지대에서 무력충돌이 발생해 수백 명의 사상자가 발생하였다. 1998년에는 그리스군과 터키군이 사이프러스에 전투기를 발진해 일촉즉발의 위기를 겪기도 했다. 또 남북 사이프러스는 상대의 일방적

이익 추구를 좌시하지 않는 대신 자기 주장을 일방적으로 주장하는 태도를 다같이 보여주었다. 가령 2006년 6월, 유럽연합이 그동안 터키가 추구해온 터키의 유럽연합 가입 문제를 논의하자 남사이프러스는 터키가 자국을 인정하고 터키 공항과 항구를 개방하라고 요구했다. 이에 터키 정부는 유럽연합이 북사이프러스에 대한 경제 제재를 우선 해제해야 한다고 하면서 남사이프러스의 주장을 일축했다.

위와 같은 대결 속에서도 남북 사이프러스는 쌍방 간의 대화를 통해, 또는 국제사회의 중재를 통해 통일 협상을 전개해나가기도 하였다. 기본적으로 분단 사이프러스의 미래와 관련해 양측은 연방 대 연합, 터키군 완전 철수 대 단계적 철수로 맞섰다. 그 사이 유럽연합이 2004년 4월 중재에 나서 양측의 유럽연합 동시가입을 조건으로 스위스식 연방제를 제안하였다. 양측이 이에 대한 주민들 의견을 물어보았더니 터키계는 2/3 이상이 찬성한 반면, 그리스계는 2/3가 반대하면서 통일안은 무산되었다. 그럼에도 이 시기는 양측 사이에 대화 분위기가 이어져 긴장이 완화되고 교류협력이 강구되었다. 2003년 4월 23일 양측은 분단선을 30년 만에 개방하고 주민들 간에 상호방문이 시작되었다. 이어 8월에는 양측 사이에 관세동맹조약이 체결되었다. 그런 분위기 속에서 남사이프러스는 2004년 5월 유럽연합에 가입하였다. 북사이프러스로서는 고립 탈피와 경제 발전을 위해 유럽연합의 지원과 협력이 필요했는데 이를 위해서는 먼저 남사이프러스와의 관계개선이 이루어져야 했다. 2003년 4월 분단선 개방 및 상호 왕래구역(일명 완충지대) 개설을 북사이프러스 측이 제안한 것도 그런 맥락이다.

분단선이 개방된 이후 남북 사이프러스는 다방면의 교류를 꾸준히 전개하는 가운데 통일 협상을 벌여나갔다. 정부 차원에서는 양측 대통령과 내각 인사들이 상호 방문하며 관계개선 의지를 밝히고, 그 연장선 상에서 민간 교류를 전개해나갔다. 2015년 6월 9일에는 고향이 같은 남

〈그림 7-2〉 니코시아 완충지대

* 왼편 판넬은 이곳에서 있었던 물리적 충돌을 기억하고 있다. 나용우(2019)

북 사이프러스 대통령이 고향 리마솔(남사이프러스 지역)에서 연극을 함께 관람하는 일도 있었다. 그렇지만 정부 간 교류가 상호 근본적인 불신으로 발전되기 어려워 통일 협상은 발전 일로를 걷지는 못했다.

그에 비해 시민사회 차원에서는 남북 교류협력이 분단선 개방 이후 꾸준하게 전개돼 점점 활발해지고 있다. 2003년 4월 이후 자유왕래가 이루어졌지만 처음에는 불안과 걱정이 있었다. 그러나 1주일, 1개월이 지나서도 충돌이 발생하지 않고 남북 주민들이 왕래를 즐기고 늘려가 하루 왕래 인원이 5천을 넘나든다. 경제 사정의 차이를 반영해 주로 북측 주민들이 남측 지역에 고용되는 경우가 많고 교육, 쇼핑, 여행 등 여러 이유들로 인해 남측으로의 이동이 많다고 한다. 외국인이 북측을 통해 남측으로는 오는 것은 불법이고, 남측을 통해 북측 지역 방문은 가능하고 90일 간 체류할 수 있다.

처음 이렇게 두 사이프러스는 통행은 물론 통관도 자유롭게 되었으나 통신은 불허됐다. 그러나 통신기술의 발달로 통신문제도 사실상 자유롭

〈그림 7-3〉 H4C 관계자들과의 간담회 이후 기념사진(2019.2.18.)

* 나용우(2019)

게 이용할 수 있게 되었다. 남북 사이프러스 간 교류의 법적 기반은 유럽연합인데, 2004년 4월 29일 유럽이사회가 '그린라인 규정(The Green Line Regulation)'을 만들어 사이프러스 남북 간 7개 지점에서 사람, 물자, 서비스 교류를 진행하고 있다. 이 규정은 남북 사이프러스 관계를 특수관계로 인정해 남북 간 교역에 관세를 면제해주고 있다. 2020년 현재 그린라인에는 9개의 검문소를 두고 남북이 왕래하고 있다. 남북 간 교역정책은 민간기구(북사이프러스 상공회의소)를 활용하기 때문에 양측 간 정치적 대립을 우회하는 지혜를 발휘하고 있다. 다만, 전반적인 사이프러스 문제 해결과 통일협상에 가시적인 진전이 없는 상태에서 남사이프러스 정부가 북측 지역의 투자나 개발이 어려운 점이 남북 교역의 한계로 작용하고 있다.

남북 분단선의 개방으로 왕래지역이 하나의 완충지역(buffer zone)이 되고 바로 거기서 상호 이해 프로그램이 진행된다는 사실이 놀라웠다. 필자는 2019년 통일연구원 동료 연구자들과 사이프러스를 방문할 기회가

있었는데, 그때 대표적인 완충지역인 니코시아 내 한 건물을 이용해 남
북 사이프러스 학생과 교사들이 공동의 평화·역사교육을 하고 있는 시
민단체를 방문하였다. 역사대화연구회(Association for Historical Dialogue
and Research)라는 기관이 그것인데, 이 단체도 분단선이 개방된 2003년
에 설립됐다. 이 연구회는 교육개발 프로그램을 열어 남북 사이프러스의
화해를 도모하고 있다. 특히 이 단체는 2011년 Home for Cooperation
(H4C)이라는 부설기관을 설립해 평화교육을 적극 벌이고 있는데, 이 활
동에 독일을 비롯한 유럽연합과 그 회원국들이 재정을 지원해오고 있
다. H4C는 남북 사이프러스 교사와 학생들이 대결의 상처를 치유하고
미래 공동의 역사관을 형성하도록 힘쓰고 있다. 뿐만 아니라 H4C는 양
측에서 이동이 어려운 사람들의 만남의 장소로도 개방하고 있다. 또 이
단체는 그리스어, 터키어, 영어 등 언어 프로그램을 통한 상호이해 증진
에도 힘쓰고 있다.

남북 사이프러스는 2020년 현재 완충지대를 사이에 두고 9개의 검문
소를 열어 상호 교류를 하고 있다. 이들 검문소를 통해 연인원 약 200만
명, 일일 평균 5,000명 이상의 주민들이 왕래하고 있다. 매년 500만 유
로에 달하는 물동량이 양측을 오가고 있다. 지난 10여 년 동안 인적·물
적 교류가 60% 증가하였다. 하지만 불법이민과 밀수 문제와 함께 난민
유입이 증가하면서 출입국 검색이 강화되고 있다. 이는 매일 생계를 위
해 검문소를 넘는 북사이프러스인들을 비롯해 남북 사이프러스인들의
교류에 타격을 줄 수도 있다.[3]

Ⅲ. 남북 사이프러스 통일 협상과 쟁점

1. 통일 협상의 경과

1974년 터키의 사이프러스 침공을 계기로 분단된 남북 사이프러스는

위와 같은 대립과 충돌 속에서도 작게는 긴장완화, 크게는 통일을 목표로 한 대화와 협상에 나섰다. 이 대화의 역사는 크게 보아 2003년을 전후로 두 시기로 나누어 살펴볼 수 있는데, 2003년에 둘의 관계에 분수령이 되는 사건들이 발생했기 때문이다. 그 하나는 유럽의회가 남사이프러스의 유럽연합 가입을 의결(4.9)한 일이다. 이때 유럽의회가 채택한 의정서에는 "사이프러스 정부가 실효적으로 통제를 하지 못하는 지역에 대해서는 EU 법규범(acquis)의 적용을 유보"함을 담고 있다. 그동안 유럽연합은 남사이프러스의 가입 신청을 미뤄두고 남북 사이프러스 사이에 상호 관심사의 전반적인 해결을 기대하며 유엔의 관련 활동을 지지해왔다. 그러다가 2000년대 들어서 사이프러스 문제의 전반적 해결 이전에라도 사이프러스의 유럽연합 가입을 추진하기로 한 것이다. 남사이프러스의 유럽연합 가입은 (북사이프러스와 우호적인) 터키의 유럽연합 가입 유보와 겹쳐 북사이프러스의 대 남사이프러스 및 유럽연합 정책에 변화를 가져왔다. 그것이 바로 북사이프러스의 분단선 개방 선언이다 (4.21). 이에 따라 2003년을 전후로 남북 사이프러스의 대화의 빈도와 성격에 변화를 보였던 것이다.

남북 사이프러스의 대화는 둘 사이의 직접 양자대화와 중재자가 개입하는 다자대화의 형태를 띠었다. 다자대화는 양자대화를 촉진하거나 그것이 불가능할 때 차선의 형태로 진행되었다. 남북 사이프러스 사이의 직접 대화가 협상의 주축인 셈이다. 그러나 다자대화의 형태를 띤 유엔, 유럽연합, 미국, 영국 등 국제사회의 지원과 압박이 회담 개최 및 진전에 적지 않은 기여를 하였다.

1) 대결 시기(1977~ 2002)

터키의 사이프러스 침공 후 열린 첫 남북 사이프러스의 대화는 1977년 그리스계 지도자 마카리오스와 터키계 지도자 덴크타쉬(Rauf Denktash)

간의 정상회담이었다. 사실 이 회담은 1963년 적대 상황 이후 최초의 회동이었다.4) 이 회담에서 두 정상은 통일된 사이프러스는 터키계와 그리스계 두 진영의 공동통치를 기반으로 하는 연방공화국이고, 영토문제는 경제성과 토지 소유권의 맥락에서 논의한다는 등 네 개 항에 합의하였다. 이듬해 11월, 미국, 영국, 캐나다가 발표한 '사이프러스 문제 해결을 위한 기본틀'에도 그런 점들이 반영되었다. 그러나 뒤이은 일련의 정상회담들은 양측 내 정권교체와 합의 사항에 대한 구체적인 입장 차이로 성공적이지 못했다. 1979년 5월 18~19일 열린 그리스계 지도자 키프리아노(Kyprianou)와 터키계 덴크타쉬 간의 정상회담에서도 10개 항의 합의에 이르렀지만 이후 추가 회담은 성사되지 못했다.

남북 사이프러스 양자 회담이 성과를 거두지 못하고 지지부진하자 국제사회가 중재에 나서기 시작했다. 그래서 1980~90년대 사이프러스 문제는 다자회담의 형태를 많이 띠었다. 1984~90년에는 유엔 사무총장 드 쿠엘라(de Cuella), 1992~94년에는 부트로스-갈리(Boutros-Ghali) 사무총장, 1997~98년에는 코피 아난(Kofi Annan) 사무총장이 각각 중재 회담을 이끌며 사이프러스의 평화와 통일을 추구했지만 가시적인 진전이 없었다. 수많은 회의를 거듭했지만 통일국가의 권력배분, 영토, 안전보장, 이주 등 폭넓은 이슈에 걸쳐 양측의 입장 차이는 좁혀지지 않았다. 다만 통일국가가 두 지역, 두 공동체(bi-communal and bi-zonal)가 대등하게 참여하는 공동통치 원칙 하의 연방국가라는 방향에 대한 합의가 재확인되었을 따름이다.

그런 과정에서 유엔과 유럽연합이 협조하면서 남북 사이프러스가 자신들의 문제를 외면하거나 대결하지 않고 대화를 계속 할 수 있도록 안내자 혹은 촉진자 역할을 한 점을 꼽지 않을 수 없다. 여기에 미국도 동참하였다. 그 과정에서 아난 사무총장의 인내력과 중재력이 빛났고, 그 결과 2001년 12월 4일 남북 사이프러스 간의 양자회담이 재개되었다.

2002년 들어 양측 지도자들은 정기적인 만남을 가지기 시작했고 유럽연합측이 제안한 통일안에 의견을 내거나 반발하는 식으로 회담이 이어졌다. 또 유엔 안보리 회원국들도 남북 사이프러스에 상호 합의하는 보고서를 제출할 것을 권고하는 경우도 있었다. 5월 들어 양측은 비공식 문서를 제출해 몇 가지 점들에 대해 합의점들5)을 도출하였지만 그에 대한 양측 내부의 승인을 얻지 못해 최종적인 합의에는 도달하지 못했다.

이와 같이 유럽연합은 집행위원회, 유럽이사회 등을 동원해 사이프러스 문제들의 전반적 해결 속에서 사이프러스와 터키의 가입을 추진했지만, 결국 그 둘의 동시 병행은 불가능하다는 것이 드러났다. 그런데 2002년 말, 사이프러스를 포함해 그동안 논의해온 몇 개 나라들의 유럽연합 가입을 결정해야 하는 시한이 다가오고 있었다. 그런 상태에서 사이프러스 문제의 국제적 중재의 키는 유럽연합에서 유엔으로 더욱 기울어져 갔다. 소위 '아난 계획(Annan Plan)'이 부각되는 것이 이때였다.

2) 공존 시기(2003~　)

아난 유엔 사무총장은 전임자들보다 사이프러스 문제 해결에 더 적극 나섰다. 남북 사이프러스 회담을 위한 중재 및 촉진 역할은 물론 문제 해결을 위한 연구 및 대안 제시에도 나섰다. 그리고 그런 과정을 한두 차례가 아니라 체계적이고 지속적으로 전개했다는 점에서도 평가할 만하다. 아난 총장은 2002년 10월 초 뉴욕에서 남북 사이프러스 정상과 회담을 가졌고, 11월에는 "사이프러스 문제의 포괄적 해결에 관한 합의를 위한 기초"라는 제목의 문서(소위 아난 계획 Ⅰ)를 양 정상에게 전달하고 이를 토대로 협상에 응할 의사가 있는지를 1주일 내로 통보해줄 것을 요청했다. 그는 또 그 문서의 주요 부분인 창설 협정이 완성되면 3월 30일 양측에 전달해 국민투표에 부치도록 하는 복안도 제시했다. 아난 계획 Ⅰ에 대해 남사이프러스가 기술적인 문제에 관해 의견을 내자 아난 총장은 12월 10일 그것을 반영해 수정 계획(소위 아난 계획 Ⅱ)을 작성했다. 12월 13일 이 안을 갖고 아난 총장과 남북 사이프러스 정상은 회담을 하는데, 장소가 마침 유럽이사회가 열리는 코펜하겐이었다. 유럽연합 가입을 기대하고 있던 터키의 입장과 달리 유럽위원회가 그 문제를 다음으로 연기하기로 했는데, 이것이 아난 계획 Ⅱ에 대한 북사이프러스의 입장에 부정적인 영향을 미쳤을 것이다. 유럽연합은 북사이프러스의 경제발전과 사이프러스 통일을 위해 협력할 의사를 재확인하였다. 남북 사이프러스 정상들은 회담을 이어가기로 하였다.

2003년 1월 들어 남북 사이프러스 정상회담이 재개되는 가운데 아난 총장은 2월 26일 이전과 다른 아난 계획 Ⅲ을 내놓았다. 이전 아난 총장의 제안은 분쟁의 포괄적 해결에 초점을 두었는데, 계획 Ⅲ에는 남북 지도자가 창설협정을 국민투표에 부쳐야 한다는 내용이 핵심이었다. 또 계획 Ⅲ은 국민투표에서 반대표가 나오더라도 남사이프러스의 EU 가입은 철회할 수 없다는 점을 분명히 하였다. 아난 총장과 남북 사이프러스 정상들은 3월 11일 회담을 갖고 아난 총장의 수정안을 19시간 논의했지만, 북사이프러스측의 국민투표 실시 거부로 합의에 이르지 못했다.

2003년 4월 9일 유럽의회에서 남사이프러스의 EU 가입 의결, 4월 21일 북사이프러스의 분단선 개방으로 새로운 국면이 조성되었다. 12월 14일 북사이프러스 총선거에서 덴크타쉬(Serdar Denktash, 전임 Rauf Denktash의 아들)가 이끄는 연합정부가 집권하게 되었는데 전임 정부때보다 아난의 통일안에 긍정적인 입장이었다. 이어 2004년 2월 유엔 사무총장, 남북 사이프러스 정상 간 뉴욕 3자회담에 이어 2월 19~3월 22일 남북 사이프러스 정상회담이 열렸다. 두 정상은 아난 계획 이행을 검토하고 지도자회의, 법률위원회, 국제조약위원회, 경제위원회를 설치해 논의해나가기로 합의했다. 이는 매우 큰 진전이었다. 3월 25일부터 열린 3자회담에서 아난 총장은 남북 사이프러스의 의견을 절충한 안(아난 계획 Ⅳ)을 발표했다. 이에 대한 북사이프러스의 입장을 반영해 다시 수정안(아난 계획 V)[6]을 냈다. 이 계획은 남북 사이프러스의 통일방안을 창설협정으로 구체화 하고 있는데, 주요 내용으로 통일헌법과 연방법률, 연방정부와 구성주 간의 협력협정, 사이프러스 연방공화국에 영향을 미치는 국제조약 목록, 영토 합의, 재산 처리, 화해위원회, 임시 대법원과 임시 중앙은행 등 연방공화국 설립과 관련 법률 제정 등이다. 아난 계획 V를 갖고 남북 사이프러스에서 국민투표를 4월 24일 동시에 실시했다. 실시 결과 북사이프러스에서는 64.9%가 찬성한 반면, 남사이프러스에서는 75.8%가 반대였다. 안보 및 재산권 문제에 있어 남사이프러스의 우려가 크게 작용했던 것이다.

아난 총장의 통일 해결 노력이 실패한 것 같지만, 이후에도 그가 추진한 포괄적 문제 해결 방안과 유엔－남·북 사이프러스 3자회담 틀은 지속되었다. 2006년 7월 8일에는 감바리(Ibrahim Gambari) 유엔 사무차장이 중재에 나서 남북 사이프러스 지도자간 회담이 개최돼 사이프러스 통일 5원칙 및 3개 이행 과제에 합의하였다.[7] 2008년 2월 적극적인 통일 노력을 공약한 크리스토피아스(Christofias)가 아난 안에 부정적이던 파파도폴로스(Papadopoulos)를 물리치고 남사이프러스 대통령에 당선됨으로써 통일 협상에 적극적이던 북사이프러스 탈랏(Talat) 대통령과 파트너가 되어 협상이 활기를 띠기 시작했다. 3월에 열린 남북 사이프러스 지도자회담에서 양측은 7개의 실무반(Working Groups)과 9개 기술위원회 구성에 합의했는데,[8] 이는 이후 지속적인 통일 협상과 상호 신뢰 구축을 위한 기반을 닦은 것이다. 또 5월 23일에도 남북 회담이 열려 두 정상 간에 공동선언문을 채택했는데, 거기에는 "단일하고 정치적으로 동등한 2지역 2공동체 연방"에 기초한 통일 해법을 제시하고 후속 정상회담과 실무급회담을 개최해 신뢰구축 방안과 분계선 추가 개방을 다루기로 하였다. 이런 합의와 공감대를 바탕으로 5년여 동안 구체적인 합의와 실천을 전개해갔다. 2008년 들어서부터 양측은 기존의 실무반과 기술위원회 활동을 평가하고 정례적인 정상회담에 기초해 6개 의제9)를 협상하되, 완전 타결될 때까지 계속 협상해 그 결과를 국민투표에 상정하는 방향성을 갖고 지속적인 회담에 들어갔다.

이로써 남북 사이프러스는 정상회담을 비롯한 여러 당국간 회담을 계속 열어 통일 방안을 협상하는 한편, 양측 사이에 가능한 신뢰구축 및 교류협력을 전개하고 있다. 그 결과 남북 사이프러스는 사회, 경제 분야에서는 민간 차원의 다양한 활동이 제도적 뒷받침을 받으며 활발하게 진행되고 있다. 그러나 정치군사 분야를 중심으로 한 통일 협상에서는 핵심 쟁점이 살아있어 남북 사이의 입장 차이를 줄이기 힘든 것도 사실이다.

2. 통일 협상의 쟁점

남북 사이프러스가 협상을 하면서 통일에 원칙적인 합의를 하였지만 구체적인 실행방안에 합의하지 못한 데에는 적지 않는 시간 동안 쌓인 상호 불신과 함께 이해를 달리하는 쟁점들이 가로 놓여있기 때문이다. 남북 간 우선적인 관심사도 큰 차이가 있다. 남사이프러스는 안보 위협을, 북사이프러스는 경제 개선이 일차적 관심사이다.10) 아래서는 그중 주요 쟁점을 살펴보고자 한다.11)

1) 통일국가 형태

통일국가의 형태 문제는 통일협상 과정에서 남북 간에 입장 차이가 가장 큰 핵심 쟁점 사항으로 향후 전개될 협상 과정에서도 주요 변수로 작용할 것이다. 그리스계 측은 연방제 통일국가 방안에 찬성하면서도 기본적으로 하나의 시민권이 인정되고 하나의 주권을 갖는 통일국가로서 국제사회에서 단일 국가, 곧 기존 사이프러스 공화국을 주장해왔다.

그에 비해 터키계는 국제적으로는 통일국가가 단일 법인격을 가지되, 사이프러스에서 두 개의 주권국가가 존재한다는 점을 인정하여 그 주권은 각 구성국가가 독립적으로 가지는 것을 선호해왔다. 양측은 통일국가를 양 지역의 두 정치체의 동등한 참여에 의한 연방국가로 상정하는데는 공감하지만, 연방국가와 두 구성 국가의 상대적 권력관계를 둘러싸고 입장 차이를 좁히지 못하고 있는 것이다.

또 연방 대통령의 권한에 대해서도 남사이프러스는 국민투표를 통한 선출에 의한 순환직 대통령직(5년 임기 중 3년은 그리스계인, 2년은 터키계인)을 주장하고, 북사이프러스는 의회 선출에 의한 대통령 평의회와 같은 집단지도체제를 선호하고 있다.

남북 양측은 의회를 양원제로 구성하는데 몇 차례 합의했지만 그 구성과 권한에 있어서 이견을 좁히지 못하고 있다. 남사이프러스는 인구 비율을 고려해 양원 모두 7 : 3, 북사이프러스는 상호 동등성을 이유로 5 : 5로 구성할 것을 주장해왔다. 또 의회 권한에 있어서도 남사이프러스는 분열 방지를 명목으로 중앙집권형 의회를, 북사이프러스는 구성 정부의 자율성을 명목으로 제한된 권한을 부여해야 한다고 보고 있다.

남북 사이프러스가 통일국가를 연방국가로 하는데 공감하는 것은 장기분단의 폐해와 단일체제국가의 일방성에 대한 우려를 공유하기 때문이다. 그러나 그 구체적인 국가 형태, 특히 권력배분을 둘러싼 갈등은 쉽게 조정되기 어렵다. 왜냐하면 남북 사이프러스의 분단 극복은 서로를 동등하게 보며 공존공영할 관계로 볼 것인지, 아니면 역학관계를 반영한 권력게임으로 볼 것인지에 따라 그 방향이 달라지기 때문이다. 남북 사이프러스의 '비대칭적인 분단' 상태는 상호 불신은 물론 경제발전 수준과 영토 점유의 차이에 기인한다.

2) 영토 및 안전보장 문제

분단된 사이프러스에서 영토문제는 통일과 관련짓지 않아도 양측 사이에 대단히 민감한 문제이다. 1974년 터키 침공 이후 북사이프러스가 섬 면적 36%를 관할하고 있는데, 남사이프러스는 이를 근본적으로 부정하고 대신 인구 비례에 따른 관할지 조정을 주장하고 있다. 북사이프러스는 가령 2009년 회담에서 달랏 대통령이 관할지 비율을 현행 36%에서 2004년 아난 계획에서 제시된 29%까지 조정 가능하다는 입장을 보였으나 터키측의 반대를 샀다. 영토와 관련된 이해구도가 남북 사이프러스로 수렴되지 않은 양상이다.

안전보장과 관련해서는 1960년 독립 당시 관련 조약이 논쟁 지점이다. 북사이프러스는 1960년 독립 당시 보장조약과 동맹조약에 근거해 통일 이후에도 터키의 개입 권한을 유지해야 한다는 입장인 반면, 남사이프러스는 통일 사이프러스에의 외세 개입 불가 입장을 취하고 있다. 또 1974년 전쟁 이후 북부지역에 주둔하고 있는 터키군에 대해서 양측은 철수에 공감하지만 북사이프러스는 안보 상황을 보아가며 단계적 철수를, 남사이프러스는 즉각 철수를 주장하고 있다. 영토 및 안전보장 문제는 국가의 존립 및 권위와 직결되는 문제이므로 통일국가의 권력형태만큼 더 근본적인 대립을 나타내는 분야이다.

안전보장과 관련해 아난 계획은 무장해제, 외국군대의 철수 및 유엔평화유지군의 활동 보장을 제안하고 있다. 다만 남북 양측의 영토 조정에 따른 해당 지역의 관리권 이전을 전제하고 있다. 즉 영토 조정이 된 지역에서는 유엔평화유지군을 제외하고는 어떤 군대나 무기도 배치할 수 없도록 규정하였다. 평화주의에 입각한 이 접근은 이상적이나, 통일국가의 권력배분과 그 이전 북사이프러스에 주둔하고 있는 4만여 명의 터키 군대의 철수문제를 해결하지 못하는 한 실현 불가능해 보인다.

3) 인권 · 인도문제

인권·인도문제에는 재산권, 문화재 보상 및 반환, 소수자 보호 등의 문제들이 포함된다.

먼저 재산권 문제이다. 그리스계 측은 1974년 터키의 군사개입으로 인하여 재산권을 상실하고 강제 이주당한 주민들에게 원래의 재산을 반환받을 수 있는 권리를 인정해줄 것을 주장했다. 그에 반해 터키계 측은 원칙적으로 현재의 재산권 상태를 그대로 인정해야 한다고 주장하였다. 이런 입장 대립 속에서 1989년 남사이프러스 주민 로이지도 (Tatinna Loizidou) 여사가 EU에 제소해 북사이프러스에 있는 재산 소유권을 1998년에 인정받은 사례가 나오기도 했다. 2009년 수차례 열린 남북 정상회담에서도 이 문제가 다뤄졌는데, 당시 남사이프러스측은 원소유자의 의사가 우선시 되어야 하고 재산환수가 물리적으로 불가능할 경우에는 배상을 강구해야 한다는 입장이었다. 반면에 북사이프러스측은 원 소유자와 현 점유자 간의 의견충돌시 재산권위원회를 통해 해결을 모색해야 한다는 입장을 나타냈다.

다음으로 실종자문제이다. 1964년 그리스계 주민과 터키계 주민들의 유혈충돌, 1974년 터키의 군사개입 등으로 수많은 민간인들이 희생되었으며, 현재까지 정확한 사망자나 실종자의 숫자가 규명되지 않은 상태이다. 남사이프러스는 1974년 터키의 침공으로 사이프러스 주민의 1/4에 해당하는 약 20만 명의 그리스계 주민들이 사망·실종되었다고 주장하고 있으며 이들에 대한 보상과 원 거주지 귀환을 요구하고 있다. 그러나 터키계는 1964년 분쟁에서 발생한 많은 실종자들과 강제이주자들의 진상규명과 피해 보상을 주장하고 있다. 이런 입장 차이에도 불구하고 남북 양측은 2006년, 1974년 전쟁 당시 발생한 실종자를 찾는 기구(Committee on Missing Persons)를 UN과 함께 구성했다. 이를 통해

2,001명으로 파악된 실종자 중 1천여 명을 찾아 DNA 감식을 거쳐 그 중 절반이 가족 확인을 했다. 이 실종자 찾기작업에는 실종 이유를 묻지 않기로 했는데 이는 남북 양측의 화해와 실종자 찾기작업의 효과성 증대에 유용하다. 실종자 문제와 별개로 1974년 사태 이후 북사이프러스 지역에는 터키에서 이주해온 주민들이 16만 명으로 파악되고 있는데, 이들은 그 지역에서 강제이주 당한 그리스계 주민들의 재산권 및 귀환 문제와 동전의 양면을 구성한다. 남사이프러스는 터키 이주민들 중 5만 명 범위 내에서 북사이프러스 잔류 허용 및 통일 사이프러스 국적 부여가 가능하다는 입장이다. 그러나 북사이프러스측은 모든 터키 이주민의 수용과 국적 부여를 주장하고 있어 통일 협상의 쟁점으로 남아있다.

문화재 훼손 보상 및 반환 문제도 쟁점 중 하나이다. 1974년 분쟁으로 인해 북부지역에서 수많은 문화재들이 파괴된 것으로 알려지고 있다. 특히 종교 문화재의 피해가 심각하다. 1974년 터키의 침공으로 북부지역에 있던 기독교 교회 등 종교시설 및 예술품이 파괴됨은 물론 도굴, 불법밀매가 이루어진 것으로 알려져있다. 한편, 북사이프러스도 그리스계 주민들에 의해 사이프러스 전역에 걸쳐 이슬람 문화재 및 건축물이 파괴되었다고 주장하고 있다. 이런 문화재 중 일부는 유럽연합 등 서방 국가들에게 유입된 것으로도 알려지고 있는데 그에 따라 EU는 문화재 복원과 반환작업을 지원하고 있다. 그러나 문화재 복원 및 반환 노력에 있어 남북의 입장은 물론 책임에서도 차이가 있다.[12]

소수자 보호 문제도 관심사이다. 북사이프러스에 거주하고 있는 그리스계 주민들, 그 반대로 남사이프러스에 거주하는 터키계 주민들의 인권보호, 그리고 사이프러스에 거주하고 있는 마론파교도 등 소수민족의 인권, 특히 문화적·종교적 권리 보호도 잠재적인 쟁점이 되고 있다.

이상 여러 가지 쟁점들이 사이프러스 통일을 위해 해결할 문제들이다. 실제 이들 쟁점들이 남북 사이프러스 간 협상에서 많이 논의되었다. 이중 재산권, 실종자, 문화재 보존, 소수민족 보호 등의 문제는 통일국가 형태와 영토 및 안전보장문제보다는 덜 민감하다고 할 수 있다. 그럼에도 이들 인권 및 인도주의 문제는 남북 사이프러스 정치세력들의 정치·안보적 타협을 제약할 수도 있는 잠재력을 갖고 있다. 그리고 남북 사이프러스 배후에 있는 그리스와 터키의 영향력, 그리고 유럽연합과 유엔 등 국제사회의 중재력도 통일 협상의 변수로 작용할 것이다.

Ⅳ. 한반도와 사이프러스의 통일 전망

2020년은 사이프러스 독립 60주년이다. 그러나 독립 직후부터 두 민족 사이에 폭력적 갈등이 전개되어 1974년에는 터키의 개입으로 큰 인명 피해를 내고 분단이 시작되었다. 한반도 상황과 유사하게 분단선이 생겼고 외국군이 남북에 진주했다. 2003년까지 상호 왕래는 없었고 정치적 차원에서의 대화가 간헐적으로 있었지만 관계개선이나 교류협력으로 이어지지는 못했다.

남북 사이프러스의 관계 변화는 둘 사이의 경제적 격차와 국제사회, 특히 유럽연합과의 관계 변화에 따라 일어났다. 2003년 남사이프러스의 유럽연합 가입 결정에 따른 북사이프러스의 분단선 개방이 계기가 되었다. 이후 경제·사회 분야에서 민간의 교류협력이 활발하게 전개되어 갔다. 분단선이 가로지르는 도시 니코시아 일대는 상업, 문화, 역사 등에서 공동 발전을 위한 노력이 일어나 남북 교류의 상징이 되었고 남북 사이의 교류지대도 9개로 늘어났다. 남북 사이프러스 당국 간의 신뢰구축 및 통일을 위한 협상도 이어졌다. 유엔과 유럽연합의 중재 역할이 컸고 그 과정에서 남북 사이프러스 정상회담이 수차례 열려 두 정부의 동등한 참여에 의한 연방 통일국가 및 양원제 구성에 합의했다. 그러나 두 세력의 정치군사적 이해관계와 통일국가의 운영에 대한 입장 차이로 20년에 걸친 통일 협상의 시간만큼 커다란 진전을 보이지 않고 있는 것이 현실이다.

한편, 남북 사이프러스 내에서는 그리스와 터키로부터의 의존에서 벗어나 사이프러스인으로서의 정체성을 거론하며 평화공존을 주장하는 여론이 일어나고 있는 점은 주목할 만하다. 그런 현상은 지지부진한 통일 협상에 대한 피로감이 증대하는 대신 기성 정치권과 달리 젊은 세대에서 실용적인 생활관이 부상한 데에 배경을 두고 있다. 그런 여론은 아직 기존의 경쟁적인 통일관을 압도하지는 못하지만 그리스, 터키로부터의 영향권에서 벗어나 사이프러스인으로서 미래를 독자적으로 개척하자는 의식이 반영되어 있다. 그런 생각을 가진 사람들은 "We-Cypriot" 의식을 갖고 있다고 평가되고 있다.[13] 이는 지난 10여 년 사이 한반도에서 통일 지지 여론이 줄어들고 평화공존의 남북관계를 선호하는 여론이 일어나는 현상과 유사해 보인다.

사이프러스는 냉전 시기 전쟁으로 분단되었다는 점에서, 그리고 그 분단이 장기화 되고 있다는 점에서 한반도 분단과 유사하다. 몇 차례 전쟁을 치른 사이프러스는 사망자는 물론 강제이주자와 실종자가 발생하고 재산 및 문화재 손실도 많았다. 전쟁 후유증 외에도 인구, 국제사회와의 관계, 경제 등 여러 측면에서 양측의 불균등한 조건이 나타나고 있고, 그로 인해 불신이 지속되고 있다.

동시에 사이프러스는 한반도와 차이도 많이 보이고 있다. 먼저, 1990년대 들어선 이후에는 국제사회의 중재를 받아들여 통일 협상을 벌여 세부적인 통일안까지 협의해오고 있다. 연방제 통일방안까지 거론될 정도로 통일 협상이 발전해온 점은 한반도와 크게 다른 면이다. 또 둘은 전쟁과 분단의 배경이 이념과 민족으로 각각 다르다.

남북 사이프러스의 통일 협상은 2003년 4월 분단선 개방 및 완충지대 개설을 계기로 본격 진행되어 갔다. 이는 냉전 해체 이후 20년 가까이 지난 시점으로 국제질서의 변화보다는 분단 당사자들의 의지와 노력이 관계 변화의 일차 요인임을 말해준다. 남북한 관계의 경우에도 1980년대 후반~1990년대 초반 일련의 고위급회담이 열렸는데 이는 냉전 해체 시기와 겹친다. 이는 남북한 관계가 남북 사이프러스보다 국제질서 변화에 더 민감하게 반응함을 의미한다.

남북 사이프러스가 통일 협상에 나서는 이유는 정략적인 이유 외에도 뚜렷한 실용적인 이유가 존재한다. 북사이프러스의 경우 국제적 고립과 경제 발전 욕구, 남사이프러스는 (유럽연합 가입에도 불구하고) 통일을 통한 삶의 질 향상과 안보위협 해소의 필요성이 작용하고 있다. 한편, 통일 협상이 지속되고 국제사회의 중재가 적극 이루어지고 있지만 합의에 이르지 못하는 것은 정치적 요인, 특히 통일국가의 권력 배분에 있다. 이는 정치적 통일 이전 경제적, 사회문화적 교류로 점진적 통일을 추진할 필요성을 불러일으키고 있다. 사실 남북 사이프러스는 경제교류, 문화재 보존 및 반환, 관광협력 등으로 신뢰와 협력을 증진해나가고 있다. 이점은 장기분단이라는 동일한 조건에서 남북한이 배울 부분이다. 특히, 동서 180km에 이르는 완충구역 일대에서 전개되고 있는 접경지역 협력사업과 자유왕래는 남북한도 통일 이전에(혹은 통일 준비를 위해서) 추진할 수 있는 공존공영의 모범 사례로 다가온다. DMZ 평화지대화와 남북 접경지역 교류협력이 중요하고 가능한 이유를 발견하게 된다. 물론 한반도는 비핵화와 북미관계가 큰 변수로 작용하고 있는 점이 사이프러스와 크게 다른 환경이다.

마지막으로 남북 사이프러스 정상들이 원칙적으로 합의한 연방제 통일방안도 한반도에 적용할 만하다. 자기 체제를 유지하며 통합의 시너지 효과를 공유할 수 있기 때문이다. 2000년 6.15 공동선언에서 남북 정상은 남한의 연합제와 북한의 낮은 단계의 연방제안의 공통점 위에서 통일을 지향해나가기로 하였다. 그러나 남북의 깊은 불신과 남한 내 연방제 통일에 대한 부정적 인식 등으로 그 현실성은 낙관하기 어렵다. 그보다 우선은 상호 체제 인정과 긴장완화를 전제로 안정적이고 지속적인 교류협력이 사이프러스로부터 얻을 교훈이다. 통일은 그 기반 위에서, 또 그 최종적인 단계에서 실현가능할 것이다.

국제전 이후 평화구축

인도-파키스탄: 카슈미르 분할과 장기분쟁

조원득

Ⅰ. 서론

인도와 파키스탄은 영국의 식민지 지배로부터 분리독립할 당시 양국 국경지역인 카슈미르(Kashmir)에 대한 영유권을 놓고 수십 년 동안 크고 작은 군사적 충돌과 유혈 사태를 벌여 왔다. 70년 이상 벌어온 양국 분쟁은 간간이 분쟁해결을 위한 노력을 통해 몇 번의 평화협정 체결로 이어지기도 하였다. 하지만 그런 노력들은 지속가능한 평화구축으로 이어지기는커녕 장기분쟁(protracted conflict)이라는 결과를 낳고 말았다. 인도와 파키스탄은 왜 이러한 지난한 갈등의 늪에서 헤어나지 못하는 것일까? 본 연구는 국제사회의 분쟁 중 여전히 해결의 기미가 보이지 않는 인도-파키스탄 분쟁 사례를 분석하여 한반도 평화구축에 대한 정책적 시사점을 도출하고자 한다.

2019년은 카슈미르의 카길(Kargil)에서 인도와 파키스탄 전쟁이 벌어진 지 20년이 되는 해이다. 2019년 2월 국제사회는 카슈미르 지역에서 제2의 카길 전쟁이 발발할 가능성에 대해 우려하였다. 다행히 양국의 군사적 충돌은 점차 소강상태에 접어들어 남아시아의 두 핵보유국이 재래식 전면전까지 가지는 않았다. 2019년 발생한 카슈미르 분쟁은 마수드 아즈하르(Massod Azhar)가 수장으로 있는 파키스탄 내 무장단체인 자이시-에-무하마드(Jaish-e-Muhammad, JeM)에 의해 감행된 자살 폭탄 테러에 의해 촉발되었다. 이 테러로 인해 40명 이상의 인도 민병대 병사들이 사망하였다. 인도는 파키스탄 정부가 파키스탄 내에서 공공연히 활동하고 있는 테러조직을 지원하고 있다고 비난하였다. 인도 정부는 2월 26일에 즉각적으로 파키스탄 통제 카슈미르 지역 내 자이시-에-무하마드 근거지를 공습하였다. 파키스탄은 인도 공습에 대한 보복으로 2월 28일 인도 전투기를 두 대를 격추했다고 주장하였다. 이로 인해 인도 조종사가 파키스탄군에 의해 체포되었으나, 파키스탄 정부가 인도 조종사를 석방하여 인도-파키스탄 갈등은 소강 국면에 접어들었다.

하지만 이후 인도와 파키스탄 양국 관계는 더욱 냉각되어 무역관계도 중단되고 기존에 운행 중이던 열차인 "우호관계 급행열차(Friendship Express)"마저 멈춰 서고 말았다. 나렌드라 모디(Narendra Modi) 인도 총리가 이끄는 인도국민당(BJP)이 주도하는 인도 정부는 다수인 힌두교도에게 우호적인 정책을 추진하는 반면, 인도 내 유일한 무슬림 다수의 카슈미르 지역에 부여했던 특별지위(special status)를 박탈하는 조치를 내렸다. 인도 하원(Lok Sabha)과 상원(Rajya Sabha)은 시민권법 개정안(Citizenship Amendment Act, CAA)을 통과시켜 인도 이웃국가인 방글라데시, 파키스탄과 아프가니스탄 출신 불법이민자들에게 시민권을 부여할 수 있도록 하였다. 그렇지만 여기에 무슬림 불법이민자들은 제외되었다.

왜 인도와 파키스탄은 평화협정 체결 등 수 차례의 화해 노력에도 불구하고 지속가능한 평화를 이루지 못하고 군사적 충돌을 지속하는가? 이 글은 식민지 지배라는 역사적 유산을 공유하고 국경을 맞대고 있는 인도와 파키스탄이 지속가능하고 항구적 평화를 이루지 못하는 원인을 분석함으로써 장기분쟁의 대표 사례 중 하나를 소개하고자 한다. 이 글은 먼저 인도-파키스탄 분쟁의 역사적 배경을 설명하고 최근 분쟁 진행 상황에 대해 논의한다. 그 다음 인도와 파키스탄이 여러 번의 평화구축 노력에도 불구하고 왜 반복적으로 분쟁상황에 놓이는지를 분석하고자 한다. 이후 인도-파키스탄 관계를 단기적, 중장기적으로 전망하고 마지막으로 한반도 평화구축에 주는 정책적 함의를 살펴볼 것이다.

Ⅱ. 인-파 분쟁의 배경과 지속

1. 분쟁의 배경

과거 8세기 무렵 이슬람 세력의 인도 진출로 이슬람 문화가 인도아대륙에 전파되었다. 이후 영국이 인도아대륙에 식민지 진출을 시작하고 1947년 인도아대륙이 두 국가로 분할 독립될 때까지 약 200년 동안 인도아대륙은 영국의 식민지였다. 1757년 영국 동인도회사가 벵골에서 우월권을 확보하면서 영국의 간접 지배가 시작되었다. 영국 동인도회사의 지배는 가혹한 세금 징수 등으로 인도 경제를 거의 파탄의 지경에 이르게 하였으며 더군다나 1769년~1773년 대기근으로 인해 1천만 명에 이르는 벵골인들이 사망하였다. 영국 동인도회사의 경제적 수탈과 극심한 기근은 1857년 세포이(sepoy) 반란으로 이어졌다. 이를 발단으로 동인도회사의 대인도아대륙 지배는 끝이 나고 영국 정부가 직접 통치하기 시작하였다. 1858년 영국은 의회법(Act of Parliament)을 통해 동인도회사로부터 인도 통치권을 회수하였다. 1861년에는 인도의회법(Indian Councils Act)을 통과시켜 마드라스(Madras)와 봄베이(Bombay)에 입법부를 설치하였고 이를 전국적으로 확대하였다. 또한 세금 증액을 위해 지방대표들을 정부에 편입시킴에 따라 인도의 약 5분의 2가 560여 개의 크고 작은 토호국에 의해 지배되었다.

영국 식민지 지배 기간 중, 여러 차례 저항운동이 일어났지만 본격적인 독립운동의 중심에는 힌두 민족주의 세력과 이슬람 민족주의 세력이 있었다. 이들은 인도의 자치권 확보와 이후 독립이라는 목표를 위해 어느 정도 협력을 하였으나 그 협력은 공고한 것이 아니었으며 지속가능하지도 못하였다. 힌두세력과 무슬림세력 간의 적대감은 약 8세기 동안의 역사를 가지고 있다. 1192년 아프가니스탄의 무하마드 고리(Muhammad Ghori)가 힌두 황제 프리스비 라지(Prithvi Raj)의 라즈풋(Rajput) 군대를 격퇴하고 델리 술탄 제국(Delhi Sultanate)을 건설하였다. 델리 술탄 제국은 1526년 카불(Kabul)의 지배자 자히루딘 무하마드 바부(Zahiruddin Muhammad Babur)에 항복하여 무굴 왕국(Mughal dynasty)이 건설되었다. 이후 16세기 초부터 19세기 중반까지 인도아대륙 대부분을 지배하였다. 무굴 왕국은 초기와 전성기에 걸쳐 중앙집권적 체제를 갖추고 비이슬람, 특히 힌두교도에 포용정책을 펴기도 하였다. 19세기 초 인도 인구의 4분의 1이 무슬림이었는데, 이들 중 많은 수가 이슬람교로 전향한 힌두 카스트 제도 밖에 있거나 카스트의 하층 계급에 속한 사람들이었다.[1] 주로 도시에서는 힌두교도와 무슬림교도들이 자발적으로 분리된 주거지역에서 살았다. 두 종교 공동체 사이 사회적 교류는 극히 미미하였고 당연히 상대 공동체 일원과의 결혼은 있을 수가 없었다.

영국 식민 지배 동안 소수 백인 지배 세력과 식민 지배에 예속된 다수의 인도인들 사이 인종차별 증가는 지방 세력들 사이 외국 식민지배자들에 대한 분개를 확산시켰다. 이러한 분노는 특히 1885년 뭄바이에서 설립된 힌두인 다수인 인도국민회의(Indian National Congress)를 지배하게 되었다. 이들은 정부가 보다 확대되어야 하고 그 안에서 사람들이 적절하고 정당성 있는 몫을 가져야 한다고 주장하였다. 하지만, 무슬림 엘리트들은 이러한 요구를 달가워하지 않았고 정치사회적으로 그들에게 급속도록 불리해지는 상황을 수용하기를 거부하였다. 반대로 카스트의 상층계급 힌두교인들은 과거 무슬림 지배 때부터 변화하는 현실에 잘 적응하여 7세기 동안 무슬림 왕국의 궁중언어(court language)인 페르시아어를 익혔다. 이후 영국 식민 지배가 시작되자 영어를 완전 정복하여 영어 교육받은 도시 중산층을 배출하기 시작하였다. 반면, 무슬림은 문맹의 농부들과 기득권을 가진 귀족 지주들로 극단적으로 분리되었다.

무슬림 귀족들 중 소수가 새로운 환경에 적응하였다. 그중 세이드 아메드 칸 경(Sir Syed Ahmed Khan)이 알 리가(Aligarh) 운동을 주도해 1875년 무하마단 앵글로−오리엔탈 대학(Muhammadan Anglo−Oriental College)을 설립하며 근대화 운동에 앞장섰다. 여기서부터 인도 무슬림 내에서 제기된 두 국가 이론(Two Nation Theory)이 시작되었다. 이것은 양 진영 간 갈등과 긴장을 초래하였고 급기야 폭력 사태로 비화되었다. 첫 번째 민중 폭동은 1854년에 구자라트 북부(North Gujarat) 마을에서 발생하였고 이후 1893년 봄베이에서도 일어났다. 세이드 아메드 칸 경은 1906년 12월 무슬림의 결집을 정치적 실체로 전환하는 노력을 벌였으며, 전인도 무슬림 연맹(All India Muslim League)을 창설하였다. 주로 여기에는 종교 지도자와 교육자가 섞여 있는 지방 봉건 제후들이 참여하였는데, 이들은 무슬림 유권자들의 분리를 요구하였다. 이 시기 전인도무슬림 연맹은 인도국민회의의 무슬림 회원들의 무슬림 연맹 가입을 금지하지 않았고, 이후 전인도 무슬림 연맹과 인도국민회의 연례대회를 동일한 도시와 시간에 개최하였다. 인도 각지로부터 무슬림 대표단들이 두 대회에 참가할 수 있게 되었다. 여기에 이미 인도국민회의에 가입했던 무하마드 알리 지나(Muhammad Ali Jinnah)가 있었는데 지나는 무슬림연맹 연례대회에 참석하여 연맹위원으로 선출되었다. 무슬림 공동체는 1909년 인도위원회법(Indian Councils Act) 개정 시 무슬림의 분리선거 유권자들에 대한 선거권 자격 요건 완화를 요구하였다. 이것은 무슬림 상층 계급이 페르시아어를 버리고 영어를 배우는 것을 거부함으로써 생겨났고 나중에 힌두교 유권자들에 비해 무슬림 유권자들이 낮은 사회경제적 지위를 유지하는데 일조하였다.

인도−파키스탄 분쟁의 역사적 배경을 찾기 위해서 영국 식민지 지배 동안 인도의 독립운동에 대해 알아볼 필요가 있다. 한국도 일본의 식민지 지배하에서 지속적으로 독립운동을 전개하였다. 이 시기 독립운동을 주도했던 세력은 이념의 차이를 기반으로 한 민족주의 진영과 공산주의 진영이었다. 마찬가지로 인도아대륙에는 영국의 식민지 지배 후반에 종교적 차이를 기반으로 간디(Gandhi)와 네루(Nehru)가 이끄는 인도 힌두 민족주의와 무하마드 지나(Muhammad Jinnah)가 이끄는 무슬림 민족주의가 있었다. 이들 두 종교 진영은 영국 식민지를 끝내기 위한 민족주의 투쟁을 전개하였다. 독립운동은 주로 모든 인도 정치 조직과 인도 국민회의(Indian National Congress)에 의해 주도되었으나, 결국 나중에 힌두와 무슬림 지도자들 간 권력 투쟁으로 이어지고 말았다. 그런데 1947년 인도아대륙이 영국의 식민지배로부터 독립하면서 내재되었던 종교적 긴장은 독립과 국가건설 결정과정에서 분쟁으로 격화되었다. 간디가 이끄는 인도 민족주의자들은 인도아대륙이 하나의 국가로 건설되어야 한다는 신념을 가지고 있었지만, 무슬림 지도자들은 자체 이슬람 국가 건설을 주장하였다. 독립 형태에 대한 민족주의 진영과 무슬림 진영 간 이견은 인도아대륙을 떠나야 하는 영국 지배자들에게 성가신 과제로 남게 되었다. 이에 영국 식민지배자들은 인도의 양 진영 지도자들에게 인도아대륙의 발칸화라는 다른 대안을 제시함으로써 이를 우려한 힌두 민족주의 진영으로부터 양보를 얻어냈다.

인도-파키스탄 분쟁의 시작점은 인도아대륙이 영국으로부터 독립하게 된 시점으로 거슬러 올라간다. 1947년 8월 영국으로부터 독립하기 전부터 카슈미르 지역은 아주 치열한 격전지였다. 특히 '인도 독립법(Indian Independence Act)'의 분할 계획에 따라 카슈미르 지역은 인도 혹은 파키스탄 중 한쪽을 선택할 자유를 가지게 되었다. 당시 500여 개의 토후국들이 인도아대륙에 분포되어 있었는데 영국이 인도아대륙에서 급하게 철수하면서 이들 토후국들은 인도와 파키스탄 중 한 국가에 합류 결정을 해야만 했다. 대부분의 토후국들은 제각기 인도와 파키스탄에 합류하였지만, 카슈미르 지역의 편입 결정이 문제를 야기하였다. 이 토후국 주민의 77%가 무슬림이였는데 반해, 힌두교도는 단지 23%에 불과하였다. 하지만 당시 카슈미르 지역을 통치하던 토호국의 왕이었던 마하라자 하라 싱(Maharajah Hara Singh)은 자체 독립을 열망했고, 이것은 인도와 파키스탄 민족주의자들에게 받아들여질 수 없는 입장이었다. 이에 파키스탄의 지원을 받은 이슬람 지역 세력들이 수도를 침공해 오자 마하라자 왕은 인도에게 도움을 요청하고 서둘러 인도 자치령 편입을 결정하였다. 이에 파키스탄이 반발하여 제1차 인도-파키스탄 전쟁이 발발하였다.

〈그림 8-1〉 인도-파키스탄 카슈미르 분쟁 지역

* 출처: https://news.v.daum.net/v/20190811071601706

2. 분쟁의 지속

제1차 인도-파키스탄 전쟁은 1949년 유엔의 중재로 양국 간 휴전 협정이 체결되면서 끝났다. 카라치 협정(Karachi Agreement)에 따라 카슈미르 지역은 인도와 파키스탄이 각각 63%, 37% 분할 점령하게 되었다. 이때 유엔이 카슈미르의 통치를 결정하기 위한 국민투표 실시를 권고하였지만, 국민투표는 한번도 실시된 적이 없다. 이후 인도 헌법 제35조에 의거해 카슈미르 지역에 대한 인도 정부의 법적 조치가 이루어졌다. 자세히 말하자면, 인도 헌법 제35조는 잠무(Jammu)와 카슈미르(Kashmir) 지역에 특별지위를 확정하고 인도에 귀속됨에 있어 상당한 정도의 자율성을 부여하였다. 이 법에 따르면, 이 지역 주 정부는 토지 소유권과 거주 지위에 대한 주 자체의 통치권을 가진다.[2] 인도와 파키스탄이 또다시 군사적 충돌을 하여 1965년 카슈미르 지역에서 제2차 인도-파키스탄 전쟁을 일으켰다. 알려진 바로는 수천 명의 파키스탄 군사들이 카슈미르 지역 주민처럼 위장을 하고 휴전선을 건너면서 전쟁이 시작되었는데, 이에 인도군이 파키스탄을 침범하였다. 양국 간 전쟁은 1966년 전쟁 이전의 휴전선에 합의함으로써 교착상태로 종결되었다.

인도와 파키스탄 지도자들은 1972년에 마침내 임시 국경선 획정에 합의하게 되었다. 양국 간에 소위 통제선(Line of Control, LoC)이라는 것을 카슈미르 지역에 설정하는 심라협정(Simla Agreement)을 체결하였다. 이어 인도는 1974년에 핵무기를 실험하였다. 1989년에는 카슈미르의 무슬림 단체가 선거 조작에 대해 인도 당국을 비난하면서 이 지역에 대한 인도 지배에 무장 저항을 결성하였다. 그럼에도 불구하고 인도와 파키스탄 양국 총리는 1999년 라호르에서 만나 1972년 이래 처음으로 평화협정을 체결하였다. 하지만, 몇 달 뒤 카길 전쟁이 발발하면서 라호르 선언(Lahore Declaration)은 무효화 되고 말았다. 인도와 파키스탄 간 통제선을 따라 긴장이 심화되었다. 이러한 긴장 분위기 속에서 양국은 2003년에 사실상 국경으로 돌아갈 것에 동의하였으며, 2008년에는 통제선을 따라 일주일에 2회씩 무역로를 개방하였다. 하지만 이러한 화해 움직임은 2008년 11월 26일에 파키스탄에 거점을 둔 테러집단이 인도 뭄바이에서 대규모 테러를 일으켜 약 200명의 사망자와 350여 명의 부상자를 발생시킴으로써 또다시 갈등으로 회귀하고 말았다.

2014년 모디 총리가 새로운 인도 지도자로 선출되면서 인도-파키스탄 관계는 전환점을 맞이하는 듯 보였다. 왜냐하면 인도 정부가 모디 총리 취임식에 남아시아국가연합(South Asian Association of Regional Cooperation, SAARC) 국가의 지도자들을 모두 초청하면서 당시 나와즈 샤리프(Nawaz Sharif) 파키스탄 총리 역시 취임식에 참석하였다. 이때 인도와 파키스탄 사이에 의미 있는 평화 협상이 추진될 것이라는 낙관적 전망이 쏟아졌다. 하지만, 그러한 희망은 파키스탄 고등 판무관이 카슈미르 지역 분리주의 지도자들과 만나면서 사라지고 말았다. 2014년 8월 인도가 파키스탄 외무장관과의 회담을 전격 취소함으로써 양국 간 관계는 급속히 냉각되고 말았다. 이후 UN 기후변화회의를 포함한 여러 다자회의에서 비공식적으로 카슈미르 분쟁에 대한 논의는 유지되었다. 그해 12월 모디 총리는 10년 만에 처음으로 인도 총리의 자격으로 라호르를 방문하여 샤리프 총리를 만났다. 이러한 화해의 분위기는 2016년 9월 무장세력이 통제선 근처 우리(Uri) 지역에 있는 인도 육군 기지를 공격하고 18명의 인도 군인을 살해하여 인도 군에 치명적인 피해를 주면서 실질적 관계 개선으로 진전되지 못했다. 무장세력이 2017년 10월 스리나가르(Srinagar) 인근 인도의 준군사 캠프와 2018년 2월 잠무 지역의 인도 육군 기지를 공격하여 5명의 군인과 민간인이 사망하였다. 2017년에 3천 건 이상의 경계선 위반 사례가 발생하였다. 카슈미르 분쟁 지역에서 폭력적인 시위 및 반인도 항의 시위 역시 계속되었다.

카슈미르에서 지속적인 폭력과 파키스탄 내 무장단체에 의한 테러 활동의 위협이 높아짐에 따라 인도와 파키스탄의 심각한 군사 대립에 대한 우려가 계속 남아있다. 2019년 2월 인도 관할 카슈미르에서 인도의 준군사부대에 대한 공격으로 최소 40명의 군인이 사망하였다. 파키스탄 내 무장단체인 자이시-에-무하마드가 주장한 이 공격은 30년 만에 카슈미르에서 발생한 가장 치명적인 공격이었다. 2주 후 인도는 파키스탄 영토 내 테러 훈련캠프를 대상으로 공습을 실시했다고 주장했다. 파키스탄은 인도 지배 카슈미르에서 보복 공습을 단행하였다. 이것은 공중 교전으로 확대되었고 이 기간 동안 파키스탄은 두 대의 인도 군용기를 격추하고 인도 조종사를 생포하였다. 이틀 후에 조종사는 풀려났다. 2019년 8월 이 지역에 수만 명의 부대와 준군사부대가 배치된 후 인도 정부는 인도 헌법 제370조를 철회하여 잠무와 카슈미르의 특별지위를 중단했다. 인도 관할 카슈미르 지역은 인터넷과 전화 서비스가 간헐적으로 끊어지고 수천 명의 사람들이 구금되었다.

[표 8-1] 인도-파키스탄 분쟁의 역사

일자	내용
1947년	◦인도아대륙, 힌두 다수의 인도와 무슬림 다수의 파키스탄으로 분할 독립함 ◦약 1천 2백만~1천 5백만 인구가 인도 혹은 파키스탄으로 이주함 ◦인도-파키스탄, 자무와 카슈미르 지배를 두고 1차 전쟁 치름
1949년	◦유엔, 전쟁 종식을 위한 휴전선 협상과 카슈미르 지배를 결정짓는 국민투표 권장함 ◦국민투표 실시되지 않음 ◦인도가 카슈미르의 65% 지배하고 파키스탄이 나머지 지역을 지배하게 됨
1954년	◦인도 헌법 35A조항에 따라 자무와 카슈미르의 특별지위 획득함 ◦인도에 편입하면서 상당부분 자치권을 유지하게 됨
1965년	◦인도와 파키스탄 사이 2차 전쟁이 벌어짐 ◦수천 명의 파키스탄 군인들이 카슈미르 지역 주민 행세를 하고 휴전선을 넘어옴

	∘인도가 파키스탄을 침공함
1966년	∘전쟁 이전의 영토 획정선으로 돌아간다고 동의함에 따라 전쟁은 교착상태에서 끝남
1971년	∘인도-파키스탄 전쟁 발발. 파키스탄 내전 발생, 인도가 개입하고 동파키스탄이 방글라데시로 독립함
1972년	∘인도와 파키스탄 지도자들은 심라협정에 합의하고 카슈미르에 임시 국경선인 통제선(LoC)을 설정함
1974년	∘인도가 핵무기 실험을 함
1989년	∘무슬림 단체들이 선거 조작에 항의하여 카슈미르에 대한 인도의 지배에 무장 저항함
1998년	∘파키스탄이 첫 번째 핵무기 실험을 함
1999년	∘인도와 파키스탄 총리가 라호르에서 만나 1972년 이후 처음으로 중요한 협정을 체결함(라호르 협정) ∘몇 달 후, 카길 전쟁이 발발하였고 인도는 통제선 옆 점령지역을 탈환함
2001년	∘여러 차례의 무력 공격으로 인해 통제선을 따라 긴장이 고조됨
2003년	∘양국은 사실상의 국경선으로 돌아가는 것에 합의함
2008년	∘인도와 파키스탄은 통제선을 따라 일주일 2회씩 무역을 개방함 ∘파키스탄 주둔 테러집단의 구성원들이 뭄바이 호텔을 3일간 포위하고 100명 이상의 살해함 ∘인도는 평화회담을 중지함
2014년	∘모디 인도 총리, 취임식에 나와즈 샤리프 파키스탄 총리 초청 ∘인도주재 파키스탄 고위 관리가 카슈미르 분리주의자들과 만남 이후 인도는 파키스탄 외교장관의 면담 취소
2016년	∘파키스탄 내 무장 단체 자이시-에-무하마드 소행으로 추정된 무장 민병대가 우리 지역 인도 육군기지 공격하여 인도 군인 18명 사망
2019년	∘2월 14일: 카슈미르에서 44명의 민병대 군인들이 살해됨 ∘2월 23일: 인도 정부는 카슈미르에서 약 150명의 분리주의자들을 체포함 ∘8월 5일: 인도는 자무와 카슈미르에 특별지위를 보장하는 헌법 조항을 철회하고 직접통치를 받게 함 카슈미르는 모든 통신 수단이 단절된 봉쇄 상황에 놓이게 됨 ∘8월 7일: 파키스탄은 인도와의 외교 관계를 격하시켰고 무역을 중지함 ∘8월 16일: 유엔안전보장이사회가 1971년 이후 처음으로 카슈미르에 대해 논의함 ∘9월 4일: 인도 지배 카슈미르 지역에서 시위하던 한 남성이 사망함

°9월 12일: 인도 정부가 카슈미르에 대한 특별지위를 박탈한 이후 인도 지배 카슈미르에서 거의 4천명이 체포됨
°10월 31일: 인도는 카슈미르의 헌법상 자치권을 공식적으로 취소하고 이 지역을 중앙정부로부터 통제를 받는 두 개의 지역으로 분리함

출처: India-Pakistan: Troubled relations. BBC News (1947년~2003년) 부분 참조. http://news.bbc.co.uk/2/shared/spl/hi/south_asia/02/india_pakistan/timeline/html/; Conflict Between India and Pakistan. Global Conflict Tracker. Council on Foreign Relations., https://www.cfr.org/global-conflict-tracker/conflict/conflict-between-india-and-pakistan

Ⅲ. 분쟁 종식을 위한 노력

인도와 파키스탄은 카슈미르 지역을 둘러싼 끊임없는 충돌의 역사를 공유하고 있지만 갈등과 분쟁을 종결하기 위한 노력을 시도하지 않은 것은 아니다. 그럼에도 불구하고 그러한 분쟁 종식 노력은 지속적이고 안정적인 평화구축으로 이어지지는 않았다.

1. 타슈켄트 선언

인도와 파키스탄이 독립을 한 이후 카슈미르 지역을 놓고 벌여온 갈등은 1964년의 제2차 인도-파키스탄 전쟁으로 이어졌다. 이후 1965년 9월 유엔의 제의로 양국은 휴전에 합의하였다. 1966년 1월 당시 소련의 중재로 전쟁을 종결하고 1949년 설정된 휴전선에 복귀한다는 합의인 타슈켄트 선언(Tashkent Declaration)을 발표하였다. 이를 통해 인도와 파키스탄은 양국 관계의 정상화를 추진하고자 하였다. 당시 소련에서는 알렉세이 코시킨(Aleksey Kosygin) 수상, 인도에서는 랄 바하둘 샤트리(Lal Bahadur Shatri) 총리과 파키스탄에서는 아유브칸(Ayub Khan) 대통령이 참석하였다. 이 선언을 통해 양국 정부는 양국 간 정상적이고 평화적 관계 회복과 양국 국민 간 우호적 관계를 촉진하는 단호한 결의, 우호적 주변국 관계 형성을 위한 모든 노력의 강구, 무력 사용에 의지하지 않고

분쟁의 평화적 해결을 위한 유엔 헌장의 의무 재확인, 내정 불간섭과 상대국에 대한 악의적 선전 자제, 경제무역 관계의 복원 및 양국 간 통신과 문화적 교류 강구 등을 선언하였다.[3] 타슈켄트 선언에서 합의된 내용은 양국 간 관계 정상화와 평화구축을 위해 요구되는 조치와 노력들을 모두 포함하고 있어 큰 의미가 있었다. 하지만 이 선언은 양국 갈등의 원천인 카슈미르 지역을 둘러싼 갈등을 해결하기 위한 합의사항을 명확하게 제시하지 않았다. 따라서 양국이 정치적으로 민감하게 인식하고 있는 카슈미르에 대한 공식적 합의가 도출되지 않는 한 분쟁의 재발 가능성은 여전히 존재하였다. 타슈켄트 선언은 이러한 한계를 안고 있었다.

2. 심라협정

1971년 인도-파키스탄 전쟁 이후 인도와 파키스탄은 1972년 7월 휴전을 위한 심라협정을 체결하였다. 이 협정을 통해 양국은 상호주권의 존중, 내정 불간섭, 관계 정상화를 위한 노력을 약속하였다. 또한 이 협정에서 양국은 현재의 임시 국경선인 통제선(LoC) 획정에 합의하였다. 하지만 이것은 여전히 양국 간 국경선 획정에 한정된 것으로서 양국 간 분쟁의 본질인 카슈미르 지역 처리에 대한 협의가 아닌 한계점을 가졌다.

이 협정에서 양국은 휴전선을 '통제선(LoC)'으로 지정하였다. 양국은 어느 일방이 단독으로 이 선을 변경하지 않는 것으로 합의하였다. 이 협정을 통해 양국은 향후 양국 간 분쟁은 외교적 수단에 의해서만 해결되어야 하며, 파키스탄도 방글라데시를 외교적으로 인정해야 한다는데 동의하였다. 1978년 심라협정 이후 파키스탄은 양국 간 핵경쟁을 제한하고 남아시아 비핵무기 지대(South Asia Nuclear Weapons Free Zone, SANWFZ) 설립을 제안했지만, 인도는 냉담한 반응을 보였고 실제로 대화는 시작되지 않았다. 10년 후인 1988년 인도와 파키스탄은 비핵공격

협정(Non-Nuclear Aggression Agreement, NNAA)에 서명하였다. 그러나 인도와 파키스탄의 핵 경쟁에는 효과적인 영향을 미치지 못했다.

3. 라호르 선언

1999년 2월 21일 아탈 비하리 바지파이(Atal Bihari Vajpayee) 인도 총리와 나와즈 샤리프 파키스탄 총리가 라호르에서 역사적인 정상회담을 갖고 라호르 선언(Lahore Declaration)에 서명하였다. 중요한 것은 이 선언이 양자협정이자 조약이라는 것과 양국 의회로부터 비준을 받았다는 것이다. 양국은 이 선언을 통하여 국가 간 평화와 안정, 자국민의 발전과 번영이라는 비전을 공유한다는 것에 상호 이해를 증진하였다. 특히 이 선언으로 양국 정부는 잠무와 카슈미르 문제를 포함한 모든 문제 해결에 노력한다는 데 동의하였다. 양국은 이 선언에서 모든 형태의 테러를 비난하고 테러의 위협에 맞서기 위한 결의를 재확인하였다. 이외에도 라호르 선언에 양국 지도자가 양국 간 핵전쟁뿐만 아니라 비전통적·전통적 분쟁을 피할 책임을 가진다는 것을 포함하였다. 이와 함께, 양국은 우발적이거나 무단으로 핵무기 사용 위험을 줄이기 위한 즉각적인 조치를 취해야 하며 분쟁 방지를 목표로 핵무기와 기존 분야에서 신뢰구축 조치를 강화하기 위해 개념과 교리에 대해 논의해야 한다고 언급하였다. 1999년 라호르 선언에서 인도와 파키스탄은 남아시아지역협력체(SAARC)의 목표와 목적을 이행할 의지를 재확인하였다. 라호르 선언은 양국은 물론 국제사회로부터 환영을 받았지만, 1999년 여름 카길 지역에서 군사적 충돌이 발생하여 라호르 선언은 추진 동력이 멈춰버렸고 양국 간 더 진전된 논의는 이루어지지 않고 말았다.

4. 기타 노력

인도와 파키스탄은 여러 경로를 통해 성공적이지는 못했지만 카슈미르 분쟁 해결을 위한 노력을 강구하였다. 2000년대 중반, 당시 인도 총리였던 만모한 싱과 파키스탄 대통령 페르베즈 무샤라프 사이에 비밀 대화가 있었다. 당시 이 대화에 참여했던 양국 대표단은 인도와 파키스탄 통제의 카슈미르 지역 사이 통제선을 따라 일주일에 2회씩 자유로운 왕래와 무역을 허용하는 방안을 추진하였다. 이에 덧붙여 카슈미르 지역의 폭력 사태가 잠잠해지면 군대 병력을 축소하는 것에 동의하였다. 제도적으로는 통제선 양쪽 모든 카슈미르인들의 정치 및 경제 권리를 관할하는 "연합체계(joint mechanism)"라는 명칭으로 카슈미르인, 인도인, 사크인, 파키스탄인을 포함하는 기구 설립에 동의하였다. 그러나, 이러한 분쟁 해결을 위한 움직임은 2007년 봄 대법원장 해고 사건으로 발단된 전국적 시위로 인해 무샤라프 파키스탄 대통령이 축출되면서 진행되어 오던 평화협정 협상은 무산되고 말았다. 이 시기가 양국이 분쟁의 해결에 가장 근접했던 기회였다.[4]

또 다른 분쟁 해결 가능성은 2014년 나렌드라 모디 인도 총리가 취임하면서 열리게 되었다. 모디 총리는 자신의 취임식에 모든 남아시아국가

〈그림 8-2〉 모디 총리 취임식, 파키스탄 총리 초청(2014)

* 출처: https://www.chosun.com/site/data/html_dir/2014/05/28/2014052800112.html

연합(SAARC)의 정상들을 초청하면서 당시 나와즈 샤리프(Nawaz Sharif) 파키스탄 총리도 참석하면서 인도-파키스탄 간 의미있는 평화 협상에 대한 낙관적 전망이 나왔었다.

Ⅳ. 인-파 분쟁의 지속 원인

인도-파키스탄 분쟁이 장기적으로 지속되는 원인은 복합적이다. 첫째, 인도아대륙이 영국 식민통치로부터 독립 당시 인도와 파키스탄 간 영토 분할이 완성되지 못하고 분할에 대한 관리 또한 실패하였기 때문이다. 둘째, 영국 식민지배 당시부터 발생하여 지속된 인도아대륙 내 주요 종교 공동체인 힌두교와 무슬림 간 깊이 내재되어 있는 정치적 경쟁 관계를 배경으로 양국의 국가 건설과 국가 정체성 확립 과정에서 카슈미르에 대한 지배권 분쟁이 투영되었기 때문이다. 셋째, 재래식 군사력 측면에서 인도와 파키스탄은 비대칭적이었으나 양국이 핵무기를 보유함에 따라 비대칭성이 완화되면서 상대적으로 열세였던 파키스탄이 현상 변경을 시도해왔기 때문이다. 넷째, 인도-파키스탄 관계에 관여한 강대국들이 그들의 이해관계로 인해 분쟁 해결을 위한 노력보다 관리 가능한 범위에서 분쟁과 불안정을 선호하는 정책을 추구해왔기 때문이다.

1. 영토 분할의 미완성

일반적으로 국제정치에서 여러 종류의 분쟁과 갈등 중 영토 분쟁이 당사국들에게 가장 중요하고 민감한 것으로 받아들여진다. 영토분쟁과 전쟁의 상관관계에 대한 국제정치 연구에 의하면 국경선 획정에 대해 정식으로 분쟁을 하는 국가들이 명확하게 획정되고 법적으로 유효한 국경을 공유하는 국가들보다 분쟁이나 전쟁에 휘말릴 가능성이 더 많다.[5] 특히 민족과 종교적 요소가 결합되어 있는 양국 간 인접 영토에 대한 분쟁은 군사적 충돌의 재발과 장기 분쟁을 유발할 가능성이 높다. 이러한 연구 결과는 인도-파키스탄 간 지속적으로 재발하는 크고 작은 갈등과 충돌을 잘 설명한다.

인도-파키스탄 분쟁이 장기화되고 있는 근본적 원인 중 하나는 바로 인도아대륙이 힌두 정체성의 인도와 무슬림 정체성의 파키스탄이 국가 건설을 위한 분할 과정에서 카슈미르 지역 분할을 완성하지 못했기 때문이다. 영국이 식민지 지배를 끝내기 위해 독립 협상을 진행하는 과정에서 수많은 지방 토후국들이 서둘러 인도와 파키스탄에 편입 결정을 하게 되었다. 이렇게 미처 준비되지 않은 분할 결정은 카슈미르 지역 토후국들의 편입 문제를 놓고 인도와 파키스탄 간 갈등으로 이어졌고 결국 제1차 인도-파키스탄 전쟁 발발이라는 결과를 낳고 말았다. 이후 카슈미르 지역 분할, 국경선 획정 그리고 각국의 국가 정체성 이슈가 복합적으로 작용하면서 인도-파키스탄 분쟁은 지속되어 왔다.

파키스탄은 영국 식민지 시대 독립 논의 과정에서 인도 힌두 민족주의 지도자들과 달리 온전한 무슬림 국가 건설이라는 두 국가 이론을 주장했었다. 따라서 파키스탄은 다양한 방법을 통해 분할 독립 과정에서 야기된 혼란으로 인해 잃어버린 무슬림의 카슈미르 지역 영토 복구를 추구하고 있다. 이에 대해 인도는 현 상태를 유지하기 위해 노력하고 있으며 지속적으로 파키스탄의 현상 수정주의적 행위에 맞서고 있다.

2. 종교적 정체성에서 정치적 정체성으로

인도와 파키스탄이 여러 차례의 평화협정 체결과 평화정착 노력을 해 왔음에도 불구하고 양국 간 분쟁이 지속적으로 재발하는 또 하나의 원인은 종교 정체성이 정치적 정체성으로 전환하기 때문이다. 파키스탄의 무슬림이라는 종교 정체성은 과거 영국 식민통치 시대 식민지 통치의 방향과 힌두·무슬림 공동체의 자율성에 대한 담론을 이끄는 과정에서 정치적 정체성으로 변환되었다. 이것은 당시 무슬림 공동체의 '두 국가' 이론을 태동시켰다. 무슬림 지도자들은 공통의 인도 정체성 대신에 무슬림 정체성을 강조하였으며, 인도 힌두 민족주의 지도자들과 달리 영국과의 투쟁이 무슬림의 최대 관심사라고 보지 않았다. 그들은 오히려 힌두 세력이 지배적인 인도에서 소수 무슬림의 장래에 대해 우려하고 있었다.

인도-파키스탄 분쟁을 서로 다른 문명 간에 내재된 갈등에 집중하는 "문명의 충돌"적 시각이 있다. 사무엘 헌팅턴(Samuel Huntington)은 인도와 파키스탄 양국에 내재된 두 종교적 비전이 국가 형성 과정에 투영되어 양 국가의 형성이 충돌 과정으로 전환된다고 설명한다. 그는 인도아대륙에서 양국이 카슈미르에 대한 갈등을 유지하고 있고 이미 여러 번의 전쟁으로 갈등이 비화되었다고 보고 있다. 특히 카슈미르 지역 내 인도 지배에 대해 무슬림들이 반기를 들고 무슬림과 힌두교들이 주기적인 폭동과 폭력에 관여하고 있다.[6] 카슈미르를 둘러싸고 인도 정부가 아주 강경한 입장을 견지하는 것은 상당 부분 카슈미르에서 양보할 경우 다른 여타 소수민족들에게 독립의 동기를 부여하게 되어 결국 인도의 분열 가능성을 높일 수 있다는 우려로부터 나온다.[7]

3. 강대국 개입과 국제정치적 변동

인도-파키스탄 분쟁이 장기간 지속되고 있는 원인은 국제정치적 요인 역시 상당한 영향을 미치기 때문이다. 냉전 시기 동안 미국과 소련을 중심으로 한 강대국 정치가 인도-파키스탄 갈등에 상당한 역할을 하였으며, 최근에는 미중 전략 경쟁이라는 국제정치적 변동 역시 인도와 파키스탄 관계 개선에 부정적 영향을 미치고 있다.

1) 냉전 기간

2차 세계대전 이후 영국 식민지 지배가 종식되자, 인도아대륙에 대한 국가건설을 두고 힌두 민족주의자와 이슬람 민족주의자 간 갈등이 심화되었다. 이것은 인도아대륙의 분할 독립이라는 정치적 결과를 야기시켰는데, 이 과정에서 인도와 파키스탄 국경 지역에 위치했던 카슈미르에 대한 지배를 둘러싼 양국 간 분쟁이 시작되었다. 이러한 분쟁은 제1차 인도－파키스탄을 초래하였고 이후 양국 관계는 냉전이라는 국제정치적 변동의 소용돌이 속으로 들어가 버리고 말았다. 인도－파키스탄 분쟁의 해결은 냉전 시기 강대국들 간 정치적 이해관계로 인해 우선순위를 차지하지 못했다.

냉전 기간 미국, 영국, 중국, 파키스탄을 중심으로 대인도 견제 정책은 인도－파키스탄 분쟁의 평화적 해결에 긍정적 도움이 되지 못했다. 이들 국가들에게 인도－파키스탄 분쟁 해결은 자신들의 남아시아 정책의 주요 목적이 아니었다. 이들 국가의 외교 군사적 입장은 역내에 관리 가능한 불안정 상황을 유지하는 것이었고 단순히 전쟁 발생을 막거나 전쟁 발생시 휴전을 확보하고, 인도에 대항하는 파키스탄을 지원하고, 전쟁과 평화 속에서 파키스탄을 존속하는 것이었다. 미국을 중심으로 한 영국, 중국 등이 파키스탄과 함께 서남아시아 지역에서 인도의 국력과 영향력을 약화시키고자 하였으며 파키스탄을 인도에 대한 경쟁자로 내세우는데 이익을 가지고 있었다. 따라서 미국과 영국은 파키스탄과 중앙조약기구(Central Treaty Organization, CENTO) 및 동남아시아 조약기구(Southeast Asia Treaty Organization, SEATO) 등 역내 안보 연합체를 설립하였다. 미국은 또한 파키스탄과 군사동맹을 체결하여 인도와 파키스탄 경쟁관계를 보다 대등하게 만들려고 노력하였다.

2) 미중 경쟁 시대

최근 미중 경쟁관계가 심화되고 인도양에서 중국의 영향력이 증가함에 따라 미국의 인도-태평양 전략 안에서 인도의 전략적 가치는 증대되고 있다. 따라서 미국은 중국 견제 차원에서 인도와 군사협력 수준을 격상하고 인도는 미국산 무기 구매를 늘려가고 있다. 반면, 미국의 동맹국이었던 파키스탄은 테러집단에게 은신처를 제공하고 미국 주도의 테러와의 전쟁에 있어 비협조적이라는 이유로 미국으로부터 군사원조를 더이상 받지 못하고 있다. 이러한 상황에서 중국이 공세적 외교와 영향력을 인도양과 남아시아 지역까지 확대해가고 있다. 특히 인도가 중국 주도의 일대일로에 대해 비판적 시각을 가지고 있는 중에 중국-파키스탄이 추진하는 경제회랑이 인도-파키스탄 분쟁지역을 지나가는 인프라 건설을 포함하고 있어 인도-중국, 인도-파키스탄 간 긴장 관계가 증가하고 있다. 따라서 냉전 시기와 유사하게, 중국의 공세적 영향력이 확대됨에 따라 미국-인도 대 중국-파키스탄 대결 양상으로 전략 환경이 변함에 따라 인도-파키스탄 분쟁 해결은 당분간 요원할 것으로 판단된다.

4. 핵 보유와 세력균형

인도와 파키스탄이 모두 핵무기를 보유함으로써 양국 간 재래식 전력의 불균형이 상당 부분 좁혀진 것이 인도-파키스탄 분쟁 재발의 원인으로 지목된다. 남아시아 지역에서 두 경쟁국가가 핵무기를 보유한 것은 지역 안보 환경에 불안정을 야기할 뿐 아니라 인도-파키스탄 관계 개선에 전혀 도움이 되지 않고 있다. 양국의 핵무기 보유는 두 가지 측면에서 양국 간 평화 협력 노력에 부정적 영향을 미친다. 첫째, 파키스탄이 핵무장을 함으로써 인도로부터 오는 전면전 보복을 방어할 수 있고 또한 인도와의 분쟁을 통해 국제적 관심을 끌 수 있기에 파키스탄의 공격적 행동을 부추긴다는 것이다.

전통적으로 양국 간 경쟁 관계나 분쟁은 전쟁으로 인해 종식되거나 강대국들의 압력으로 인한 외교를 통해 해빙으로 끝나게 된다. 하지만 분쟁 중인 두 국가 중 재래식 군사력이 약한 국가가 핵무기를 보유하는 경우 이 약소국은 군사적 측면에서 더 많은 자신감을 가지게 되고 이것은 힘의 불균형을 해결하는 평등장치(equalizer) 역할을 한다. 사실상 핵무기 보유 여부는 경쟁관계에 있는 국가들에게 중요한 분쟁이나 전쟁 억지 기능을 가지는 안보우산 역할을 한다. 특히 양국 간 군사력이 비대칭적일 경우, 핵무기는 상대적으로 약한 국가에게 엄청난 평등장치가 되곤 한다. 따라서 이러한 환경에서 현재 역내 국제정치적 상황을 바꾸고자 하는 수정주의 성향의 국가는 단기적 이익을 획득하기 위해 저강도 혹은 중강도 분쟁을 일으키고자 하는 유혹을 가진다. 이러한 분쟁은

〈그림 8-3〉 중국-파키스탄 협력

* 출처: https://www.yna.co.kr/view/AKR20181125020700074

전면전을 제외한 모든 폭력적 군사 분쟁을 포함한다.

V. 한반도 평화에 주는 시사점

앞서 설명한 인도-파키스탄 분쟁 사례는 분쟁 당사국 간 평화협정 체결과 여타 평화구축 노력에도 불구하고 결국 갈등과 분쟁이 재발되는 것을 보여준다. 인도-파키스탄 분쟁 사례는 분쟁이 재발되는 몇 가지 원인을 제시한다. 첫째, 분쟁의 두 당사국 중 하나라도 영토 분할에 대한 불만을 가지고 있고 분할이 완성되지 않다고 인식하는 경우, 여러 가지 형태를 이용하여 현상을 수정하려고 시도한다. 둘째, 종교와 민족주의가 결합하여 국내정치화 될 경우 분쟁 상대국에 대한 적대감이 강하게 되고 정치 엘리트들은 이를 정치적으로 이용할 여지가 많기 때문에 평화적 노력은 지속가능하기 어렵게 된다. 셋째, 지역 안정과 질서에 책임있는 강대국이나 국제기구가 분쟁에 관여하는 경우가 종종 있는데, 만약 여기에 강대국의 이해관계가 투영된다면 분쟁 해결을 위한 협상마저도 쉽지 않다. 넷째, 분쟁 당사국 중 재래식 전력면에서 열세인 어느 한 쪽이 핵무기를 보유할 경우 세력의 비대칭성이 상당 수준 완화됨에 따라 저강도 분쟁을 일으켜 현상을 바꾸려고 할 가능성이 많아진다.

이러한 점들을 고려할 때 인도-파키스탄 분쟁 사례는 분단 상황에 놓여있는 우리의 평화정착 노력에 대한 몇 가지 시사점을 제공한다. 첫째, 두 분쟁 당사국 간 평화협정 체결 자체가 반드시 지속가능한 평화구축으로 귀결되지 않는다는 것이다. '지속가능하다'는 말은 어떠한 내외부적 요인에도 불구하고 쉽사리 분쟁이 재발생되지 않는다는 것을 의미한다. 또한 평화라는 의미 역시 다양하다. 평화 연구로 유명한 케네스 볼딩(Kenneth Boulding) 교수는 평화를 두 가지 측면으로 분석하고 있다. 그에 따르면 평화는 적극적 측면과 소극적 측면의 평화로 나뉠 수 있다.8) 적극적 의미의 평화는 훌륭한 관리, 분쟁의 질서 있는 해결, 성숙된 관계를 가지는 조화, 관대함과 사랑의 상태를 의미한다. 반면 소극적 의미의 평화는 혼란, 긴장, 무력충돌과 전쟁이 없는 것을 의미한다. 따라서 분쟁 당사국이 평화협정을 통해 소극적 의미의 평화를 유지하는 데 상당 기간 노력을 기울이는 것이 우선되어야 할 것이다.

이러한 평화 유지를 토대로 다음 단계인 적극적 의미의 평화를 정착시킴으로써 지속가능한 평화를 정착하게 될 것이다. 이때 소극적 평화가 적극적 평화로 나아가도록, 적어도 소극적 평화가 분쟁으로 역진하지 않도록 분쟁 당사자들 간 다양한 신뢰조성 노력을 전개하는 것도 중요하다. 문재인 정부가 추진하는 한반도 평화 프로세스의 초기 단계가 바로 소극적 평화의 구축이라고 여겨진다. 지난 2018년 9월 19일 문재인 대통령은 평양 백화원 영빈관에서 '9월 평화공동선언'을 발표하면서 "전쟁 없는 한반도가 시작"되었다고 발표하였다. 이렇게 전쟁 없는 한반도의 시작이 지속적으로 유지됨과 동시에 다른 한 편에서 신뢰구축을 위한 노력을 통해 적극적 평화정착에 힘을 기울여야 할 것이다.

둘째, 인도-파키스탄 분쟁 사례는 분쟁 당사국이 여러 차례 평화협정 체결과 평화구축 노력에도 불구하고 반복적인 충돌이나 분쟁으로 인해 협정 이행이 너무나 쉽게 결렬된다는 것을 보여준다. 이것은 양국 간 신뢰를 바탕으로 하지 않고 분쟁 문제를 일시적으로 봉합하는 차원에서 추진하는 정치적 선언은 결코 지속가능하지 않다는 것을 말한다. 특히 장기간 분쟁의 역사를 가진 국가들의 경우 평화협정을 체결하였음에도 불구하고 우연적 폭력사태나 무력충돌로 인해 다시금 평화협정 이전의 분쟁 상황으로 되돌아 갈 수 있다는 것을 증명하고 있다. 이러한 현상의 발생은 무엇보다 양국 간 상호신뢰와 상호의존이 견고하지 않기 때문이다. 평화협정 체결 이후, 양국 간 평화협정이 쉽게 무효화되지 않도록 상호신뢰 향상과 제도화를 위한 노력을 강구해야 할 것이다. 이를 위해 정치, 경제, 학계, 사회, 문화 등 전방위적인 상호신뢰 향상을 위한 장치를 마련할 필요가 있다.

셋째, 인도와 파키스탄이 포함된 남아시아 지역의 역내 무역의존도가 약 5퍼센트 조금 넘는 수준으로 상호분쟁과 갈등으로 인해 경제적 피해에 취약하지 않다는 문제가 있다. 평화협력의 지속에 대한 가시적인 동기 부여가 비교적 약하다는 말이다. 따라서 한국은 한반도 평화구축을 위해 평화협력과 경제협력의 선순환을 통한 시너지 창출을 위해 다양한 방안을 모색할 필요가 있다. 예를 들어, 남북한 경제협력을 위한 노력이 필요하고 특히 북한을 역내 경제통합에 깊게 관여시킬 수 있는 메커니즘을 형성할 필요가 있다. 북한과 긴밀한 협력관계에 있으면서 역내 경제통합에 참여하는 국가들을 통해 북한에 개혁개방의 편익을 인식시키는 노력이 필요하다. 베트남, 라오스, 미얀마 등 아세안 국가들을 활용하여 북한의 계산법을 바꾸는 노력도 병행하면 좋을 것이고 이를 통해 북한이 중국에 대한 과도한 의존에서 벗어나 다변화 된 의존 네트워크를 형성하는 것도 유용하다. 이와 함께 역내 외교뿐만 아니라 경제, 문화 관련 민관 합동 혹은 민간 차원의 포럼에 북한이 적극 참여할 수 있도록 하는 방안도 강구할 필요가 있다.

에티오피아-에리트레아의 평화구축 과정 평가

김동석

I. 서론

2018년 7월 에티오피아의 아비 아흐메드(Abiy Ahmed) 총리는 20년 동안 적대관계를 유지하던 에리트레아를 전격 방문하여 이사이아스 아프웨르키(Isaias Afwerki) 대통령과 정상회담을 가졌다. 일주일 뒤 아프웨르키 대통령은 에티오피아를 답방하였다.[1] 9월 중순 에티오피아와 에리트레아는 사우디아라비아 제다에서 평화협정(Agreement on Peace, Friendship and Comprehensive Cooperation between Eritrea and Ethiopia)을 체결하였다. 이 협정은 ① 양국 간 전쟁상태 종식, ② 양국 간 정치, 안보, 국방, 경제, 무역, 투자, 문화, 사회 분야에서의 협력 증진, ③ 합동 특별경제구역과 같은 공동 투자프로젝트 추진, ④ 에티오피아-에리트레아 국경위원회 결정사항 이행, ⑤ 지역적 및 국제적 평화안보 협력 증진, ⑥ 테러리즘, 인신매매, 무기·마약 밀수에 공동 대응, ⑦ 평화협정 이행을 위한 고위급 공동위원회 설립을 명시하였다.[2]

정상 간 상호방문 및 평화협정 체결은 1998년부터 2000년까지 7만여 명이 희생된 전쟁을 벌인 이래 단절되었던 양국 관계를 급속히 개선시켰다. 양국 간 외교관계가 정상화되었고, 국경이 개방되어 경제적, 인적 교류가 재개되었다. 양국 간 전화가 재개통되었고, 항공운항이 재개되면서 이산가족 상봉이 이루어졌다.[3] 이러한 평화구축 노력으로 에티오피

〈그림 9-1〉 아비 아흐메드 총리(좌), 이사이아스 아프웨르키 대통령(우)

* 출처: https://www.thereporterethiopia.com/article/breaking−deadlock−ethio−eritrea−relations

아의 아흐메드 총리는 2019년 노벨평화상을 수상하였다.

본 연구는 에티오피아와 에리트레아 간 관계 정상화 및 평화구축 과정을 분석·전망하고자 한다. 우선 두 국가를 소개하고 이들 간 관계의 역사를 다루고자 한다. 다음으로 에티오피아−에리트레아 관계 정상화의 국내·외적 배경을 분석하고 지역적 영향을 다루고자 한다. 마지막으로 평화구축 노력의 전망과 한반도 문제에 주는 함의를 제시하고자 한다.

Ⅱ. 에티오피아−에리트레아 관계 개관

1. 에티오피아, 에리트레아 국가 소개

에티오피아와 에리트레아는 아프리카 뿔(Horn of Africa) 지역에 위치하며, 지부티, 소말리아, 수단, 케냐, 우간다, 남수단과 인접해 있다. 아프리카 뿔 지역은 수에즈 운하 통과 선박이 지나가는 홍해와 아덴만(Gulf of Aden)에 면해있고, 아라비아 반도와 근접해 있다는 점에서 지정학적 중요성을 지닌다. 에티오피아는 남아프리카공화국, 나이지리아, 모로코,

〈그림 9-2〉 에티오피아, 에리트레아 지도

* 출처: www.eastafricamonitor.com

이집트와 더불어 아프리카 대륙에서 가장 영향력 있는 국가로 꼽힌다. 에티오피아는 아프리카 토착 기독교인 테와헤도(Tewahedo) 정교회의 본산이며, 다른 아프리카 국가들과는 달리 서구 식민지배를 받지 않았다.[4] 아프리카 연합(African Union) 본부가 수도 아디스아바바에 있는 관계로 아프리카 외교의 중심지이기도 하다.[5] 또 에티오피아는 아프리카의 군사 강국이며 미국이 주도하는 대테러 전쟁의 아프리카 지역 주요 파트너이다. 알-샤바브(Al-Shabaab)와 전투를 벌이는 소말리아 정부 편에 서서 소말리아 주둔 아프리카 평화유지군(AMISOM: African Union Mission in Somalia)의 일원으로 병력을 파견하였다. 또한 유엔 남수단, 다르푸르, 아비에이(Abyei) 평화유지군에 참여하고 있다. 에티오피아는 1970~80년대 맹기스투(Mengistu) 공산정권 당시 극심한 빈곤과 기아를 겪었다. 하지만 2000년대 들어 제조업 육성, 외국인 직접투자 증가 등으로 인해 경제가 급속도로 발전하기 시작하여 지난 10년간 8~10%의 높은 경제성장률을 기록하였다.

에티오피아 인구는 약 1억 명이며, 80개 이상의 종족으로 구성되어 있다. 오로모(Oromo)족이 전체 인구의 약 35%, 암하라(Amhara)족이 약 28%를 차지하고 있다.6) 하지만 멩기스투 정권 붕괴 이후 인구의 약 7%를 차지하는 티그레이(Tigray)족이 권력을 독점하며 장기집권체제를 구축하였다. 티그레이족 출신 멜레스 제나위(Meles Zenawi)가 1991년부터 2012년까지 집권하였다. 이후 총리에 취임한 하일리마레암 데살렌(Hailemariam Desalegn)은 소수 종족인 웨라이타(Welayta)족 출신이지만, 티그레이족 엘리트들의 권력 독점은 계속되었다. 2016년 오로미아 일부 지역의 아디스아바바 편입 문제로 촉발된 오로모족과 암하라족 시위를 정부가 강경 진압하면서 정치위기가 확산되었다. 2018년 데살렌이 물러나고 오로모족 출신 아흐메드가 총리에 취임하면서 다수 종족인 오로모가 권력의 중심에 서게 되었다. 아흐메드 정부가 광범위한 정치·경제개혁을 추진하면서 에티오피아는 독재체제에서 벗어나 민주주의 체제로 나아가고 있다.

에리트레아는 에티오피아와 종족, 종교, 언어, 관습 등을 공유하고 있다. 티그레이족이 전체 인구의 절반 이상을 차지하고, 테와헤도 정교회, 수니 이슬람, 로마 카톨릭, 개신교가 공존하고 있다. 에티오피아와 커피 세레머니 같은 관습과 왓(Wat) 스튜, 인제라(Injera) 빵과 같은 음식을 공유한다. 문화적 유사성에도 불구하고 1993년 에티오피아에서 분리되어 독립국가가 되었다. 1890년 이탈리아는 에티오피아 왕국에서 분리하려는 티그레이족을 중심으로 에리트레아를 식민지로 병합하였다. 2차 세계대전 후 에리트레아는 영국의 위임통치 하에 놓였고, 1952년 에티오피아와 연방을 형성하여 제한된 자치권을 부여받았다. 1961년 셀라시에 1세 황제가 연방제를 종식하고 에리트레아를 강제 합병하였다. 이에 반발하여 에리트레아 민족주의자들은 에리트레아인민해방전선(EPLF: Eritrean People's Liberation Front)을 중심으로 무장투쟁을 전개하였다. 아랍 국가들의 지원을 받은 EPLF는 반(反)멩기스투 무장조직들의 연합체인 에티오피아인민혁명민주전선(EPRDF: Ethiopian People's Revolutionary Democratic Front)과 공동전선을 구축하였다. 1991년 EPRDF가 전쟁에서 승리하여 정권을 잡으면서 에리트레아는 1993년 독립을 성취하였다.[7]

집권 초반 아프웨르키 대통령은 국내 정치·경제 시스템 구축에 힘쓰면서 국민들의 존경을 받았다. 미국의 빌 클린턴 대통령은 아프웨르키 대통령을 새롭게 떠오르는 아프리카 지도자들 중 하나라고 칭송하였다. 하지만 1998년 에티오피아와의 전쟁 이후 아프웨르키 대통령은 억압적이고 고립주의적인 정책을 펼쳤다. 이로 인해 에리트레아는 '아프리카의 북한'이라고 불리곤 하였다. 에티오피아로부터의 위협을 명분으로 국민들의 자유와 권리를 탄압하는 정책을 펼쳤다. 에리트레아 정부는 15세 이상 시민들에게 무기한 군복무(indefinite conscription)를 강제하며, 야당을 금지하고 집권당 내에서 비판의 목소리를 내던 과거 게릴라 동지들을 숙청하였다. 2003년에는 수출입 비즈니스를 금지하고, 인적 교류를 제한하는 조치를 취하였다. 이에 따라 경제가 마비되고 국민들의 빈곤이 악화되었다. 정치적 탄압과 가난을 피해 연간 수만 명의 에리트레아인들이 조국을 탈출하여 인접국 혹은 유럽, 중동 국가로 이주하였다.[8]

2. 에티오피아-에리트레아 관계 역사

1993년 독립 이후 에티오피아와 에리트레아는 한동안 우호적인 관계를 유지하였다. 내륙국이 된 에티오피아는 에리트레아의 아삽(Assab)항을 주요 무역항으로 이용하였다. 에리트레아는 에티오피아의 커피, 농산물 등을 수입하여 이를 다시 해외에 되팔아 외화를 벌어들였다.[9]

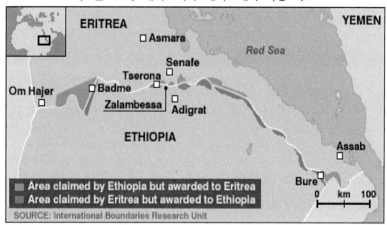

〈그림 9-3〉 에티오피아-에리트레아 국경 지도

ERITREA
YEMEN
□ Asmara
Red Sea
Senafe
□
Tserona
□
Om Hajer □Badme
□
Zalambessa □ Adigrat
ETHIOPIA
Assab
□
Bure□
■ Area claimed by Ethiopia but awarded to Eritrea
■ Area claimed by Eritrea but awarded to Ethiopia   0   km   100
SOURCE: International Boundaries Research Unit

* 출처: https://www.dur.ac.uk/ibru

또한 에리트레아 전체 수출품의 80%가 에티오피아로 향하였다. 정치적
으로 양 국은 수단발(發) 이슬람 극단주의 이데올로기의 확산 저지를 위
해 협력하였다.10) 이와 더불어 에티오피아는 1996년 홍해 남부 하니쉬
(Hanish)섬 영유권을 놓고 벌어진 에리트레아와 예멘 간 무력충돌 당시
에리트레아를 지지하였다. 에티오피아 정부는 자국에 거주하는 에리트
레아인들이 에티오피아 시민들과 똑같은 권리를 누리도록 허용하였다.

하지만 에리트레아 분리 독립은 양국 간 명확한 국경 설정이 이루어
지지 않은 상태에서 이루어졌다. 이는 양국 간 국경분쟁을 야기하였다.
1997년 에리트레아는 독립 이후 영유권을 주장해온 바드메(Badme) 마
을이 에티오피아의 침략을 당했다고 주장하였다. 이에 대응하여 에티오
피아는 티그레이 자치주를 에리트레아까지 확대한 지도를 만들어 발표
하였다. 에리트레아는 이를 신식민주의적 발상이라고 비난하였다. 이후
에리트레아는 독자 화폐인 나크파(Nakfa)를 도입하여 경제 독립을 선언
하였다. 화폐개혁에 대한 보복으로 에티오피아는 무역결제를 달러로 시

행할 것을 요구하였고, 이는 에리트레아 경제에 막대한 타격을 입혔다. 이와 더불어 에티오피아가 바드메 마을에서 에리트레아 농부를 추방하고 에리트레아 관료들을 살해하는 사건이 발생하였다.[11]

1998년 에리트레아가 에티오피아의 북동부 티그레이주 이르가(Yirga) 삼각지를 무력 점령하면서 에티오피아−에리트레아 전쟁이 시작되었다. 에티오피아는 에리트레아 수도 아스마라와 아삽항을 폭격하였고, 에리트레아는 에티오피아 북부지역을 공격하였다. 1999년 최소 7만여 명의 양국 국민들이 사망하고 수십 만 명의 피난민이 발생한 끝에 전쟁이 종식되었다. 이후 2000년 아프리카단결기구(OAU)와 알제리 정부의 중재 하에 에티오피아와 에리트레아는 평화협정을 체결하였다. 이 협정은 에리트레아−에티오피아 국경위원회(EEBC: Eritrea−Ethiopia Boundary Commission) 설치를 명시하였다. EEBC는 2002년 국경선을 획정하면서 분쟁의 진원지인 바드메 마을을 에리트레아에 귀속시키기로 결정을 내렸다. 에리트레아는 이 결정을 수용했지만 에티오피아는 이에 불복하였다. 이에 따라 바드메 마을에 대한 에티오피아의 실질적 지배는 지속되었다.[12]

전쟁 종식 이후 에티오피아와 에리트레아의 관계는 '전쟁도 없고 평화도 없는(no war, no peace)' 상태로 특징지어진다. 양국 간 외교관계와 경제·인적 교류가 단절되었다. 에티오피아는 아삽항 대신 지부티 항구를 통해 무역에 종사하였다. 직접적인 무력충돌 대신 에티오피아와 에리트레아는 상대방 반정부 세력을 지원하면서 대리전(proxy war)을 전개하였다.[13] 두 국가의 대리전은 소말리아에서도 펼쳐졌다. 에티오피아는 아프리카연합, 미국 등과 함께 소말리아 정부를 지원하고 있다. 반면 에리트레아는 반정부 이슬람 극단주의 단체인 알−샤바브를 지원한다는 비난을 받았다. 2009년 유엔 안보리는 소말리아 알−샤바브 지원을 이유로 에리트레아에 제재를 가하면서(안보리결의안 1907), 에리트레아로의

무기 금수조치 및 에리트레아 고위인사들의 여행 금지와 재산 동결 조치를 취하였다.[14]

2018년 에티오피아에서 아비 아흐메드가 새로운 총리에 취임하면서 에티오피아와 에리트레아가 간 관계 개선이 급속히 전개되었다. 외교관계 정상화, 평화협정 체결, 국경 개방 등이 두 달 동안에 이루어졌다 이와 더불어 에티오피아의 요청으로 유엔은 에리트레아에 대한 경제제재를 해제하였다. 에티오피아와 에리트레아 간 국경 전면 개방으로 인해 양국 간 무역과 투자가 증가하였다. 많은 에티오피아인들이 사업 기회를 찾아 에리트레아에 진출하고 있으며, 에티오피아 상품들이 에리트레아 시장에 빠르게 유입되고 있다. 일자리, 가족상봉 등을 위해 에티오피아로 넘어가는 에리트레아인들도 증가하고 있다. 하지만 2019년 에리트레아는 에티오피아와의 국경을 재봉쇄하여 이러한 흐름에 찬물을 끼얹었다.[15]

Ⅲ. 에티오피아-에리트레아 평화구축의 배경

1. 국내적 배경

1) 정치적 배경

에티오피아와 에리트레아는 관계정상화를 통해 상대방으로부터의 안보위협 제거를 시도하였다. 에티오피아는 에리트레아 정부 및 에리트레아에서 활동하는 자국 반정부 무장세력(예: Oromo Liberation Front, Ogaden National Liberation Front)의 위협을 제거하여, 북부 국경지대를 안정시키려고 하였다. 이와 더불어 나일강 문제로 대립 중인 이집트군의 에리트레아 철수를 유도하려고 하였다. 또한 에티오피아 지도자들은 에리트레아가 붕괴될 경우가 리비아, 시리아와 비슷한 길을 가게 될 것이라고 우려하였다.[16] 에리트레아발 난민의 대량 유입, 이슬람 극단주의 세력의 에리트레아 진출은 에티오피아의 안보 및 경제에 악영향을 끼칠 가능성이 있었다. 동시에 에리트레아도 에티오피아와의 관계 정상화를 통해 에티오피아 정부 및 에티오피아에서 활동하는 자국 반정부 세력의 위협 제거를 시도하였다.

티그레이족 영향력 약화를 위한 협력 필요성도 양국 간 관계 정상화를 촉진하였다. 아흐메드 총리와 아프웨르키 대통령은 작년까지 에티오피아에서 권력을 독점하던 티그레이족 엘리트 집단을 공동의 적으로 간주하였다.17) 오로모족 출신인 아흐메드 총리는 EPRDF 집권당 내 티그레이족 세력인 티그레이인민해방전선(TPLF: Tigray People's Liberation Front)의 권력독점 타파를 위한 여러 조치를 취하였다. 티그레이족 출신 고위 인사들을 체포 또는 숙청하였고, 이들이 독점하던 통신, 에너지 국영기업의 민영화를 단행하였다. 동시에 티그레이 정권 하에서 탄압받던 반정부 인사들을 석방 혹은 사면하고, 이들을 정부 요직에 기용하였다. 에리트레아는 독립투쟁 시절 TPLF와 연합하여 멩기스투 정권과 싸웠다. 하지만 독립 이후 국경 문제로 전쟁을 치루면서, 에티오피아 티그레이족 엘리트 집단과 불구대천의 원수가 되었다. 이에 따라 에리트레아 지도자들은 TPLF 세력의 약화를 갈망하였다. 아흐메드 총리는 TPLF 권력독점 해체를 위해 에리트레아의 협력이 필요하였고, 에리트레아는 아흐메드 총리의 정치개혁 성공이 필요하였다.

2) 경제적 배경

경제적 이해관계는 에티오피아－에리트레아 관계 정상화에 중요한 역할을 하였다.18) 에티오피아는 2000년대 들어 경제가 급격히 성장하면서 아프리카의 경제 강국으로 등장하였다. 하지만 여전히 빈부 격차가 크고 청년 실업률이 높다. 또한 수입이 수출을 능가하는 경제구조로 인해 최근 외환 부족을 겪고 있다. 이런 상황에서 에티오피아 정부는 에리트레아와의 관계 개선을 통해 이러한 문제점을 극복하고 경제발전을 가속화하려고 하였다. 에티오피아－에리트레아 전쟁 종식 이후 에티오피아는 지부티항을 사용하면서 항구 사용 비용으로 연간 15억 달러를 지불하였다.[19] 에리트레아 아삽항과 마사와(Massawa)항을 이용할 경우 항구 사용료를 절약할 수 있다. 이와 더불어 에리트레아와의 교역 확대는 자국 산업 발전과 고용 확대에도 기여할 수 있다.

전쟁 종식 이후 에리트레아 경제는 심각한 위기를 맞이하였다. 주요 무역 상대국이던 에티오피아와의 경제교류가 중단되었으며, 아프웨르키 정부는 고립주의적인 경제정책을 추구하였다. 정부의 인권유린으로 에리트레아 인구의 약 15%가 해외로 탈출하였다. 이에 더하여 소말리아 알－샤바브 지원 의혹으로 에리트레아는 유엔의 제재 하에 놓였다. 이는 에리트레아 경제에 치명타를 가하였다. 2017년 기준 에리트레아의 국내총생산은 약 94억불, 1인당 국내총생산(GDP)은 1,500불에 불과하다. 이는 전 세계 국가들 중 하위권에 속한다.[20] 경제가 붕괴 직전 상황에 놓이면서 에리트레아 지도자들은 에티오피아와의 관계 개선을 통해 경제를 회생시켜 장기집권체제 유지를 꾀하였다.

2. 국외적 배경

1) 중동 국가들의 중재

국내 정치경제적 필요와 더불어 사우디아라비아와 아랍에미리트(UAE)의 중재 노력은 에티오피아와 에리트레아 관계 정상화에 크게 기여하였다.[21] 에티오피아의 아흐메드 총리는 사우디아라비아, 아랍에미리트 지도자들에게 에리트레아와의 관계 개선을 위한 중재를 요청하였다. 취임 후 첫 해외 방문지인 사우디아라비아에서 무하마드 빈 살만(Muhammad Bin Salman) 왕세자를 만나 에리트레아를 협상의 장으로 나오도록 설득해 줄 것을 요청하였다. UAE의 무하마드 빈 자이드(Muhammad bin Zayed)

아부다비 왕세자는 에리트레아 대통령을 만난 자리에서 에티오피아와의 평화구축을 대가로 원조 및 투자 확대를 약속하였다.[22]

사우디아라비아, 아랍에미리트는 에티오피아-에리트레아 관계 정상화 지원을 통해 지리적으로 인접한 에리트레아의 붕괴 가능성을 차단하고자 하였다. 사우디, UAE 지도자들은 에리트레아의 위기가 걸프지역 안보에 악영향을 끼친다고 판단하였다. 이슬람 극단주의 세력이 에리트레아에 정착하여 활동할 경우, 이들에 의한 테러활동 확산을 우려하였다. 그래서 이들 나라는 에리트레아에 대한 원조와 투자를 늘리고 있다. UAE는 아삽 항에 군사기지를 운용하고 있으며, 항만 설비 개선을 위한 투자를 확대하고 있다. 이와 더불어 에티오피아-에리트레아 평화구축을 측면 지원하였다.[23]

또한 사우디, UAE는 에티오피아와 에리트레아 간 평화 중재를 통해 적대국인 이란, 카타르의 대아프리카 진출을 견제하고자 하였다.[24] 에리트레아는 과거 카타르, 이란과 협력관계를 유지하였다. 하지만 아랍에미리트의 적극적인 외교공세로 2014년 이란, 카타르와 협력관계를 끊고, 예멘 내전에서 사우디, 아랍에미리트 중심의 아랍동맹군 편에 섰다. 반면 에티오피아는 사우디-아랍에미리트 진영과 카타르-이란 진영의 라이벌 관계에 있어서 중립적인 입장을 취하였다. 사우디아라비아와 아랍에미리트는 아프리카의 외교강국 에티오피아를 끌어들임으로써 이란, 카타르의 아프리카 진출을 약화시키고자 하였다. 이를 위해 에티오피아에 대한 경제원조 및 에리트레아의 아삽항과 아디스아바바를 잇는 송유관 건설에 대한 자금 지원을 천명하였다.

한편 사우디아라비아는 에티오피아와 에리트레아 관계 정상화를 통해 범(汎)아랍세계에서 자국의 위상을 제고하려 하였다.[25] 사우디아라비아는 아프리카 뿔 지역 국가들을 아랍세계의 일원으로 인식하였다. 소말리아와 지부티는 국민 대다수가 수니 무슬림이며, 아랍어를 공용어

중 하나로 사용하고 있다. 에티오피아와 에리트레아 인구의 30~40%는 수니 무슬림이며, 에리트레아에서는 아랍어가 널리 쓰이고 있다. 에티오피아의 주요 언어인 암하릭(Amharic), 티그리냐(Tigrinya)는 아랍어의 영향을 많이 받았다. 에티오피아-에리트레아 관계 정상화 지원은 평화 중재자로서의 사우디아라비아의 역할을 부각시킬 수 있다. 이는 범아랍 세계에 사우디의 위상 강화로 이어질 수 있다.

2) 미국의 중재

미국은 2018년 초부터 에티오피아와 에리트레아 간 관계 중재에 나섰다. 동년 4월 국무부 아프리카담당 차관보 도날드 야마모토(Donald Yamamoto)가 에리트레아와 에티오피아를 방문하였다.[26] 이후 워싱턴에서 두 국가 고위관리들 간 접촉을 주선하였다. 미국은 에티오피아-에리트레아 평화구축 지원을 통해 에리트레아를 대테러 전쟁의 일원으로 끌어들이고자 하였다. 미국은 소말리아 알-샤바브 지원과 동맹국 에티오피아와의 적대관계를 이유로 에리트레아와 소원한 관계를 유지했었다. 하지만 지부티가 미국의 만류에도 불구하고 자국 내 중국의 해군기지 건설을 승인하면서, 에리트레아의 지정학적 가치에 다시 주목하게 되었다.[27] 에리트레아를 끌어들여 중동으로 통하는 항만을 확보함으로써 테러와의 전쟁에서 유리한 고지를 점하고자 하였다.

이와 더불어 미국은 에티오피아-에리트레아 관계 정상화 지원을 통해 아프리카 뿔 지역에서 영향력을 확대하면서 중국을 견제하고자 하였다. 중국은 일대일로 정책의 일환으로 아프리카 뿔 지역 국가들과의 경제교류를 확대하고 있다. 중국은 에티오피아의 최대 투자국이며 에티오피아 전체 수입의 24.1%를 차지하였다. 또한 중국은 에리트레아 전체 수출의 62%를 차지하였다. 에티오피아의 아디스아바바 도시철도, 에티오피아와 지부티를 잇는 철도, 지부티 도랄레(Doraleh)항, 에리트레아

마사와(Massawa)항 등의 인프라 건설에 막대한 투자도 단행하였다.[28) 동시에 중국은 지부티 해군기지 건설을 통해 이 지역에 대한 정치·안보적 영향력 증대를 시도하고 있다. 에티오피아－에리트레아 중재를 통해 미국은 안보 협력국인 에티오피아와 관계를 강화하고, 에리트레아를 자국 편으로 끌어들이려고 한다. 이를 통해 중국의 대아프리카 영향력 확대를 견제하고자 한다.

IV. 에티오피아－에리트레아 평화구축 평가와 시사점

1. 지역적 영향

에티오피아－에리트레아 관계 정상화는 에리트레아와 지부티, 소말리아, 수단과 같은 인접국들 간 관계 개선을 유도하고 있다. 이는 아프리카 뿔 지역 내 불안정 해소와 항구적 평화 정착에 기여할 수 있다. 에티오피아와의 평화협정 체결 후, 에리트레아의 아프웨르키 대통령은 지부티의 이스마일 오마르 겔레(Ismail Omar Guelleh) 대통령과 평화협정을 체결하였다. 이로써 두메이라(Doumeira) 섬을 놓고 무력 충돌을 벌였던 양국은 외교관계 회복을 통해 국경분쟁을 해결할 토대를 마련하였다.[29) 또한 에리트레아는 에티오피아 TPLF 엘리트들과 가까운 사이인 지부티와의 관계 정상화를 통해 숙적 티그레이족 엘리트 세력의 약화를 시도하였다.[30) 이와 더불어 에리트레아는 소말리아와도 외교관계를 재개하였다. 에리트레아는 과거 소말리아의 알－샤바브를 지원하여 소말리아 불안정에 기여한다는 의혹을 받았다. 2018년 9월 아스마라에서 에리트레아, 소말리아, 에티오피아 정상들은 3국 공동선언(Tripartite Joint Declaration)을 발표하여 정치, 경제, 안보, 사회, 문화 관계 증진에 합의하였다.[31) 같은 해 12월 아프웨르키 대통령은 취임 이후 처음으로 소말리아를 방문하였다.

에티오피아–에리트레아 관계 정상화는 에리트레아와 수단 간 관계 개선에도 긍정적인 영향을 미칠 것으로 보인다. 수단 지도자들은 에리트레아가 자국과 사이가 좋지 않은 이집트의 군대 주둔을 허용한 것에 반발하였다. 이에 따라 에리트레아와의 국경을 폐쇄하고, 자국 군대를 접경지역인 카살라(Kassala)에 배치하였다.32) 에리트레아 지도자들은 수단이 에리트레아 반정부 세력 지원을 통해 자국 안보를 위협한다고 주장하였고, 이를 이집트 군 주둔 허용의 이유로 제시하였다. 반면 수단은 에티오피아와 좋은 관계를 유지하고 있다. 한 예로 최근 그랜드에티오피아르네상스댐(Grand Ethiopian Renaissance Dam: GERD) 건설을 둘러싼 이집트와 에티오피아 간 갈등에서 에티오피아의 편에 서고 있다.33) 따라서 에티오피아가 중재에 나설 경우 수단과 에리트레아 간 갈등이 어느 정도 해소될 가능성이 있다.

2. 전망

에티오피아와 에리트레아의 평화구축을 위해서는 국경분쟁 해결이 필수다. 평화구축으로 발생하는 안보적, 경제적 이득이 상당히 큰 만큼 에티오피아는 국내적 반발에도 불구하고 EEBC의 국경선 결정사안 이행을 추진하여 바드메 마을 등을 에리트레아에 넘겨줄 전망이다. 에리트레아 영토로 판결된 마을의 주민들은 에티오피아보다 정치적·경제적 수준이 낮은 에리트레아로의 주권 이양에 반발하고 있다. 더구나 에리트레아에 적대적인 티그레이족 엘리트들이 국경획정 약속 이행을 반대하고 있다. 이들이 아흐메드 총리 암살 시도, 쿠데타 등을 통해 약속 이행을 방해할 가능성이 있다. 국경선 획정 이행 속도는 아메드 총리가 얼마나 TPLF의 영향력을 약화시키고, 국경 지역 주민들을 설득하느냐에 달려있다.

국경선 획정 이행이 늦어진다 할지라도, 에티오피아와 에리트레아가

2018년 이전의 '전쟁도 없고, 평화도 없는' 상태로 돌아갈 가능성은 낮다. 양국 지도자들의 입장에서 평화구축은 경제개발 촉진, 인접국과의 갈등 해소로 인한 안보위협 제거, 사회통합 등의 이득을 가져다준다. 이와 더불어 사우디아라비아, 아랍에미리트, 미국의 개입과 감시는 '전쟁도 없고, 평화도 없는' 상태로의 회귀를 불가능하게 만들 전망이다. 이는 에리트레아의 국경 재봉쇄로 인한 평화구축 노력의 정체가 오래가지 않을 것임을 시사한다.

하지만 에티오피아-에리트레아 평화구축이 에리트레아 정치체제 변화를 유도할 가능성은 높지 않다. 에티오피아와의 교류가 증가하고 걸프 국가들이 원조를 지속할 경우 에리트레아는 경제위기에서 어느 정도 벗어날 수 있을 전망이다. 하지만 아프웨르키는 정치개혁을 추진하는 대신에 경제발전 성과를 바탕으로 자신의 권력기반을 강화시킬 것으로 보인다.[34] 더구나 에티오피아, 사우디아라비아, UAE, 서방 국가들은 에리트레아와의 협력을 위해 에리트레아의 인권문제에 대해 침묵할 가능성이 높다. 특히 유럽 국가들은 인권탄압에도 불구하고 에리트레아발 난민의 수를 줄이기 위해 에리트레아 정부와 협력한다는 입장이다. 따라서 에티오피아와의 평화구축이 에리트레아의 장기집권체제를 무너뜨릴 가능성은 낮다.

마지막으로 역사와 문화가 유사한 에티오피아와 에리트레아의 평화구축이 연방제 형태의 통합로 이어질 가능성은 상당히 낮다. 연방제 통일 전망은 아프웨르키 대통령이 에티오피아의 관계정상화를 독단적으로 급속히 추진한데서 비롯되었다.[35] 하지만 에리트레아 국민들은 에티오피아와의 통합을 30년 동안 격렬한 전쟁으로 쟁취한 독립을 포기하는 행위로 간주한다. 이는 통합 추진 시 에리트레아 국민들의 반발이 거셀 것임을 시사한다.

3. 한반도 문제에의 시사점

에티오피아-에리트레아 관계 정상화는 민족, 언어, 문화 등을 공유한 두 국가가 오랜 적대관계를 청산한다는 점에서 남·북한 관계 개선에 함의를 가지고 있다. 첫째, 에티오피아-에리트레아 관계 정상화는 양국 정상의 상호 방문, 평화협정 체결, 국경개방까지 두 달 만에 급속도로 진행되었다. 남북관계 개선도 북한 핵문제가 어느 정도 해결점에 도달하면 급속히 진행될 가능성을 배제할 수 없다. 따라서 정부는 이러한 가능성을 염두에 두고 대북정책을 수립하고 집행할 필요가 있다. 둘째, 에리트레아는 '아프리카의 북한'으로 불린다. 최근 경제적 위기가 에리트레아와 북한을 주변국과의 관계 개선의 장으로 유도하였다. 에리트레아와 마찬가지로 경제개방이 북한 김정은 정권의 체제유지에 기여할 가능성이 있다. 따라서 에티오피아-에리트레아 관계 정상화는 북한 지도자들에게 체제유지와 개방이 동시에 가능하다는 메시지를 던져 줄 수 있다.

10

중국-베트남 분쟁과 국교정상화: 평화협정의 한계

이상숙

Ⅰ. 문제의 제기

1979년 중국과 베트남의 분쟁은 전면전으로 확대되지는 않았으나 1991년 양국이 관계정상화를 이룰 때까지 양국 관계를 단절시켰다. 국경을 맞대고 있는 인접 국가인 양국은 장기간 국경분쟁을 겪었다. 냉전 시기 두 나라가 사회주의 진영에서 협력한 기간은 양국관계사의 일부분에 불과하다. 냉전 시기 미국과의 전쟁 기간 수면 아래 있었던 양국 간 갈등은 베트남의 통일 이후 분출되었다.

중국과 베트남은 1991년 관계정상화 합의로 관계를 회복하였고 경제협력을 강화하면서 긴밀한 관계를 형성하였다.

그러나 미중 경쟁이 고조되고 있는 가운데 최근 베트남은 미국과의 관계를 강화하고 있으며, 남중국해에서 베트남과 중국의 긴장이 발생하기도 하였다. 이러한 베트남과 중국의 갈등은 관계정상화가 지속가능한 평화를 보장해주지 못한다는 사실을 보여주고 있다. 평화협정만으로 평화가 보장되지 않는다는 점은 여러 사례를 통해 확인할 수 있다.[1] 평화협정이 지속가능한 평화를 보장하는 것은 아니기 때문에 평화협정 체결 이후 평화구축(peace building)이 중요한 것처럼, 중국과 베트남 관계에서 관계정상화 합의 이후 갈등이 재발하는 원인을 검토할 필요성이 있다.

일반적으로 분쟁을 종식하는 방법은 평화협정을 체결하는 것이다. 평화협정(peace agreement)이란 문서에 의한 교전 당사자 간의 합의를 의미하며, 평화조약(peace treaty), 평화의정서(peace protocol), 평화선언(peace declaration) 등으로 불리기도 한다. 평화협정은 전쟁상태의 종식과 평화의 회복을 하나의 조약 속에 포괄적으로 규정하는 것을 의미한다.2) 만약 교전 당사자들이 국교 정상화를 이룬다면 교전을 재개하지 않고 평화를 유지하는 것이 상호 이익이라는 것을 인정한 것으로 볼 수 있다. 교전 당사자들이 교전을 중단하는 것은 단기간 합의로 가능하나, 이를 이행하고 안정적인 평화를 정착하는 노력은 장기적일 수밖에 없다.

이에 따라 이 글의 목적은 1991년 양국 관계정상화가 지속가능한 평화를 가져오지 못한 원인을 분석하는 것이다. 이를 위해 1979년 중국과 베트남의 분쟁 원인을 살펴보고 이후 관계정상화 과정과 관계 발전을 검토한다. 이를 통해 양국의 지속가능한 평화구축의 전망을 검토하고 이것이 한반도 평화에 주는 시사점을 도출하기로 한다.

Ⅱ. 중월분쟁의 배경과 경과

1. 전쟁의 배경

1975년 인도차이나에서 공산주의자들의 승리는 전체 동남아시아 지역 국가관계의 지형을 바꾸어놓았다. 베트남이 미국과의 전쟁에서 승리하고 통일을 이루어 인도차이나에서 지역강대국으로 등장하였기 때문이다. 베트남이 라오스, 캄보디아를 자국의 세력권에 포함시키려 함에 따라 중국은 동남아지역에서 베트남의 세력 확대를 경계하였다. 1975년 여름부터 베트남의 반중국 태도가 두드러졌다. 당시 하노이의 친소련 경향을 보여주는 대표적 사건이 있었다. 남베트남이 무너졌을 때 중국은 다낭(Danang)으로 구호물품을 보냈으나 그 배의 입항이 금지되었던 반면, 며칠 후 소련의 지원품을 실은 배는 즉시 입항을 허락받았다. 그 다음 날 베트남 언론은 베트남 승리 이후 지원을 보낸 첫 나라가 소련 이라고 선전하였다.[3]

통일 직후 이뤄진 베트남 엘리트의 변화는 중국에 대한 견제가 포함 되었다. 1976년 12월 베트남노동당 4차 당대회에서는 중앙위원회의 경 우 정위원의 반수, 후보위원 전원을 새로운 인물로 교체하였다. 친중국 파로 알려진 후앙 반 후안(Huang Van Hoan)을 해임하고 그의 모든 당 직을 박탈하는 한편, 중국 대사직을 지낸 다른 4명의 인물들도 중앙위 원회에서 지위를 박탈시켜 중국계 엘리트들의 하락이 이어졌다.[4]

이러한 베트남 내 권력구도 변화를 배경으로 베트남은 대중정책에서 강경한 입장을 보이게 되었고 소련과의 관계를 더욱 긴밀히 해나갔다. 베트남전의 종식부터 대중국 위협인식을 강화시켰던 베트남은 결국 소 련과 안보상 협력하면서 중국의 베트남에 대한 경계심을 강화해 나갔 다. 중월 간의 무력충돌에는 다음과 같은 배경이 있다.

첫째, 중국과 베트남 간의 오랜 국경분쟁이다. 역사적으로 중국과 베 트남은 수차례 국경 문제에 대한 논의를 지속했으나 명쾌한 결론을 내 리지 못했었다. 중국이 1887년에서 1897년까지 중국과 프랑스 간에 체 결한 여러 조약들을 근거로 이에 대한 권리를 주장했기 때문이다. 반면 베트남은 1946년부터 1954년까지 인도차이나 전쟁에서 프랑스에 대해 승리하였기 때문에 중국과 프랑스의 국경조약에 의한 국경선을 수용할 수 없다고 밝혔다. 특히 1973년 파리협정 체결 이후 베트남은 여러 차 례 중국과 프랑스에 의한 국경선을 부정하였다.[5]

그즈음 중월 국경지역의 무력 충돌이 잦아졌고 베트남의 문제 제기 가 이어졌다. 예를 들어 중국 광시성 나포(那坡)현의 쉬농(水弄)지역을 베트남인들이 요구했고, 식민지 시대에 설정된 국경은 효력이 없기 때 문에 베트남의 영토라고 주장하였다. 또한 우이관(友谊关) 부근 지역 역시 베트남인들이 점거하여 영토권 회복을 주장하였다. 이와 동시에 과거 베트남의 식민지 역사의 조명은 양국 갈등을 확대시켰다. 베트남 언론들은 중국의 과거 베트남 침입을 언급하면서, '북으로부터의 위협'에 대해 경계해야 함을 주장하였다.[6]

1975년 중국과 베트남의 협의가 광시동로 23호 변계비 부근에서 이루어졌으나, 중월 국경의 송유관 문제로 결렬되었다. 또한 중월 간의 철로에 대한 권리문제로도 충돌하였다. 1975년 이후 중월 간의 국경철로 협정이 체결되었고 중국측의 일부 영토를 베트남이 회복하기도 하였다. 그럼에도 불구하고 1977년까지 양국의 국경충돌은 계속되었다.

둘째, 중국과 베트남 간의 또 다른 문제는 통킹만에 대한 영해권 분쟁이었다. 통킹만은 중국의 하이난섬(海南島)을 둘러싸고 있는 반폐쇄적인 항만으로 중국과 베트남 양국에 전략적 요충지이다. 통킹만은 베트남 북부로 중국 광시장족의 자치구이며 광시성과 하이난성의 해상 교통 요지로 중국과 베트남이 상호 영유권을 주장하였다. 1974년 8월 3일 베트남 정부 경제대표단이 베이징에 도착하여 통킹만 문제 해결을 위한 중−베트남 양국의 외무회담이 열렸으나 결렬되었다. 이 회담에서 베트남측이 1887년 '속의변조전조(续议界条专条)'[7]를 근거로 동경 108도 3분 13초를 해상경계로 내세웠으나 중국은 이를 반대하였다. 1977년 10월부터 양국간 국경문제에 관한 회담이 시작되었으나 원칙적인 면에서만 합의하고 세부 이견은 좁히지 못하였다. 이후 10개월 동안 양국간의 역사문제 및 영토문제에 대한 회담이 진행되었으나 1978년 8월 중단되었고 그동안 크고 작은 국경 충돌이 있었다.

셋째, 중국과 베트남 간의 파라셀 군도(Paracel Islands, 서사군도) 및 스프래틀리 군도(Spratlys Islands, 남사군도)에서의 충돌이다. 이 섬들은 남중국해에서 차지하는 전략적 중요성과 석유매장 가능성 때문에 지속적으로 중−베트남 양국 간의 분쟁대상이 되어 왔다. 베트남 전쟁이 종결될 무렵 1974년 1월 중국은 샨후(珊瑚), 간취안(甘泉), 진인(金银) 세 개의 섬에 대한 공격을 개시하였다. 중국측이 18명의 전사자와 67명의 부상자를 낸 반면, 베트남은 100명 이상의 사상자를 내고 48명이 포로로 잡혔다. 전투가 끝난 후 중국은 파라셀 군도를 인수하였다.[8] 2월 1일 베트남측이 스프래틀리 군도에 속해있는 남자도(南子島)에 '주권비(主權牌)'를 설립하여 중국이 이에 반발하였다.[9]

1975년부터 베트남이 두 군도의 영토를 요구하였다. 그해 2월 중국 군사대표단이 베트남을 방문했고, 3월에는 중국 외교부가 베트남에 공식 국경회담을 제의하였다. 다른 한편, 4월 26일 베트남 인민군이 사이공에 진격하고 스프래틀리 군도의 6개 섬을 점령하였다. 사이공을 차지한 북베트남은 레두안 서기장이 1975년 9월 베이징을 방문하여 이 문제를 해결하려 했으나 뜻을 이루지 못하였다. 그해 11월 하노이 당국은 새로운 통일 베트남 지도를 발행했는데 여기에 두 군도를 베트남 영토로 표시하였다. 이후 베트남은 1976년 3월 26일 이 군도들을 방위할 결의를 천명하였다. 1976년 5월 5일 베트남 남부 임시혁명정부 외교부 대변인을 통해 남사군도가 베트남 영토임을 알리고 이 지역의 석유탐사를 시행한다고 하여 이에 대해 중국이 강하게 반발하였다. 이러한 영토 및 영해 분쟁은 양국 분쟁의 주요 원인이 되었다.

넷째, 베트남 화교들의 추방문제이다. 베트남과 중국 간의 분쟁 원인 중 하나는 1978년 봄에 발생한 화교의 이주문제였다. 중국과 베트남의 관계는 베트남 거주 중국인에게 영향을 미칠 베트남의 정책변화로 인해 새로운 국면을 맞이하였다. 1978년 1월 베이징은 세계 도처에 있는 중국화교들의 단결과 지지를 얻기 위해 10여년 만에 처음으로 중요한 캠페인을 시작하였다. 이 캠페인은 중국이 경제 현대화를 추진하는 데 무엇보다 필요한 기술과 금융지원을 해외 특히, 서방 및 동남아 국가들로부터 얻기 위한 수단으로 마련된 것이다.[10] 1978년 당시 베트남 거주

중국인 숫자는 약 150만 명에 달하였고, 그중 북베트남에는 약 30만 명이 있었다.

1978년 3월 베트남 당국이 '사기업에 관한 성명'을 발표하여 '부르주아 기업인'들에 의해 이루어지는 모든 거래 행위의 완전하고도 즉각적인 철폐를 명령하며 남부의 무역을 통제하였다. 이 조치는 사회 개조작업의 일부로서 이루어졌으며 1976년에 입안된 5개년 계획의 목표와 방법에 일치하는 것이었다. 결국 이 조치로 중국 화교들이 베트남으로부터 대규모 탈출을 시도하기에 이르렀다. 베트남은 베트남을 떠나는 화교들로부터는 통행권 명목으로 달러를 흡수하여 국가재정에 충당하고, 떠나지 않는 화교들은 국경 근처로 이주시켜 농지경작에 투입하여 활용하려는 목적을 가지고 있었다. 이 때문에 약 24만 명의 화교들이 중월 국경을 넘는 '난민문제'를 발생시켰다.[11]

이에 대해 중국은 1978년 5월 국무원에서 베트남의 화교문제에 대하여 언급하고 핍박받는 화교들이 귀국할 수 있도록 결정을 내렸다. 중국 정부가 기소된 중국 화교들을 고국으로 데려오기 위해 배를 베트남에 보내기로 결정했다고 발표함으로써 마찰을 더욱 악화시켰다. 다른 한편으로는 중앙 및 지방방송과 신문을 통해 베트남에의 화교 추방 소식을 전하였다. 6월 9일 중국 외교부가 관련 성명을 내고 호치민시 중국 영사의 임명을 철회하고 광저우, 쿤밍, 난닝에 있는 3개 베트남 영사관의 폐쇄를 통지하며 갈등이 심화되었다. 1978년 5월 12일 중국은 21개 베트남 원조사업을 중단시키고, 6월 28일 베트남이 코메콘(COMECON)에 가입하자 7월 3일 중국은 모든 원조를 중단하고 기술자를 철수하였고 12일에는 강력한 국경 봉쇄정책을 실시하였다. 8월 8일에 중월 양국이 베트남 화교문제에 대한 외무회담을 하노이에서 실시했으나 큰 성과를 거두지 못하고 결렬되었다. 중국 외교부는 화교문제에 대하여 베트남 정부를 맹비난하고 베트남의 중국 영토 침범과 중국인의 희생에 대하여 항의하였다.

중국에서 화교들의 대량 탈출은 지역 경제에 부담이 되었다. 따라서 베트남의 화교정책은 그 자체로 중국에 반기를 든 셈이었다. 이와 같이 미국과 베트남의 전쟁기간에는 드러나지 않았던 문제가 하나 둘 표면화 되었는데 영토분쟁과 화교 문제가 맞물려 양국 간 갈등이 확대되었다.

2. 전쟁의 직접적 원인

중국과 베트남의 분쟁은 베트남의 통일 이후 확대되었는데, 1979년 양국 전쟁 발발의 직접적 원인은 베트남의 캄보디아 침입이었다. 베트남과 캄보디아 간 분쟁의 원인은 프랑스 식민통치시대에 확정된 임의 국경선으로 인해 상당수의 양국 국민이 상대방 국가에 각각 거주하게 된 것이다. 양국의 국경분쟁은 중소 간 세력 각축으로 확대되어 중국은 캄보디아, 소련은 베트남을 각각 지원하였다.[12] 베트남은 중국과의 국경선을 따라 하나의 비군사적 완충지를 만들기 위해 라오스와 캄보디아를 우호적인 세력으로 남겨두려 하였다. 동시에 소련과의 군사 동맹관계를 맺음으로써 인도차이나 전체에 대한 세력확장뿐만 아니라, 중국의 견제 세력 구축이라는 전략적 의도를 지니고 있었다.

반면 중국은 이러한 베트남의 정책을 이용하여 소련이 오랫동안 희망해왔던 동남아지역의 집단안전보장 정책을 다시 추구하지 않을까 우려를 표하였다. 중국으로서는 인도차이나에서 가장 가까운 존재인 캄보디아의 폴 포트 정권을 끌어들이기 위해 노력하였고 이를 통해 베트남 – 소련 간의 반중국 저지정책을 분쇄하려 하였다. 1975년 중국 유엔 대표 천추(陳楚)는 안보이사회에서 "캄보디아에 대한 베트남의 무력침략과 침략행위에 대해 강력하게 비난한다"고 언급하고, 총회에서 캄보디아로부터 외국군대를 즉시 철수하도록 촉구하는 결의안을 채택하도록 노력하였다.[13]

당시 중소 양국은 국경분쟁으로 인한 위기가 상승한 시기로 중국은 캄보디아와 안보동맹을 체결하였다. 캄보디아의 크메르 루즈의 승리 이후 가장 먼저 프놈펜에 도착한 비행기는 중국의 것이었다. 중국은 베트남에 대한 지원은 축소시키는 반면 캄보디아에 대한 지원 프로그램은 확대시켰다.[14] 이러한 중국의 베트남에 대한 지원 감소는 베트남의 강한 반발을 불러일으켰다.

1977년 후반기 베트남은 다시 한 번 캄보디아를 공격했으나 실패하였다. 이 일이 있기 전에 베트남 군부의 지도부들은 빈번하게 소련을 왕래하였다. 이후 1978년 8월 대대적으로 소련군 군사 고문관들과 군수물자들이 베트남으로 들어갔다.[15] 결국 1978년 12월 베트남은 대규모로 캄보디아를 침공하였다.

3. 전쟁의 발발

중국은 베트남의 캄보디아 문제 개입에 깊은 우려를 나타냈다. 중국의 화궈펑은 '정상화 선언의 반제국주의 성명'을 통해 "강대국이나 약소국 모두에 대항하여 아시아에서 투쟁할 것이다. 우리는 세계적 또는 지역적 제국주의에 모두 반대한다"고 밝혔다. 「인민일보」의 사설에서도 "반제국주의 원칙은 약소국 및 강대국 제국주의와 세계적 및 지역적 제국주의에 대항하는 데에 이바지한다"고 설명함으로써 소련과 베트남을 '강대국과 약소국의 제국주의'의 담합으로 표현하였다.[16] 이에 대해 중국은 미국 및 제3세계 국가들과 함께 UN안보리에서 베트남의 침략을 규탄했으나 소련의 거부권 행사로 안보리는 어떠한 제재 조치도 취하지 못하였다.

1979년 2월 17일 중국은 드디어 베트남에 대한 공격을 개시하였다. 중국은 공식성명을 통하여 "베트남 당사자들은 지난 2년 동안 중국의 계속적인 경고에도 불구하고 계속적으로 군대를 보내어 중국의 영토를 침입"하여 "중국의 평화와 안전을 심각하게 위협"하기 때문에 반격을 가하는 것이라고 하였다. 중국은 이 전쟁에 대해 '응징전(punitive war)' 이라고 표현하였다.[17]

중월전쟁에서 중국은 약 20개 사단으로 구성된 8개 군단 약 30만 명의 병력과 700~1,000대의 항공기, 약 1,000대의 탱크, 최소한 1,500문의 중포를 동원했으며, 전쟁이 최고조에 달했던 3월 초에는 베트남 영토 내 작전에 8만 명의 중국군이 투입되어 있었다. 반면 베트남군은 최초에는 7만 5,000명에서 10만 명의 국경수비대 및 민병대밖에 동원할 수 없었으나, 예상보다 잘 훈련되고 잘 무장되어 있었기 때문에 라오스와 남부지역으로부터 베트남 정규군이 동원될 때까지 완강한 저항을 할 수 있었다. 1979년 2월 17일부터 3월 15일까지 약 한 달여 전쟁으로 양국의 사망자는 약 3만, 그리고 민간인을 포함한 양측의 사망자 및 부상자 수는 7만 5,000명을 넘는 것으로 추산되고 있다.[18] 그리고 중국이 국경지대에 건설되었던 베트남 군사시설들을 파괴했고 일부 정규군을 포함한 베트남군에게 막심한 손실을 입혔다.

이 전쟁은 주권국가 간에 발생한 전쟁이지만 중국과 베트남의 단순한 국경전쟁이나 영토분쟁이 아니라 정치적 목적이 더 강한 전쟁이었다. 실제로 중국은 전쟁기간 중에도 "1인치의 베트남 영토도 원하고 있지 않다"고 밝혔으며, 중국군이 랑손(Lang Son)지역의 장악을 끝으로 중국의 국경수비군이 부여된 임무를 완수했음을 선언하기도 하였다.

중월전쟁의 가장 큰 특징은 지역적으로 제한된 전쟁이었다는 것이다. 양국은 모두 후방지역의 안전을 향유할 수 있었고, 전투부대는 지상군으로 제한되어 있었다. 중국군은 주로 국경지역을 주공격목표로 삼았고 베트남 영내 50km 이상 진격하지 않도록 지시를 받기도 하였다. 베트남군은 국경을 넘어 한때 월경하기도 하였으나 대체로 중국군의 침입을 방어하는 데에 집중하였다. 양국은 1979년 4월부터 1980년 3월까지는 논쟁을 위한 장소로 협상을 이용하였다.

그럼에도 불구하고 이 전쟁이 제한전으로 끝날 수 있었던 것은 중국이 소련과 베트남의 조약에 의한 소련의 전쟁 개입 가능성을 견제했기 때문이다.[19) 베트남은 대규모 정규군의 투입 없이 대부분 국경수비군과 민병만으로 전쟁을 치르기를 바랐다. 소련으로부터는 군사물자 지원만을 기대하였다. 소련이 병력을 개입시키지 않음으로 해서 미국 역시 개입하지 않고 전쟁이 확대되지 않았다.

Ⅲ. 중월 관계정상화 과정

1. 평화협정의 체결 배경

동유럽에서 사회주의 체제가 붕괴된 이후 베트남은 아시아 사회주의 국가인 중국과 이념적 연대를 강조하기 시작하였다. 탈냉전 이후 베트남과 중국의 관계정상화의 배경을 살펴보면 다음과 같다.

첫째, 중소협력의 강화이다. 1980년대 중반 구소련을 비롯한 동유럽의 개혁·개방으로 냉전이 완화되면서 중소 양국은 관계를 회복하려는 활발한 움직임을 보였다. 중국이 정치적 대결자세를 완화하고 소련과의 회담에 응하면서 중국에 대한 소련의 군사적 포위를 구성하는 장애요인으로 아프간 주둔 소련군, 중소 국경지대의 소련군, 소련지원에 의한 베트남의 캄보디아 군사점령의 세 가지를 들었다. 그중 베트남의 캄보디아 철군이 포함되었다. 중국은 소련과의 관계정상화에서 이 세 가지 요인의 제거를 선결조건을 제시하였고, 구소련이 베트남의 캄보디아 철수에 대해 긍정적으로 대응하면서 양국 관계 개선 가능성이 높아졌다.

둘째, 베트남의 경제 개혁·개방의 적극적 추진이다. 베트남이 본격적인 경제 개혁·개방을 추진한 것은 1986년에 시작된 '도이모이(Doi Moi: Renovation)'이다. 1986년 12월 개최된 베트남공산당 제6차 대회는 1980

년대 초에 진행된 개혁의 당위성과 정당성을 확인하고, 제4차 경제개발 5개년계획(1986~1990)에서 도이모이 정책의 적극적 추진을 결의하였다. 이러한 베트남의 경제 개혁·개방은 중국과의 관계정상화를 더욱 앞당기게 한 요인이 되었다. 베트남은 국내 경제 회복을 위해서 중국으로부터의 지원이 필요했고 관계정상화의 필요성이 제기되었다.

셋째, 중국의 경제 개혁·개방의 진전이다. 중국은 1978년 농촌지역을 중심으로 경제 개혁·개방을 시작하였고 1984년부터 도시지역 경제 개혁·개방을 확대하였다. 특히 해안지역을 중심으로 특구 개방에 초점을 둔 중국으로서는 인접국가인 베트남과의 관계 개선을 통한 주변 정세의 안정이 경제 개혁·개방의 안정적 진전을 위해 필요한 상황이었다.

넷째, 미국과 베트남의 수교에 대한 중국의 견제이다. 베트남은 1970년대 말부터 미국과의 수교를 위해 노력하였다. 왜냐하면 미국과의 수교 과정에서 베트남전쟁에 대한 미국의 전후 배상금을 받을 수 있었기 때문이다. 당시 미국은 베트남과의 수교에 미온적이었고 1980년대 중반 들어서서 미국 기업들의 요청에 의해 베트남과의 수교에 관심을 가졌다. 이러한 상황에서 중국은 자국의 인접국가인 베트남이 미국과 먼저 수교를 하는 것에 대해 우려를 가졌다. 이에 미국과 베트남의 수교 이전 중국과 베트남의 수교가 우선되어야 한다는 입장을 고수하였고 이를 위해 베트남과의 관계정상화에 임하게 되었다.

마지막으로 양국 관계정상화의 직접적 원인은 베트남의 캄보디아 철수이다. 베트남군의 캄보디아 철수가 이루어져야 베트남과의 관계정상화 단계로 나아갈 수 있다는 것이 중국의 입장이었다. 중소 간 회담에서 베트남과 중국의 관계정상화가 주요 의제로 등장했고 소련은 베트남에 이를 전달해주었다. 베트남이 이에 대한 결단을 내리면서 양국 관계정상화가 달성될 수 있었다.

2. 관계정상화 과정

1989년 1월 중월 간의 외교 당국자들이 처음 만났다. 1990년 9월 2일 베트남 독립기념일에 베트남과 중국 지도자들은 중국 청두에서 비밀 정상회담을 개최하였다. 베트남 팜 반 동 전 국무위원과 응오꼬탁(Nguyen Co Thach) 외교부 장관이 회담에 참여하였다. 이 회담에서 양국 외교부장관은 양국 관계를 '장기적·안정적이고, 미래지향적이고, 이웃국가로 우호적이고, 전면협력함'라고 정의하여 양국 관계를 개선하려는 의지를 표현하였고 이것이 양국 관계의 원칙으로 자리잡았다. 또한 양국은 국경 및 해상 영유권 문제는 평화롭게 협상을 통해 해결한다는 데 합의하였다.[20]

공식적으로는 1991년 11월 베트남공산당 총비서 도이모이(Do Muoi)와 총리 포판키엣(Vo Van Kiet)이 베이징을 방문하여 공식 관계 회복을 선언하였다. 이와 동시에 양국 국경 관문인 우이관(友誼關)이 1992년 4월 다시 열렸고 중국 광저우와 호치민시, 베이징과 하노이 사이의 항공 운항이 그해 5월 재개되었다.

베트남과 중국의 관계정상화는 양국의 필요성에 의해 시작되었으나 협력 관계의 형성을 이루기 위해서는 넘어야 할 산이 많았다. 당시 베트남은 관계정상화와 동시에 중국에게 베트남에 대한 안전보장이나 군사동맹을 요청하였으나 중국은 이를 거절하였다. 중국은 양국이 '동맹'이 아닌 '동지'라고 표현하였다. 이에 베트남은 중국의 화교 귀국 요청과 영토분쟁의 양보, 차관 상환을 거절하였다.[21]

양국 사이에 가장 큰 주요 장애물은 영토 논쟁의 지속이었다. 가장 심각한 것은 1988년 3월 베트남 배 두 척이 침몰하여 70명의 선원이 사망한 스프래틀리 군도에서 양국 해군의 대치였다. 베트남 응오꼬탁 외교부 장관이 1989년 7월 파리회의 동안 중국의 뤼수칭 외교부 부부장을 만나 베트남의 입장을 설명하였으나 해결되지 않은 상태였다.

베트남과 중국은 1991년 11월 10일 관계정상화를 위한 공동 성명 11 조항 중 제5항에 양국 영토 논쟁에 대해 다음과 같이 합의하였다.

> 양측은 평화유지와 국경 안정을 위한 필요한 조치를 취하고, 평화와 우호의 중국과 베트남의 국경으로 전화시키기 위하여 국경주민들의 전통적 우호 거래를 복구 발전시키도록 독려한다. 양측은 국경문제와 관련 잠정적 합의에 조인하였다. 양측 모두 국경 정착과 다른 영토문제에 대한 협상을 통한 평화적 해결에 동의한다.[22]

1991년 중국과 베트남의 관계정상화 합의가 바로 평화협정의 시작이었으나 양국 간 분쟁의 근본 문제인 영토 및 해상 영유권 문제는 협상을 통한 평화적 해결 원칙만이 포함되었다. 말하자면 관계정상화 과정에서 분쟁 이슈에 대한 해결 방향만 제시되었을 뿐 해결 방안은 포함되지 못한 채 과제로 남겨두었다.

1991년 관계정상화 이후 1992년 중국 리펑 총리가 베트남을 방문하였는데 그 방문 목적 중 하나는 스프래틀리 군도에 대한 영토 분쟁을 논의하려는 것이었다. 이를 위해 양국은 국경 문제, 통킹만, 남사군도의 세 개 전문 워킹 그룹으로 구분하여 차관을 대표로 하는 협상을 하였다. 해상 영유권 문제에 대한 갈등이 지속되자 1993년 양국은 육상 국경선과 통킹만에 대한 합의에 집중하기로 하였다. 해상 영유권 문제는 근본적이고 영구적인 해결을 위한 논의를 지속하기로 하고, 분쟁지역에 대한 이용이나 무력 사용을 하지 않기로 하여 분쟁을 악화시키지 않기로 합의하였다.[23]

1994년 2월 양국 국경선 워킹그룹의 회담 이후 1998년 8월까지 12번의 회담을 진행하였다. 국경문제 중 통킹만 지역 국경 문제는 해결까지 장시간이 소요되었다. 1997년 9월 중국 외교부장관이 중국 광시성 베이하이(北海)로부터 베트남 동북쪽 해안지역까지 해안선 개방을 승인한다고 하였다. 그러나 그해 11월 중국이 하이난 인근 지역 미국 석유회사와의 가스 탐사를 결정하자 베트남이 강하게 반발하면서 협상은 교착되었다.[24]

특히 스프래틀리 군도에 대한 갈등은 국경문제 해결을 더욱 어렵게 하였다. 1994년 4월 미국 크레스톤 에너지 회사와 중국 석유회사가 남중국해 지역에서 공동 석유 탐사를 시작하자 베트남이 강하게 반대하였다. 당시 중국은 남중국해에 해군력을 증가시켜서 군사적 긴장이 고조되기도 하였다. 1995년 11월 스프래틀리 군도 공동 워킹그룹 첫 회의에서 중국은 평화적 수단으로 분쟁을 종식시키기 위해 공동 개발과 협력을 추구하였다. 이후 1997년 7월 베트남 도이모이 총비서가 베이징을 방문하고 장쩌민 주석과 영토 문제를 논의하면서 2000년까지 육상 국경과 통킹만 문제를 해결하기로 합의하였다. 그러나 스프래틀리 군도 문제는 협상을 지속한다는 원칙적 입장만을 언급하는 데에 그쳤다.[25]

공식적으로 육상 국경은 1999년 12월 30일 국경조약에 합의하였으나 조약 내용 중 일부는 2005년에야 발효되는 것이었다. 또한 통킹만 문제는 2000년 12월 25일 '통킹만 합의'를 이루었는데 배타적 경제수역과 해상 경계선을 포함하였다. 그러나 스프래틀리 군도 문제는 양국관계 발전을 저해하는 요인이 되었는데 이 지역은 양국만의 문제가 아니라, 다른 아세안 국가들과의 이해가 반영된 문제라서 양자적 해결이 어려웠다. 파라셀 군도 문제는 양자적 문제였으나 많은 원인이 복합되어 협력적 해결이 용이하지 않았다.[26]

Ⅳ. 평화협정의 한계와 그 원인

1. 영토 및 해상영유권 문제의 미해결

중국과 베트남의 분쟁은 단지 베트남의 대 소련 편향과 캄보디아 침공 때문에 발생한 것이 아니라, 오랜 기간 지속된 베트남의 대 중국 위협 인식과 중국의 대 베트남 패권 견제 정책이 충돌한 것이었다. 탈냉전과 중소관계의 정상화로 베트남은 중국과 관계정상화라는 목표를 위해 영토 분쟁을 평화적으로 협상하기로 하였으나 그 해결까지는 일정 기간이 소요되었다. 비록 양국이 경제 발전과 현대화에 집중하기 위해 관계정상화를 선언하고 양국 협력을 가속화하였으나, 영토 문제는 잠재적 갈등 요인으로 남아 있었고 해결까지 수년의 시간이 소요되었다. 또한 해상 영유권을 둘러싼 분쟁은 해결의 실마리를 찾기 어려웠으며 언제든지 갈등이 재발할 수 있는 가능성을 내포하고 있었다.

2000년대 들어서서 베트남과 중국은 영토 국경 문제와 통킹만 문제를 해결하였다. 그러나 양국 국경문제 중에서 파라셀 및 스프래틀리 군도의 해상 영유권 문제는 해결되지 않은 채 관계를 발전시켰기 때문에 관계정상화 협정의 한계가 노출되었다.

남중국해는 인도양과 말라카 해협에서 동남아 및 아시아 지역을 연결하는 해상교통로의 요충지로서 국제 화물선 및 유조선의 주요 통로이다. 또한 남중국해 부근에는 석유와 천연가스를 비롯한 해양 광물자원이 풍부하게 매장되어 있어 중국과 베트남뿐만 아니라 필리핀, 말레이시아, 브루나이 등의 여러 국가가 관련되어 있다. 이 때문에 2002년 중국과 아세안이 남중국해 당사국 행동 선언(DoC: the Declaration on the Conduct of Parties in the South China Sea)으로 분쟁의 평화적 해결이라는 원칙을 확인하였으나 실질적 해결은 되지 못하고 있는 실정이다.[27]

게다가 중국이 해군력 현대화에 나서면서 남중국해를 둘러싼 긴장이 고조되었다. 예를 들어 2000년대 초 중국은 하이난 섬 야롱베이(Yalong Bay) 부근에 20척의 잠수함을 수용가능한 해군 기지를 세우기 시작하였다. 이 기지는 심지어 핵탄도미사일 잠수함까지 수용 가능한 기지여서 중국 해군력의 남중국해에 대한 투사를 가능하게 해준다.[28] 이러한 중

<그림 10-1> 남중국해 영유권 분쟁지역

중국 남해9단선
필리핀 주장 영해
말레이시아
브루나이
베트남
영유권분쟁 섬지역

타이완

중국

파르셀

스카보러

필리핀

남중국해

베트남

스프래틀리

브루나이

말레이시아

말레이시아

인도네시아

* 출처: 연합뉴스, https://www.yna.co.kr/view/GYH20200601002600044?section=search

국의 남중국해 해군력 증강은 베트남의 위협 인식을 강화시켜 군사력 강화에 영향을 주었다.

이에 따라 2007년부터 남중국해는 베트남과 중국의 평화를 저해하는 가장 중요한 요인으로 등장하였다.[29] 그해 중국이 하이난(海南)섬 산샤(山沙)시를 설립하기로 공식 발표하자 2007년 12월부터 하노이에서 반중 시위가 발생하면서 반중국 감정이 발생하였다. 2008년 베트남 당국이 중국과의 영토 문제의 양보에 대한 은폐는 하노이와 호치민에서 동시다발적 시위를 불러일으켰다.[30] 2009년 베트남이 필리핀과 함께 남중국해에서 석유 탐사를 추진하자 중국은 크게 반발하였다. 베트남 언론에 따르면 2009년 한 해에만 중국은 33척의 베트남 국적 어선과 433명의 선원들을 붙잡거나 억류시켰다.[31] 이후 2013년 10월부터 중국이 남중국해 7개 섬에 대한 매립 작업을 진행하고 그중 융슈자오(永暑礁)와 주비자오(渚碧礁)에 활주로를 건설하였다. 또한 2014년 5월 베트남 인근에서 중국의 석유 시추작업으로 갈등이 확대되었다. 당시 베트남과 중국 선박이 충돌하고 베트남에서는 반중국 시위가 발생하여 중국인이 사망하는 사건이 발생하였다. 이에 2014년 7월 베트남은 파라셀 군도에서 중국의 중설공사에 비난하고 필리핀과 남중국해 문제에 공동 대응하기로 하였다.[32]

이와 같이 2007년부터 남중국해 문제가 중국과 베트남 사이에 중요한 갈등으로 등장한 것은 중국의 해군력 강화가 그 배경이 되었으나, 근본적 원인은 양국이 평화를 위한 국교정상화 협상에서 영토 및 해상 영유권 문제에 대한 해결 방안을 합의하지 못했기 때문이다. 비록 2000년대 초 양국이 육상 국경 문제와 통킹만 해상 영유권 문제를 해결하였으나, 이외에 파라셀 및 스프래틀리 군도의 영유권 문제를 합의하지 못함으로써 지속가능한 평화를 확립하지 못하였다. 해상 영유권 문제가 미해결되어 있는 상태에서 어업 활동과 자원 개발 등으로 인한 경제 활동을 하던 양국 국민과 기업은 물리적 충돌까지 직면하였고 이는 양국 국민의 상호 감정을 악화시켰다.

2. 베트남의 대중국 균형전략과 군사적 긴장

탈냉전 이후 베트남과 중국이 국교 정상화를 이루었으나, 베트남의 대중국 위협 인식은 사라지지 않았다. 역사적으로 장기간 형성된 베트남의 대중국 안보위협을 해소하기 위해 베트남은 미국과의 관계 개선을 추구하였다. 1990년 6월 중국 쉬둔신(徐敦信) 외교부 부부장과의 회담 이후 응오꼬탁 장관은 균형외교 구상을 더욱 확고히 하였다. 한 달 이후인 그해 7월 미국이 베트남 정책을 전환하여 캄보디아 문제에 대해 베트남과의 회담을 제안한 바 있다.[33] 이후 베트남은 중국에 대한 균형을 위해 미국과의 관계정상화를 적극 추진하였다. 1995년 베트남은 아세안 가입과 미국과의 관계정상화라는 외교적 성과를 달성하였다.

미국과의 관계정상화 이후 베트남은 대중국 위협 인식을 회피하기 위하여 헷징(hedging)전략을 추구하였다. 지리적 인접성과 개혁·개방의 추진으로 인해 중국과의 경제 협력을 확대할 수밖에 없었던 베트남으로서는 불가피한 선택이었다. 2000년 중국 장쩌민 주석과 베트남 렁(Tran Duc Luong) 주석은 '전면적 협력을 위한 공동성명'을 정상회담에서 합의하였는데, 이 성명의 제5항은 양국관계 발전을 저해하는 분쟁을 방지하기 위한 '다차원적 군사 교류'가 포함되어 있었다.[34] 또한 2001년 12월 중국과 베트남은 정상회담에 21세기 '포괄적 협력(comprehensive corporation)'을 위해 공동 성명을 발표하였는데 그 성명에 처음으로 반헤게모니 구절을 포함하였다.[35] 당시 헤게모니 세력은 미국을 지칭하는 것으로 해석되었고 베트남은 중국과 협력을 강화하였다.

그러나 베트남은 곧이어 미국과의 관계 협력도 강화하였다. 2003년 7월 제8차 당대회에서 외교정책에서 실용주의를 강조한 이후 베트남의 미국으로의 접근은 더욱 두드러졌다. 2003년에만 베트남의 무역, 기획 및 투자, 외교, 국방 등의 주요 장관과 부총리가 미국을 방문하였다. 부빙(Alexander L. Vuving)은 2003년이 베트남이 대미 우호적 정책의 전환점이 되었다고 평가한다. 베트남과 미국의 안보 협력이 베트남의 이니셔티브로 2003년부터 시작된 것은 이를 뒷받침하는 것이다. 2005년 팜 반 카이(Phan Van Khai) 총리는 베트남 지도자로서는 처음으로 미국을 방문하였다.36)

다른 한편으로 베트남은 미국뿐만 아니라 중국과 경쟁 관계에 있는 국가들과도 협력을 강화하기 시작하였다. 2003년 베트남은 러시아와 전략적 파트너십을, 2006년에는 일본과 '신뢰할 만한 파트너십(reliable partnership)'을 수립하였다. 2007년에는 인도와는 '전략적 포괄적 협력관계'를 수립하였다.37) 또한 2008년부터 베트남은 미국 주도로 다른 지역 국가들이 참여하는 환태평양 동반자(TPP: Trans-Pacific Partnership) 협상에 참여하였다.

2010년대 들어서서 중국의 남중국해에 대한 공세외교가 강화되자 베트남은 미국과의 안보 협력을 확대하였다. 2011년 6월 베트남과 미국은 4번째 정치·안보 대화를 시행하였는데, 여기서 베트남이 남중국해에서 미국과 공동 해군 교류에 참여하기로 합의하였다.38)

이러한 베트남의 외교정책 변화는 중국과의 이념적 유대가 약화되고 국가 이익의 관점에서 대중국 정책을 결정하게 된 것이 원인이었다. 여기에 베트남의 뿌리 깊은 대중국 위협인식은 정책 변화에 또 다른 원인이 되었다. 이와 같이 베트남의 대중국 정책은 기본적으로 경제 분야를 중심으로 협력을 강화하나, 대중국 위협 인식이 존재하기 때문에 미국과의 안보 협력을 적극화하는 전략으로 볼 수 있다. 베트남은 베트남 자체의 개혁개방을 위해 대중국 경제협력의 확대를 추구하면서도 중국경제로의 편입을 회피해야 한다는 인식을 하고 있다. 이것은 베트남이 중국의 대 베트남 직접 투자를 견제하고 있는 것에서 알 수 있다. 2014년 6월 베트남 딘 티엔 둥(Dinh Tien Dung) 재정장관은 베트남 전체 자본

〈그림 10-2〉 중국 남중국해 미사일 배치 현황

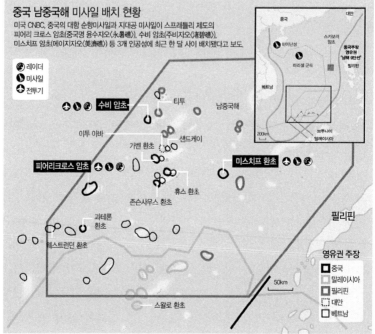

중국 남중국해 미사일 배치 현황

미국 CNBC, 중국의 대함 순항미사일과 지대공 미사일이 스프래틀리 제도의
피어리 크로스 암초(중국명 융수자오〈永暑礁〉), 수비 암초(주비자오〈渚碧礁〉),
미스치프 암초(메이지자오〈美濟礁〉) 등 3개 인공섬에 최근 한 달 사이 배치됐다고 보도

● 레이더
● 미사일
✈ 전투기

수비 암초   티투   남중국해
이투 아바   샌드케이
가벤 환초
피어리크로스 암초   미스치프 환초
휴스 환초
존슨사우스 환초
과테론
환초
웨스터던 환초
필리핀
영유권 주장
□ 중국
□ 말레이시아
■ 필리핀
□ 대만
□ 베트남
50km
스왈로 환초

* 출처: 연합뉴스, https://www.yna.co.kr/view/GYH20180503002700044?section=search

시장에서 중국 자본이 차지하는 비중이 1% 미만이라고 밝히면서 중국
자본에 의존하지 않는다는 점을 확인하였다.[39]

또한 남중국해에서 미중 전략경쟁이 가속화되면서 베트남과 미국의
군사 협력이 확대되는 양상을 보이고 있다. 중국 해군의 무력시위 증가
와 미국의 대 베트남 안보 지원이 되풀이되는 행태를 보이고 있다. 특히
미국이 지역 안보전략인 '인도-태평양 전략(Indo-Pacific Strategy)'을
강화하면서 베트남은 이 전략의 주요 협력 대상 국가가 되어 무력 충돌
가능성이 확대되고 있는 상황이다.

베트남과 중국이 탈냉전 이후 평화협정 체결에도 불구하고 상호 위

협 인식과 분쟁의 원인이 사라지지 않았기 때문에, 베트남의 대중국 균형 전략이 다시 등장하였고 그 대상이 냉전 시기 구소련에서 미국으로 변화한 것이다. 이것은 베트남과 중국의 관계정상화가 지속가능한 평화를 가져오지 못했기 때문에 베트남과 중국의 평화가 주변 환경에 변화에 따라 취약성을 가진다는 것을 의미한다. 미중 갈등이 심화된 가운데 베트남과 중국의 평화는 지역 차원이 아니라 세계적 차원에서 갈등이 발생할 가능성이 확대되었다. 이것은 분쟁의 근본 원인에 대한 해결 없이 정치·경제적 해결 방안을 모색하는 것은 지속가능한 평화를 가져오기 어렵다는 점을 말해주고 있다.

V. 결론과 한반도에 주는 시사점

이 장은 1979년 베트남과 중국의 전쟁 원인과 1991년 베트남과 중국의 관계정상화가 지속가능한 평화를 가져오지 못한 원인을 분석하였다. 양국의 전쟁 원인이었던 국경분쟁, 영해권 분쟁, 화교 등의 문제에 관해 관계정상화에 그 해결 원칙만을 제시했을 뿐, 근본적인 해결 방안이 포함되지 못하였기 때문에 양국의 평화협정은 지속가능한 평화를 가져오지 못하였다. 여기에는 오랜 시간 형성된 베트남의 대중국 위협 인식과 반중 감정도 중요하게 작용하였다.

중국과 베트남의 관계정상화 협정이 바로 평화협정이고, 그것은 바로 양국의 1979년 전쟁을 마무리하고 협력 관계로 나아간다는 약속이었다. 그로 인해 양국이 무력충돌을 방지하고 정상간 의사소통을 지속하며 경제적 상호의존성이 확대된 점은 평화협정의 긍정적 결과이다. 관계정상화 이후 수년이 소요되었으나 양국이 육상 국경문제를 합의한 것 역시 분쟁 가능성을 완화하는 데에 기여하였다.

그러나 육상 국경문제와 함께 양국 분쟁의 핵심 요인이었던 해상 영유권 문제는 잠재적 갈등 요인으로 남아 있다. 해상 영유권을 둘러싼 분쟁은 해결의 실마리를 찾기 어려웠으며 언제든지 갈등이 재발할 가능성을 품고 있다. 특히 2003년부터 베트남이 중국의 위협을 견제하기 위하여 미국과의 안보 협력을 강화하는 균형 전략을 취하면서 해상 영유권 갈등은 확대되었다. 2007년부터 남중국해는 베트남과 중국의 평화를 저해하는 가장 중요한 요인으로 등장하였고, 남중국해 부근에서 미중 전략경쟁이 가속화되면서 베트남의 대미 군사협력이 강화되고 있다. 최근 미국이 지역 안보전략인 '인도-태평양 전략'을 강화하면서 베트남은 이 전략의 주요 협력 대상 국가가 되었다.

베트남과 중국의 관계정상화가 지속가능한 평화를 가져오지 못했다는 사실은 주변 환경의 변화에 따라 베트남과 중국의 평화가 취약성을 가진다는 것을 의미한다. 이것은 분쟁의 원인인 해상 영유권 분쟁에 대한 해결 없이 정치·경제적 해결 방안을 모색하는 것은 지속가능한 평화를 가져오기에는 한계가 있다는 점을 말해준다.

더욱 중요한 것은 영토분쟁의 근본적 원인이 베트남의 오랜 대중국 위협 인식이기 때문에 남중국해와 같은 해상 영유권 문제가 심화되면 베트남과 중국의 평화가 위협받는다는 사실이다. 베트남이 미국과의 군사협력을 강화하는 것 역시 대중국 위협인식에 대한 대응 전략이다. 따라서 베트남과 중국의 지속가능한 평화는 베트남이 중국에 대한 위협 인식이 변화되고 양국의 신뢰가 성숙된 이후에 기대할 수 있을 것이다.

베트남과 중국의 관계정상화 사례가 한반도 평화체제 구축에 주는 교훈은 한반도 평화협정 체결 협상 과정에서 정치·경제적 해결만으로는 지속가능한 평화를 가져오지 못한다는 점이다. 한반도 분쟁의 근본 원인이었던 남북한 군사적 대치와 DMZ 및 서해싱의 분쟁에 대한 해결 방안이 평화협상에 포함되어야 한다. 한걸음 나아가서 근본적으로 한반도의 지속가능한 평화는 남북한이 상호 위협 인식에 대한 근본적 해소가 있어야 가능하다. 남북한의 상호 위협 인식 해소는 남북 군사적 신뢰 구축과 군축을 통해 가능하고, 주변국의 안보 경쟁도 완화되어야 지속 가능할 것으로 전망된다.

결론
분쟁의 평화적 전환 사례들과 한반도

권영승 · 서보혁

I. 서로 다른 한 길: 분쟁의 평화적 전환

    분쟁은 언제, 어떻게 평화로 전환되는가? 그렇게 만든 평화는 얼마나 지속가능한가? 이 책은 장기분쟁을 딛고 평화협정을 달성한 사례들을 다루었다. 분쟁은 여러 대내외적 요인들이 결부되어 종결된다. 그렇지만 분쟁의 평화적 전환의 성격과 형태는 분쟁이 형성 지속되어 온 배경과 원인들로부터 자유로울 수가 없다. 평화협정으로 상징되는 분쟁의 종식은 대부분 잠재적 소강상태와 크게 다르지 않다. 이는 각 사례별 특성에도 불구하고, 평화협정은 오랜 갈등의 종착역이 아닌 중간 단계일 뿐임을 말해준다. 평화협정은 분쟁 당사자들이 과거의 적대관계를 중단하고 평화우호관계로 나아가는 것과 그 길을 달성할 방법들에 대한 합의를 말한다. 그것이 실제 평화구축의 길로 나아갈지는 분쟁 당사자들의 합의 이행 의지와 능력, 그리고 대내외적인 지지 기반 등 이 셋의 조합에 달려있다. 이런 점들을 염두에 두고 본문에서 다룬 각 분쟁이 종식된 양상을 요약해보고자 한다.

    먼저 내전을 겪은 나라들에서 나타난 분쟁의 평화적 전환 양상과 분쟁 종식 이후 정치사회적 과제를 간략히 짚어보자.

    보스니아 내전은 대규모 인명 살상을 거친 후 1995년 11월 최종 평화협정에 서명하면서 종결되었다. 하지만 이러한 극적인 평화로의 진전은 주로 미국의 개입을 비롯한 국제사회의 중재에 기인한 측면이 크고, 국내적 차원에서는 뚜렷한 평화의 요인을 찾기 어려웠다. 이는 '소극적 평화'로 이어졌다. 현재 보스니아는 표면적으로는 평화로운 것처럼 보이지만, 미처 봉합되지 않은 수많은 요인들이 언제든 폭발할 수 있는 잠재적인 갈등 요소들을 안고 있다. 2020년 7월 들어 세르비아와 코소보가 미국 및 유럽연합의 도움으로 평화협상을 재개한다는 소식도 유고슬라비아 해체 과정에서 일어난 종족 분쟁의 심각성을 환기시켜 준다.

남아프리카공화국의 평화 프로세스는 아파르트헤이트 폐지 이후 복잡한 협상 과정을 통해 1994년 흑인 중심의 민주정권 출범으로 귀결되었다. 하지만 40년 이상 극도로 분열된 사회가 낳은 갈등은 여전히 지속되고 있다. 오랜 기간 이루어졌던 인종학살의 은폐와 조작의 골은 너무 깊었다. 진실화해위원회와 우분투로 대표되는 남아공의 평화를 향한 진전의 이면에는 정치 민주화가 경제 민주화, 곧 대중의 삶의 질 향상으로 이어지지 않은 데 대한 불만이 내재되어 있다.

르완다는 1993년 국제사회의 개입으로 평화협정이 체결되었지만, 대통령이 사망한 정치테러로 인해 협정 이후 억눌려 있던 종족 간 갈등이 폭발하였다. 이는 곧바로 미증유의 대량학살로 이어졌으며, 반군이 수도를 점령하고 신정부를 수립한 뒤에야 포연이 걷힐 수 있었다. 일당체제를 유지하고 있는 현재의 르완다는 평화구축과 높은 경제성장을 이루어냈다. 하지만 사회적 불평등 및 빈곤, 억압적인 사회질서 등으로 인하여 불안정성이 내재해있다.

콜롬비아는 2016년 국제사회의 노력으로 여러 시행착오 끝에 평화협정을 이루어냈다. 그렇지만 반군의 정치참여 결정 이후 정치 집단 간 갈등은 더 높아진 상황이다. 또한 협정 체결 이후에도 평화협상에 반대하는 조직이 잔존하며 평화 프로세스에 참여하는 구 반군 인사, 시민활동가 등 6백명 이상이 살해돼 그 미래는 불확실하다.

사이프러스는 여러 번에 걸친 협정과 통합 노력으로 분단선 개방과
교류협력의 진전을 이루어냈다. 남북 사이프러스 간의 경제적 격차와
국제사회와의 관계 변화가 주 요인으로 작용했다. 현재 사이프러스는
전쟁 후유증 외에도 위와 같은 요소들이 영향을 미쳐 적지 않은 과제들
이 미해결로 남아있다. 사이프러스는 남북한과 유사하게, 분쟁의 평화적
전환이 통일문제와 맞물려 있기 때문에 지금까지 보여주고 있는 평화공
존은 제한적일 수밖에 없다. 물론 통일 없이 평화공존의 제도화라는 길
이 열려 있지만 그 대안이 유력한 것으로 부상해 있지는 않다.

내전의 평화적 전환에 이어 이제는 국가간 전쟁을 거친 후의 평화구
축 사례를 짚어보자. 이 유형은 내전 사례에 비해 평화구축의 양상이 더
복잡하고 그래서 분쟁의 평화적 전환이 완성되기 어려울 가능성이 더
높아 보인다.

인도-파키스탄의 경우 여러 선언 및 협정에도 불구하고 카슈미르
지역을 둘러싼 끊임없는 충돌이 현재까지 지속되고 있다. 또한 미중 경
쟁관계의 심화 등 국제질서의 변화로 인하여 두 국가 간의 분쟁이 종식
되기 보다는 심화될 수 있다. 이는 분쟁 당사국 간의 평화협정 체결만으
로 반드시 지속가능한 평화구축으로 이어지지 않을 수 있다는 점을 시
사한다.

평화협정은 분쟁의 평화적 전환의 주요 단계인 것은 분명하지만 평
화구축의 문을 열어주는 조치에 불과하다. 그것이 되돌이킬 수 없는 평
화 프로세스의 첫발이 될지 그렇지 않을지는 분쟁 당사자들의 합의 이
행 의지와 능력에 일차적으로 달려있다. 나아가 평화로 얻을 이익이 갈
등관계로 지불할 비용보다 더 큰지, 또 분쟁 당사자들 사이에 평화 이익
이 상호 균형적인지도 평화프로세스의 지속가능성을 가늠할 잣대이다.
그에 비추어보면 인도-파키스판 관계는 부정적인 사례로, 에티오피아
-에리트레아 사례는 긍정적인 경우로 볼 수 있다.

에티오피아-에리트레아는 갈등의 역사를 지나 정치적 신뢰구축 노력으로 평화협정 체결이 급속도로 이루어졌다. 그런 극적인 진전의 원인은 정치적인 필요성과 경제적 이해관계, 주변국과 미국 등 국제사회의 적극적인 중재가 삼위일체를 이루었기 때문이다. 다만, 협정에서 명시한 두 국가 간 연방제 형태의 통합은 양국간 정치적 이해관계의 불균형성으로 인해 사실상 불가능할 것으로 여겨진다. 그럼에도 평화협정 체결 이후 에리트레아의 정치적 안정과 대외 개방은 북한정권에게 시사점을 줄 수 있을 것이다.

중국-베트남은 냉전 해체와 그로 인한 국가간 이해관계의 재조정으로 관계정상화를 달성한 사례이다. 1991년 관계정상화가 이루어져 과거와 같은 물리적 충돌은 사라졌다. 이후 양국 간 경제교류가 확대되었지만 다른 한편으로 정치적 대립은 본질적으로 줄어들지 않았다. 오랜 역사에서 빚어진 역내 라이벌 의식과 서로 다른 미국과의 관계로 인해 국교정상화 이후 양국관계는 제약받고 있다. 국경분쟁, 영해권 분쟁에 있어 양국은 해결의 기본 원칙을 제시했을 뿐 근본적인 해결 방안에 합의하지 못한 상태에 있다. 실제 남중국해 부근에서 미중 전략경쟁이 가속화되면서 양국 관계는 점점 악화되고 있다. 이는 분쟁의 근본 원인에 대한 해결이 동반되지 않을 경우 관계정상화에도 불구하고 지속가능한 평화를 가져오기 어렵다는 점을 시사한다.

Ⅱ. 비교의 눈으로 보는 한반도 평화

이 책에서 분쟁의 평화적 전환 사례연구는 내전과 국제전으로 나누어 다루었지만 이 두 유형 사이에 관한 비교연구는 이루어지지 않았다.[1] 앞으로의 과제라 하겠다. 다만 위에서 어느 경우든 관계되는 요인들의 조합에 따라 분쟁의 평화적 전환의 안정성이 결정될 것이라고 평가하였다. 그렇게 볼 때 내전보다는 국제전 유형이 분쟁의 평화적 전환이 상대적으로 더딜 것으로 예측할 수 있다. 이 책에서 다룬 사례들도 (비록 그 사례들이 적지만) 그런 평가를 뒷받침해주고 있다. 내전의 경우는 사이프러스를 제외하고는 북아일랜드, 보스니아-헤르체고비나, 남아프리카공화국, 르완다, 그리고 콜롬비아 등지에서 분쟁의 평화적 전환이 순방향으로 진행되고 있다. 반면에 국제전의 경우 에티오피아-에리트레아는 전환에 성공했지만, 다른 경우는 전환조차 이루어지지 못했거나(인도-파키스탄), 전환이 평화구축으로 나아가지 못하고 있다(베트남-중국).

그럼 한반도 분쟁은 내전과 국제전 중 어떤 경우에 해당할까? 분단과 휴전을 양면으로 하는 한반도의 고질적인 분쟁은 내전과 국제전 성격이 다 같이 작용해왔다. 그래서 분단과 휴전이 길어지고 전환을 추진하기가 힘든 것인지도 모른다.

분쟁의 평화적 전환을 이끈 요소들은 대내외적 요소들을 망라한다. 여기에 내전과 국제전의 차이는 크게 나타나지 않는다. 내전의 경우에도 대외적 요소들, 가령 강대국의 개입이나 다른 국제사회의 중재가 분쟁 종식과 평화 협상의 타결에 기여한다. 그럼에도 불구하고 어느 경우이든 분쟁당사자들이 분쟁 지속으로 정치적 이익이 줄어들고 대신 평화가 이익을 높여줄 것이라고 기대할 때 전환이 이루어진다. 또 분쟁당사자들의 타협 의지가 분쟁의 평화적 전환의 제일 요소임을 여러 사례들에서 알 수 있다.

내전과 국제전의 성격이 함께 작용하는 한반도의 경우 분쟁의 평화적 전환 시도는 더 어려워 보인다. 1972년 7·4 공동성명 채택, 1991년 말 남북기본합의서 채택, 2000년 6·15 공동선언 합의, 2018년 판문점 및 평양 공동선언 발표는 모두 남북 정상이나 그 위임에 의한 평화 합의였다. 그러나 70년이 넘는 대부분의 시간에서는 분쟁의 평화적 전환이 아니라 분쟁이 지속되어 갔다. 위 몇 개의 평화 합의도 이행으로 발전하지 못한 데서 알 수 있듯이 대내외적 지지 기반이 취약했다. 이제는 대내·외로 구분하는 것이 불필요할 정도로 대내적 요인이 대외적 요인을, 대외적 요인이 대내적 요인을 서로 결박하고 있다. 2000년과 2018년 남북 정상 간 합의는 한반도 내에서 전환의 요소가 크게 작용했음을 말해주지만, 그 이행은 대외적 요인(북미 협상, 대북 제재 등)의 제약으로 난관에 부딪힌다. 물론 대내적 요인도 긍정적으로만 작용한 것은 아니다. 2018년 한반도 평화프로세스 개시 이후 국내에서 남북협력과 국제협력(특히 북미협력)의 상대적 비중을 놓고 논란이 있지만, 본 연구 사례들에서 나타난 분쟁의 평화적 전환은 대내외적 요소들이 다함께 형성될 때만 그것이 가능함을 보여주고 있다.

크게 보아 분쟁의 평화적 전환 가능성은 1/4이다. 대내외적 요소들이 모두 부정적일 경우는 말할 것도 없고, 대내외적 차원 중 한쪽만 부정적이어도 전환이 어렵기 때문이다. 그리고 대내외적 차원의 요소들이 모두 긍정적이어도 같은 시간대에 만나야 한다. 이 책에서 다룬 대부분의 사례들도 평화적 전환을 지지하는 국제 여론이나 강대국의 개입이 있지만 분쟁 당사자들이 협상에 나서지 않는다면 전환은 이루어지지 않음을 보여준다. 특히 국제전 유형을 띤 분쟁의 경우 게임 양상이 대내적 측면, 분쟁 상대방, 그리고 국제사회 등 3면 게임이기 때문에 전환의 조건 조성이 양면게임 양상을 띠는 내전 유형보다 더 어려울 수 있다.

한반도 분쟁의 평화적 전환은 내전, 국제전 유형의 구별이 불필요할 정도로 게임 양상이 복잡하다. 3면 게임에다가 분쟁의 장기화로 인해 대내외적 요소들이 상호의존하는 양상이 깊어졌기 때문이다. 분단정전체제의 지속을 지지하는 이해관계가 한반도를 가로실러 세도화되었다는 지적은 이를 말하는 것이다.[2] 한반도 같이 분쟁의 장기성과 복합성을 고려할 때 그 성공·실패 요인을 가려내고, 성공 요인을 장려하고 실패 요인을 억제하는 일이 무엇보다 중요한 과제이다. 그 출발은 분쟁의 평화적 전환에 관한 규범적 사고가 아니라 분쟁이 장기화 되는 요인에 관한 객관적 분석이다.

이 책의 연구 사례들에 비추어볼 때 한반도는 분쟁의 평화적 전환의 성공 사례인가, 아니면 실패 사례인가? 몇 차례 남북 정상 간 합의와 교류협력의 경험을 보면 실패로 보기 어렵다. 그렇지만 남북, 북미 간 평화정착 관련 핵심 문제들이 해결되지 않은 채 고질적 장기분쟁이 지속되고 있는 점을 볼 때 성공이라 말하기는 더 어렵다. 그럼 이것도 저것도 아니면 어떤 성격인가? 성공, 실패를 떠나 한반도 사례는 분쟁의 평화적 전환 문제가 완료되지 않고 진행 중이라는 점에서 이 책에서 다룬 사례들 중 북아일랜드와 사이프러스 사례와 가깝다. 더구나 평화문제가 통일문제와 겹쳐져 있다는 점에서 주목할 만하다. 나아가 전환이 긍정적으로 완료된다고 가정할 때 교훈을 찾을 수 있는 사례는 내전 유형으로 다룬 사례들과 에티오피아-에리트레아 평화구축 사례도 심도 있게 평가해볼 만하다.

이제는 한반도에서도 분쟁의 이해당사자들이 대결을 넘어 평화적 전환을 모색하기 시작했기 때문에 전환에 성공한 사례들로부터 보다 구체적이고 적합한 시사점을 도출하는 작업이 필요하다. 북아일랜드, 콜롬비아, 남아공화국, 르완다 등 전환 이후 사회가 직면하는 새로운 문제들도 장기적인 관점에서 살펴볼 바이다. 다만, 한반도 사례가 매우 복잡해 전환 과정이 불안정할 수 있기 때문에 전환 과정이 지체될 경우 혹은 전환이 대결로 되돌아갈 가능성에도 대비해야 할 것이다. 인도-파키스탄, 베트남-중국, 그리고 사이프러스를 사례로 선정한 데에는 그런 문제의식이 반영되어 있다.

마지막으로 짚어볼 바는 평화협정이 평화구축을 보장하는가 하는 문제이다. 이 책에서 다룬 사례들에서 평화협정과 관련된 사실은 다음 몇 가지로 요약해볼 수 있다. 분쟁의 평화적 전환에서 평화협정은 거의 대부분 거치는 절차로서 분쟁과 평화를 가늠하는 분수령이다. 평화협정은 대부분의 분쟁 사례에서 분쟁 당사자들 사이에 맺는 분쟁 종식과 평화구축에 관한 합의이자 그 이행의 안내판이다.[3] 평화협정은 국제적 공약이기 때문에 이행시 편익과 위반시 손실에 대한 예상이 가능하므로 평화적 전환 노력을 강제하는 효과가 있다. 물론 평화협정은 다양한 형태를 띠면서 이행 과정에 영향을 미친다. 본문에서 평화협정은 조약의 형태를 띠는 경우도 있고, 국교정상화 합의를 이 용어에 포함시키기도 했다. 장기분쟁의 경우 평화협정이 하나가 아니라 여러 번 채택되는 사례들이 적지 않다. 다른 한편, 평화협정은 위반, 파기되는 경우도 비일비재하다. 상호 간 이익의 균형점이 다르다고 인식하거나 대내적 이유가 원인으로 작용할 수 있다. 이스라엘-팔레스타인 사례가 악명이 높고, 이 책에서도 인도-파키스탄, 중국-베트남, 르완다 사례가 그런 경우이다. 북아일랜드 사례가 보여 주듯이, 문제는 이때 평화 프로세스를 지속시켜 기존 합의를 추가 합의와 발전적으로 연계시키고 그런 조건을 포착(혹은 조성)하는 지도력이다. 이 경우 느리지만 협상이 지속되고 있는 사이프러스 사례도 적극 살펴볼 가치가 있다.

분쟁의 평화적 전환이란 전환의 필요성을 분쟁의 배경과 평화의 편익에서 찾는 복합적인 과정이다. 이때 전환은 분쟁의 중단에서부터 지속가능한 평화구축까지 긴 시간 속에서 다양한 단계와 과제를 포함한다. 이 과정은 소극적 평화를 포함하되 그것으로 환원되지 않고 광범위하게 다루므로, 위로부터의 접근과 아래로부터의 접근을 국내·외적 차원에서 함께 전개할 바이다.

본문의 사례에서 다룬 분쟁의 평화적 전환은 (물론 다양한 수준과 방식이지만) 그런 조건들이 충족되어 가능했음을 보여주고 있다. 한반도 평화 역시 마찬가지인데 2018년 개시된 평화 프로세스를 포함해 지금까지는 평화적 전환에 필요한 조건을 조성해온 시간에 다름 아니었다. 남은 과제는 이들 평화적 전환의 조건을 두루 갖추어 전환을 본격 추진하는 역량을 확대하는 일이다. 다만, 그 전환의 성격과 방향에 대한 자세한 논의는 향후 과제로 남겨두고 있다. 사례연구에서 다룬 평화협정의 다양한 경험은 한반도 평화 프로세스에서 평화협정의 유용성을 유연하게 검토하는 자양분이 될 것이다.

한반도 분쟁의 평화적 전환뿐만 아니라 지속가능한 평화를 위해서 비교평화연구를 더 확대해나가야 할 것이다. 이 연구는 그 필요성을 제기하고 첫 사례연구라는 결코 작지 않은 의의를 갖고 있다.

미주

서론

1) 김병로·서보혁 편,『분단폭력: 한반도 군사화에 관한 평화학적 성찰』(서울: 아카넷, 2016); 박주화 외,『평화의 심리학: 한국인의 평화인식』(서울: 통일연구원, 2018).

2) Peter Wallensteen, *Quality Peace: Peacebuilding, Victory, and World Order* (Oxford: Oxford University Press, 2015) 참조.

01

1) David P. Barash·Charles P. Webel 지음, 송승종·유재현 옮김,『전쟁과 평화』(서울: 명인문화사, 2018), p. 314.

2) 차경미, "21세기 라틴아메리카의 폭력과 평화: 콜롬비아의 평화협정을 통해 고찰한 불법무장조직 등장의 사회문화적 배경을 중심으로,"『국제언어문학』(38)호 (2017), pp. 59-60.

3) David P. Barash·Charles P. Webel(2018), pp. 565-566.

4) 김이연, "평화협상과 지역 국제기구의 역할,"『한국과 국제정치』제31권 (4)호 (2015), pp. 72-73.

5) Nigel Young, "Why Peace Movements Fail," *Social Alternative* 4-1 (1984), pp. 9-16; David P. Barash·Charles P. Webel(2018), p. 298에서 재인용.

6) 상호이해교육은 종교간 차이로 인한 지역사회 분열에 따른 학교의 분열, 이로 인한 편견과 적대감의 증폭, 적대화된 이미지에 의해 가속되는 폭력적 대립이라는 악순환을 막기 위해 일찍부터 서로를 만나게 하여 상호이해를 증진시킴으로써 폭력을 미연에 방지하고 평화를 조성하자는 운동의 일환으로 시작되었다. 양진영에 내재한 불신과 적대감에도 불구하고 최악의 상황을 극복하기 위한 평화적 조치로서 어린이들부터 적대적 상황에서 보호하여 서로를 이해하고 친구가됨으로써 궁극적으로 함께 살아갈 수 있음을 알게 하자는 비폭력의, 지역사회상호간의, 평화교육이다. 진행남,『국내외 평화교육 프로그램 실태 분석』(제주평화연구원, 2008), p. 22.

7) 강순원, "1998년 벨파스트 평화협정과 북아일랜드 평화교육의 상관성- 상호이해교육에서 민주시민교육으로,"『비교교육연구』제13권 (2)호 (2003), pp. 221-244.

8) 강순원, "1998년 벨파스트 합의안 이후 북아일랜드 평화교육의 새로운 조건-

교회의 지역사회 평화교육을 중심으로," 『신학사상』 (121)호 (2003), pp. 58-70.

9) 최태현, "외교적 방식에 의한 영토분쟁의 해결," 『법학논총』 제24집 (4)호 (2007), pp. 13-20.

10) 1973년에 리비아-챠드 국경분쟁이 발생한 후 양국간에는 오랜 기간 동안 갈등과 무력충돌이 있어 왔는데, 정치적인 방식으로 해결이 되지 않자 양국은 이 분쟁을 국제사법재판소(ICJ)에 회부하였다. 1994년 2월에 내려진 ICJ의 결정은 양국간의 국경이 1955년 8월의 프랑스-리비아 조약에 의해 획정되었다는 챠드의 주장을 수용한 것이었다. 이 결정에 따라 양국은 협정을 체결하여 리비아가 1994년 5월까지 Aouzou 지구로부터 철수할 것과 공통의 국경선을 획정할 합동 전문가팀의 설립에 합의하였다. 최태현(2007), p. 21.

11) 최태현(2007), p. 20.

12) 수단의 오랜 남북 분쟁은 북부의 아랍·무슬림인들과 남부 아프리카인들의 뿌리깊은 역사적 반목에 기인하는데, 이러한 갈등은 영국과 이집트의 공동 통치 기간(1899~1995년)에 행해진 영국의 남북부 분리통치 정책으로 더욱 심화되었다. 이에 수단에서는 1955~1972년에 제1차 내전이, 1983~2005년에 제2차 내전이 발생하였다. 2005년 1월에 '포괄적 평화협정(CPA: Comprehensive Peace Agreement)'으로 22년 내전의 막을 내렸고, 이후 2011년에 남수단이 독립하였으나 남수단 내 혼란과 분쟁은 여전히 지속되고 있다. 김이연(2015), pp. 81-82.

13) IGAD는 소말리아, 수단, 우간다 등 동아프리카 8개국을 회원국으로 무역 자유화와 경제발전을 위해 창설된 기구이다.

14) 김이연(2015), pp. 83-85.

15) 이 무력분쟁으로 약 1,000명 이상의 사망자와 60만 명의 난민이 발생하였다. 케냐의 무력분쟁은 선거결과에 대한 불만족이 계기가 되어 시작되었지만, 그 근본적인 원인은 인종 간 오래된 불평등에서 비롯된 가난과 실업 등의 현실적인 문제였다. 김이연(2015), pp. 88-89.

16) AU(African Union)는 아프리카연합기구(OAU: Organization of African Unity, 1963~2002)의 한계를 보완해 2002년에 신설되었다. AU는 국경선 현상유보의 원칙, 무력사용금지와 분쟁의 평화적 해결 원칙, 내정불간섭의 원칙을 포함하는 구 아프리카연합기구(OAU)의 핵심 원리·원칙을 계승하는 한편, 내정불간섭의 원칙에 대해서는 회원국 내에서 전쟁범죄, 제노사이드, 반인륜범죄와 같은 참혹한 상황이 발생할 경우에 AU가 인도주의적 차원에서 개입할 권리를 갖는다는 비방관주의 원칙을 추가하였다. 황규득, "아프리카 평화유지에 대한 비판적 고찰," 『국제지역연구』 제22권 (3)호 (2018), p. 216.

17) 김이연(2015), pp. 88-91.

18) 차경미(2017), p. 70.

19) "콜롬비아 내전," https://terms.naver.com/entry.nhn?docId=72992&cid=4366
7&categoryId=43667(검색일: 2020. 5. 15).

20) "반세기 내전 끝났지만…콜롬비아서 작년 옛 FARC 반군 77명 피살,"『연합뉴스』
(2020년 1월 2일).

21) "콜롬비아 내전," https://terms.naver.com/entry.nhn?docId=1053808&cid=42
147&categoryId=42147(검색일: 2020. 5. 15).

22) 김동석, "에티오피아－에리트레아 평화 구축 분석과 전망,"『IFANS 주요국제문
제분석』 2019－5 (2019), pp. 7－8.

23) 이 협정은 1) 양국 간 전쟁상태 종식, 2) 양국 간 정치, 안보, 국방, 경제, 무역,
투자, 문화, 사회 분야에서의 협력 증진, 3) 합동 특별경제구역과 같은 공동 투
자프로젝트 추진, 4) 에티오피아－에리트레아 국경위원회 결정사항 이행, 5) 지
역적 및 국제적 평화안보 협력 증진, 6) 테러리즘, 인신매매, 무기·마약 밀수에
공동 대응, 7) 평화협정 이행을 위한 고위급 공동위원회 설립을 명시하고 있다.
(김동석(2019), p. 1.)

24) 김동석(2019), pp. 1－8.

25) 김동석(2019), p. 11.

26) "노벨평화상에 에티오피아의 아비 아머드 총리,"『경향신문』(2019년 10월 11
일).

27) 조한승, "건설적 관여의 역동적 시스템 모델을 통한 미국－쿠바 관계 개선 분석:
교황의 중개외교를 중심으로,"『평화학연구』 제17권 (4)호 (2016), pp. 82－83.

28) 최태현(2007), p. 16.

29) 최태현(2007), p. 16; 조한승(2016), pp. 96－97.

30) 조한승(2016), p. 82.

31) 조한승(2016), pp. 93－94.

32) 조한승(2016), pp. 96－97.

33) 강순원, "필리핀의 평화교육과 평화과정－ 민다나오를 중심으로,"『비교교육연
구』 제19권 (3)호 (2009), pp. 203－225.

34) 강순원(2003), pp. 221－244.

35) 강순원, "분단극복을 위한 북아일랜드 통합교육운동의 역사적 성격,"『비교교육
연구』 제25권 (6)호 (2015), pp. 84－91.

36) 서양의 냉전시대를 상징하는 독일의 아데나워 체제(1949~1963) 아래서 독일 개
신교의 평신도 엘리트들 8명이 튀빙겐 각서(Tübinger Memorandum, 1961)를
발표하였다. 그 골자는 아데나워 체제의 냉전주의 정책에 반대하는 평화의 신학
을 천명하는 데 있다. 특히 폴란드와 체코의 영토로 환원된 슐레지엔(Schlesien)
지방에 대한 독일 아데나워 정부의 반(反)환원주의에 대해 비판을 가했다. 이것
은 1965년 독일개신교회연합(EKD)의 '동방백서'(Ostdenkschrift) 속에 거의 그대

미주 __ 273

로 채택되어 선포됨으로써 독일 개신교의 공식입장으로 자리잡았다.("올빼미의 밥상(김진호, 민중신학자)," https://owal.tistory.com/594(검색일: 2020. 5. 16))

37) 박채복, "독일－폴란드 국경선 분쟁과 역사적 화해: 문화의 융합과 혼종화 그리고 새로운 정체성," 『한국정치외교사논총』 제39집 (2)호 (2017), p. 277.

38) "결과적으로 그리스도교적인 동시에 인간적인 정신으로, 우리는 용서하고 용서를 청하기를 구하면서 마무리되어가는 공의회 자리에서 우리의 손을 내밉니다. 만일 독일 주교 여러분과 공의회의 교부들께서 형제적 사랑으로 여러분에게 내민 우리의 손을 잡아주신다면, 그제야 비로소 우리는 폴란드에서 더욱 그리스도인다운 방식으로 또 깨끗한 양심으로 우리의 천년 기념행사를 지낼 수 있겠습니다." 요제프 클레멘스 주교, "독일교회가 걸어온 화해와 평화의 길," 천주교 서울대교구 민족화해위원회 평화나눔연구소 주최 평화의 문화 한반도의 길 포럼 자료집(2019. 5. 18), p. 42.

39) 박채복(2017), pp. 273－275.

40) 박채복(2017), pp. 276－281.

41) 최진철·정진성, "독일·폴란드 접경도시 '괴를리츠/즈고젤레츠'의 분단과 화해 과정 연구," 『독일어문학』 제88집 (2020), p. 206.

42) 최진철·정진성(2020), pp. 213－219.

43) 좋은 사례로 서보혁·이찬수 편, 『한국인의 평화사상 Ⅰ·Ⅱ』 (서울: 인간사랑, 2018).

---

02 ────────────────────────────────

1) Edward E. Azar et al., "Protracted Social Conflict: Theory and Practice in the Middle East," *Journal of Palestine Studies* 8－1 (Autumn 1978), p. 50.

2) Quincy Wright, "The Nature of Conflict," In John Burton and Frank Dukes (eds.), *Conflict: Readings in Management & Resolution* (New York: St. Martin's Press, 1990), p. 15.

3) Oliver Ramsbotham et al., *Contemporary Conflict Resolution*, 4th Edition (Cambridge: Polity Press, 2016), p. 69; David P. Barash·Charles P. Webel 지음, 송승종·유재현 옮김, 『전쟁과 평화』 (서울: 명인문화사, 2018), p. 312.

4) Moshe Kress, "Modeling Armed Conflict," *Science* 336 (May 2012), p. 865.

5) 이민효, 『분쟁에서의 희생자 보호와 국제인도법: 비국제적 분쟁을 중심으로』 (파주: 한국학술정보, 2006), pp. 19－25. 이러한 구분의 기준은 지역적 범위다. 단, 실제 발생하는 다양한 분쟁에서 지역적 구분이 명확하지 않는 경우도 있다. 국가 내 분쟁(internal armed conflict)에 외부세력이 개입하여 국제적 분쟁과 유사한 특성을 띨 때 '국제화된 비국제적 분쟁'(internationalized non－international armed conflict)이라고 한다.

6) Zeev Maoz and Ben D. Mor, *Bound by Struggle: The Strategic Evolution of Enduring*

International Rivalries (Ann Arbor: University of Michigan Press, 2002), p. 5; Edward E. Azar et al.(1978), p. 50.

7) Charles T. Call, "Knowing Peace When You See It: Setting Standards for Peacebuilding Success," *Civil Wars* 10−2 (2008), p. 188; 한승헌·강민아, "내전 후 평화의 달성을 위한 정부의 질(quality of government): 질적비교연구방법론(QCA)의 적용," 『국제정치연구』 제18집 (1)호 (2015), pp. 29−30.

8) 요한 갈퉁 지음, 이재봉 외 옮김, 『평화적 수단에 의한 평화』 (서울: 들녘, 2000), pp. 17−31.

9) 이찬수, "분쟁의 시대, 평화의 꿈: '감폭력'으로서의 평화에 대하여," 서울대학교 통일평화연구원 주최 제6기 평화아카데미 강의 자료집(2018. 10. 2), pp. 2−8.

10) Paul Collier et al., "Post−Conflict Risks," *Journal of Peace Research* 45−4 (June 2008), pp. 461−475.

11) 찰스 케글리·그레고리 레이몬드 저, 김경순 역, 『평화를 어떻게 구축할 것인가』 (서울: 국방대학교 안보문제연구소, 2000), pp. 60−67.

12) 존 폴 레더라크 지음, 김동진 옮김, 『평화는 어떻게 만들어지는가: 지속 가능한 평화 구축을 위하여』 (서울: 후마니타스, 2012), pp. 123−125; 김명환 외, "갈등전환: 새로운 관점에 대한 논의," 『국가정책연구』 제31권 (4)호 (2017), pp. 4−10.

13) 이 글에서 분쟁의 평화적 전환에 대한 분야별 요인을 검토할 때 유용한 선행연구가 되었고 우수한 저작으로 평가받고 있는 문헌은 다음과 같다. 테드 R. 거 지음, 이신화 역, 『민족 대 국가 : 21세기 세계인종분쟁의 추이와 전망』 (서울: 나남출판, 2003); 한승헌·강민아(2015); 이신화·이성현, "내전의 재발방지와 유엔의 안보역할 −아프리카 전후(戰後) 평화구축활동의 성과격차 연구−," 『대한정치학회보』 제23집 (3)호 (2015); Oliver Ramsbotham et al.(2016); Hugh Miall, "Conflict Transformation: A Multi−dimensional Task, Transforming Ethnopolitical Conflict," In Alex Austin, Martina Fischer, and Norbert Ropers (eds.), *Transforming Ethnopolitical Conflict: The Berghof Handbook* (Wiesbaden: VS Verlag, 2004), pp. 2-20; Paul Collier et al.(2008); Richard Caplan and Anke Hoeffler, "Why Peace Endures: an Analysis of Post−Conflict Stabilisation," *European Journal of International Security* 2−2 (March 2017), pp. 133−152.

14) Adrian Little, *Enduring Conflict: Challenging the signature of peace and democracy* (Bloomsbury Academic, 2014), pp. 29−30.

15) 김동진, "평화 프로세스의 지속가능성: 북아일랜드와 한반도 평화프로세스 비교연구," 경기도·신한대학교 주최 한반도 평화공존과 지역의 역할 국제학술회의 발표 자료집(2017. 11. 11), p. 146.

16) "What is Peacekeeping?" https://peacekeeping.un.org/en/what−is−peacekeeping (검색일: 2019. 11. 12).

17) 서보혁, 『유엔의 평화정책과 안전보장이사회』 (서울: 아카넷, 2013), pp. 31–35.

18) "Where we operate?" https://peacekeeping.un.org/en/where–we–operate (검색일: 2019. 11. 12).

19) 서보혁, 『배반당한 평화: 한국의 베트남, 이라크 파병과 그 이후』 (서울: 진인진, 2017) 참조.

20) 조지프 나이 지음, 양준희·이종삼 옮김, 『국제분쟁의 이해: 이론과 역사』 (파주: 한울, 2009), pp. 256–257.

21) Dianne E. Rennack and Robert D. Shuey, "Economic Sanctions to Achieve U.S. Foreign Policy Goals: Discussion and Guide to Current Law," *Congressional Research Service* (June 1998), p. 2.

22) Caroline Hartzell and Matthew Hoddie, "Institutionalizing Peace: Power Sharing and Post–CivilWar Conflict Management," *American Journal of Political Science* 47–2 (April 2003), pp. 318–330.

23) 정치권력에 대한 공유가 주로 거론되지만 그 차원이 반드시 정치영역에만 국한되는 것은 아니다. Hartzell과 Hoddie(2003)는 정치적, 지역적, 군사적, 경제적 차원에서 권력공유를 구분한 뒤 1945–1998년 기간 38개의 내전 사례에서 권력공유제도는 각 분쟁 집단의 안보 우려를 다루는 데 효과적인 수단이라고 분석하였다. 또한 공유되는 권력의 분야가 다차원적일수록 평화프로세스가 폭력으로 회귀될 가능성이 줄어든다고 하였다.

24) Gurr(2015), pp. 213–227.

25) Håvard Hegre et al., "Toward a Democratic Civil Peace? Democracy, Political Change, and Civil War, 1816–1992," *The American Political Science Review* 95–1 (March 2001), pp. 33–34.

26) 이상근, "'안정적 평화' 개념과 한반도 적용 가능성," 『한국정치학회보』 제49집 (1)호 (2015), p. 141.

27) 김재천, "민주평화론: 논의의 현주소와 동북아에서의 민주평화 담론," 『21세기정치학회보』 제19집 (2)호 (2009), pp. 364–370.

28) 민주평화론의 이론체계와 외교정책에 대한 비판으로는 이혜정, "민주평화론의 패러독스: 칸트 평화사상의 왜곡과 오용," 『한국정치외교사논총』 제29권 (2)호 (2008), pp. 129–154; 김재천, "민주 평화론(Democratic Peace Theory)과 비밀전쟁(Covert War)," 『한국정치학회보』 제38집 (3)호 (2004), pp. 213–233.

29) 한승헌·강민아(2015), pp. 35–54.

30) 강정애 외, 『리더십론』 (서울: 시그마프레스, 2010), pp. 2–5.

31) 김정운, "갈등수준별 갈등관리 방안 연구: 전시 정치지도자와 군사지도자의 리더십 갈등사례를 중심으로," 『한국갈등관리연구』 제2권 (1)호 (2015), p. 234.

32) 레더라크(2012), pp. 75–78.

33) 이 책의 제5장 권영승의 글을 참조.

34) Michael W. Doyle and Nicholas Sambanis, "International Peacebuilding: A Theoretical and Quantitative Analysis," *The American Political Science Review* 94－4 (December 2000), pp. 779－801.

35) David Mitrany, *A Working Peace System* (Chicago : Quadrangle Books, 1966).

36) 김용우·박경귀, "기능주의의 관점에서 본 남북경제공동체의 건설가능성," 『한국 정책과학학회보』 제4권 (3)호 (2000), pp. 28－29.

37) 손기웅 외, 『EC/EU사례분석을 통한 남북 및 동북아공동체 추진방안－ 유럽공동 체형성기를 중심으로』 (서울: 통일연구원, 2012), p. 87.

38) 김명기, 『한반도평화조약의 체결－ 휴전협정의 평화조약으로의 대체를 위하여』 (서울: 국제법출판사, 1994), pp. 18－23.

39) 문정인, "김대중 정부와 한반도 평화체제 구축," 『국가전략』 제5권 (2)호 (1999), pp. 142－143.

40) 군비통제의 적절한 절차는 정치·군사 분야의 신뢰구축에서 출발해 장기적으로 신뢰가 조성되었을 경우 단계적으로 군축에 들어가야 한다는 것이다. 단적인 예로 1975년 헬싱키 선언의 초기적 신뢰구축조치(CBM, Confidence Building Measures), 1986년 스톡홀름선언의 신뢰 및 안보구축조치(CSBM, Confidence and Security Building Measures) 등을 통해 신뢰구축조치가 완결되고 나서 재래식무기감축협정(CFE, Conventional Forces in Europe)이 타결되었다. 한용섭, 『한반도 평화와 군비통제』 (서울: 박영사, 2015), pp. 22－84. 그러나 유럽의 사례가 전범이라 말하기는 어렵다. 각 분쟁 사례의 맥락과 정치적 타협의 성격에 따라 일괄적 긴장완화도 가능하고, 그 방안은 다양하게 나타날 수 있다.

41) Richard E. Darilek, *A Crisis or Conflict Prevention Center for the Middle East* (Santa Monica, CA: RAND, 1995), pp. 6－10; 한용섭(2015), pp. 42－81.

42) David P. Barash·Charles P. Webel(2018), p. 355.

43) 문재인, "제100주년 3·1절 기념식사(2019년 3월 1일)," www.president.go.kr (검색일: 2020. 6. 2).

44) Peter Wallensteen, *Peace Research: Theory and Practice* (London and New York: Routledge, 2011), pp. 149－150; 황수환, "평화협정의 유형과 성격 연구－ 한반도 평화체제 구축에 대한 함의," 한국외국어대학교 정치외교학과 박사학위논문 (2016), pp. 57－58.

45) Center for Strategic and International Studies and Association of the United States Army, *Post-Conflict Reconstruction: Task Framework* (2002), pp. 3－5.

46) Paul Collier and Anke Hoeffler, "Greed and Grievance in Civil War," *World Bank Policy Research Working Paper 2355* (April 2016), pp. 563－569; Marta Reynal－Querol, "Ethnicity, Political Systems, and Civil Wars," *Journal of Conflict Resolution* 46－1 (February, 2002), pp. 29－52.

47) 거(2003), pp. 267-286.

48) 이재승, 『국가범죄: 한국 현대사를 관통하는 국가범죄와 그 법적 청산의 기록』 (서울: 앨피, 2010), pp. 23-37.

49) International Center for Transitional Justice, "What is Transitional Justice?" https://www.ictj.org/about/transitional-justice (검색일: 2018. 3. 23).

50) Nevin T. Aiken, "Learning to Live Together: Transitional Justice and Inter-group Reconciliation in Northern Ireland," *International Journal of Transitional Justice* 4-2 (July 2010), pp. 166-168.

51) 프리실라 B. 헤이너 지음, 주혜경 옮김, 『국가폭력과 세계의 진실위원회』 (서울: 역사비평사, 2008), pp. 25-37.

52) 남아공의 진실화해위원회가 성공할 수 있었던 문화적 배경으로 우분투(Ubuntu) 정신이 있다. 이 정신에 입각하여 공동체의 복원을 위하여 개인주의보다는 상호 공존을, 사법적 책임보다는 용서를 선택할 수 있었다. 이 책의 제8장 조원빈의 글; 기타지마 기신, "일본의 화해 인식과 아시아의 화해 전망," 서보혁 외, 『화해 협력 이론과 사례 그리고 한반도』 (서울: 통일연구원, 2019), pp. 147-148.

53) 고병헌 외, 『평화교육의 개념과 내용체계에 관한 연구 - 평화지향적 통일교육의 성격과 내용, 교육원리를 중심으로』 (서울: 통일교육원, 2007), pp. 38-52.

54) 이기범, "남북의 경계를 넘어 사회적 상상력이 살아나는 평화교육," 이기범 외 지음, 『한반도 평화교육 어떻게 할 것인가』 (서울: 살림터, 2018), pp. 17-50.

55) 엘리자베스 A. 콜, "화해와 역사 교육," 엘리자베스 A. 콜 저, 김원중 옮김, 『과 거사 청산과 역사교육: 아픈 과거를 어떻게 가르칠 것인가』 (서울: 동북아역사재 단, 2010), pp. 6-55. 남북한의 역사교과서를 분석한 롤랜드 블레이커는 한국 전쟁에 대한 남북한의 역사서술은 전쟁의 도발 책임이 상대방에게 있다는 서술 을 지속해 왔다고 지적했다. 이와 함께 민주화 이후 남한에서 한국전쟁이라는 아픈 과거사를 보다 관용적으로 인식하려는 움직임이 나타나고 있음을 주목하면 서 남북한 간 화해를 위한 추동력이 남한에서 시작되어야 한다고 제안하였다. 롤랜드 블레이커, 황영주 옮김, "한국에서 과거의 이용과 악용: 역사 가르치기와 화해에 대한 고찰," 엘리자베스 A. 콜 저(2010), pp. 468-512.

56) 북아일랜드 분쟁의 전개과정 및 평화프로세스에 대한 내용은 다음과 같은 문헌 을 참고하여 작성하였다. 테오 W. 무디, 프랭크 X. 마틴 엮음, 박일우 옮김, 『아 일랜드의 역사』 (서울: 한울아카데미, 2009); 김정노, 『아일랜드 평화 프로세스』 (서울: 늘품플러스, 2015); 김동진, "북아일랜드 평화프로세스와 지속가능한 평 화구축," 『통일과 평화』 제7집 (2)호 (2015), pp. 290-303; 윤철기, "북아일랜 드 평화프로세스의 정치경제학," 『북한연구학회보』 제23권 (1)호 (2019), pp. 179-203.

57) 무력충돌은 1960년대 이래 북아일랜드뿐만 1920년대 남아일랜드 내부에서도 발 생하였다. 1921년 영아조약 체결 후 남아일랜드에서는 조약찬성파와 반대파 간 아일랜드 내전(Irish Civil War)이 일어나 약 2년 간 지속되었다. 이후 조약반대

파들의 무력투쟁은 실패로 귀결되었고 대중들은 비폭력적 방법, 즉 제도권 정치를 통한 접근방식을 지지하게 되었다. 1948년 중도우파 정당과 공화주의 정당이 연대하여 선거에서 승리하였고 아일랜드공화국을 선포하면서 영연방을 탈퇴하였다.

58) https://cain.ulster.ac.uk/ (검색일: 2020. 2. 3).

59) 이는 영국 및 아일랜드공화국 정부와 평화협상에 참여한 북아일랜드의 여덟 개 정당, 또는 정파 사이에 체결된 협정으로 북아일랜드 민족주의와 통합주의 정당들 간에 체결된 다자협정(multi-party agreement)이면서, 영국과 아일랜드 정부 간에 체결된 국제협정(international agreement)이었다.

60) 한편 두 차례 세계대전은 분쟁 또는 평화적 전환에 직접적인 영향을 끼쳤다고 보기는 어렵다. 제1차 세계대전이 발발하자 아일랜드 민족주의 진영에서 내부 분열이 생겼다. 자치주의자들은 세계대전 이후 영국으로부터 자치를 보장받고자 참전해야 한다는 입장이었고, 극단주의자(강경주의자)들은 이에 반대하면서 자치주의자로부터 이탈하였다. 제2차 세계대전에서 아일랜드는 중립을 유지하고자 하였다.

61) 흄과 트림블은 1998년 공동으로 노벨평화상을 수상하였다.

62) 실업 및 고용과 관련한 통계는 윤철기(2019), pp. 183-191을 참고하였다.

63) 전재춘, "북아일랜드의 정치 갈등과 합의 과정에서 종교의 역할: 1969년부터 2006년까지의 경험을 중심으로," 전북대학교 정치외교학과 박사학위논문 (2014), pp. 197-198.

64) 강순원, "1998년 벨파스트 평화협정과 북아일랜드 평화교육의 상관성 - 상호이해교육(EMU)에서 민주시민교육(CE)으로," 『비교교육연구』 제13권 (2)호 (2003), pp. 221-244; 강순원, "분단극복을 위한 북아일랜드 통합교육운동의 역사적 성격," 『비교교육연구』 제25권 (6)호 (2015), pp. 79-100.

03

1) 이 글은 허창배·황수환, "평화의 조건: 보스니아의 평화는 무엇으로 결정되었나?" 『평화학연구』 제21권 (2)호 (2020)에 게재된 논문을 수정·요약한 것임.

2) 유고는 세르비아, 크로아티아, 슬로베니아, 마케도니아, 몬테네그로, 보스니아-헤르체고비나의 6개 공화국, 보이보디나와 코소보, 두 개의 자치주로 구성되어 있었다.

3) 보스니아 내전의 정의에 대해서는 다음을 참조. 허창배·황수환·최진우, "평화의 과정: 보스니아 평화협정, 사라예보에서 데이튼까지," 『국제정치논총』 제59집 (3)호 (2019), p. 126.

4) Agencija za statistiku Bosne i Hercegovine, "Popis stanovništva, domaćinstava i stanova u Bosni i Hercegovini," http://www.popis2013.ba/popis2013/doc/Popis2013prvoIzdanje.pdf (검색일: 2020. 2. 11)을 바탕으로 재구성.

5) Tony Judt, *Epoca postbelica: O istorie a Europei de dupa 1945* (Bucureşti: Grup Editorial Litera, 2019).

6) 여기에서 말하는 평화는 갈퉁(Johan Galtung)의 소극적 평화(negative peace), 즉 "세력균형이나 평화조성 노력을 통해 전쟁과 같은 직접적 폭력이 부재한 상태"를 의미한다. 그는 소극적 평화에 의한 안전보장을 비판하면서 적극적 평화(positive peace)의 견지에서의 평화를 "모든 종류의 폭력이 없거나 폭력이 감소하는" 단계로 정의한다. 이와 관련된 설명은 다음을 참조. 서보혁, 『한국 평화학의 탐구』(서울: 박영사, 2019), pp. 26−27.

7) U.S. Department of State, *UN Sanctions Against Belgrade: Lessons Learned for Future Regimes* (Washington D.C.: U.S. Department of State, 1996), pp. 1−5.

---

04 ──

1) 이한규, "남아프리카 공화국의 화해 과정과 그 의미," 『4·3과 역사』(2)호 (2002), pp. 247−278.

2) 남아프리카연방은 영국의 식민 정부와 아파르트헤이트 정부를 잇는 과도기적 정권이었다. 연방 정부는 공용어를 영어와 아프리칸스어로 제한했다. 남아프리카연방의 범위는 영국 식민지령인 로디지아(Rodesia, 현 잠비아와 짐바브웨), 베추아나랜드(Bechuanaland, 현 보츠와나), 바소토랜드(Basutoland, 현 레소토)와 스와질란드(Swaziland, 현 이스와티)를 아우르고 있었다.

3) 반투스탄은 남아연방 내의 아프리카인이 가진 문화적 순수함을 보존하고자 이들에게 자치 구역을 마련해 준다는 것이었다.

4) 본 절의 내용은 김광수, "남아프리카공화국의 인종 갈등과 화해 그리고 공존을 향한 '평화 개념' 맥락화에 대한 역사적 고찰: 우분투(Ubuntu)와 진실화해위원회(TRC)를 중심으로," 『한국아프리카학회지』 제53집 (2018), pp. 3−44를 참조.

5) 데스몬드 투투 지음, 홍종락 옮김, 『용서없이 미래없다』(서울: 홍성사, 2009), p. 41.

6) Mvume H. Dandala, "Cows Never Die: Embracing African Cosmology in the Process of Economic Growth," In R. Lessem & B. Nussbaum (eds.), *Sawabona Africa: Embracing Four Worlds in South African Management* (Johannesburg: South Africa, 1996); Mzamo P. Mangaliso, "Building Competitive Advantage from *Ubuntu*: Management Lessons from South Africa," *The Academy of Management Perspectives* 15−3 (2001) pp. 23−34.

7) Adeoye O. Akinola and Ufo Okeke Uzodike, "*Ubuntu* and the Quest for Conflict Resolution in Africa." *Journal of Black Studies* 49−2 (2018), pp. 91−113.

8) 데스몬드 투투(2009), p. 42.

9) 본 절에 포함된 민주주의의 공고화 개념과 내용은 오재익·조원빈, "선거제도와

민주주의 공고화: 아프리카 3개국 비교분석," 『한국아프리카학회지』 제53집 (2018), pp. 159-200을 수정·보완한 것임.

10) Guillermo A. O'Donnell, "Horizontal Accountability in New Democracies," in Andreas Schedler, Larry Diamond, and Marc Plattner (eds.), *The Self-restraining State: Power and Accountability in New Democracies* (Lynne Rienner Publishers, 1999), pp. 29-52.

11) 서상현, "남아공의 정치체제와 선거에 대한 분석: 2004년 선거결과를 중심으로," 『아프리카 연구』 (17)호 (2004), pp. 137-164.

12) Stein Rokkan, *Citizens, Elections, Parties: Approaches to the Comparative Study of the Processes of Development* (Olso: Universitetsforlaget, 1970).

13) Pippa Norris, *Driving Democracy: Do Power-Sharing Institutions Work?* (New York: Cambridge University Press 2008).

14) Mcebisi Ndletyana, *Institutionalising Democracy: The story of the Electoral Commission of South Africa: 1993-2014* (Africa Institute of South Africa, 2015).

15) World Bank, The Worldwide Governance Indicators (WGI) project 2014 (2015).

16) ISS(Institute for Security Studies), *ISS Annual report* (2014).

17) Freedom House Index 점수는 7점 만점으로 1점이 자유 수준이 가장 높다는 평가이며 7점이 가장 낮은 평가다.

05

1) 그러나 벨기에는 훗날 투치 정치엘리트들이 결성한 정당인 '르완다국민연합 (UNAR: Union Nationale Rwandaise)'이 독립을 요구하기 시작하자 후투 세력인 '후투해방운동당(PARMEHUTU: Party of the Hutu Emancipation Movement)' 을 지원하였다.

2) 르완다방위군은 내전의 종결과 신정부 수립 이후 RDF(Rwandan Defence Forces) 로 개칭된다. 또한 이후 1991년 7월 5일 국민개발혁명운동은 '국민개발민주주의 혁명운동(MRNDD: National Revolutionary Movement for Development and Democracy)'으로 이름을 바꾸었다.

3) 1998년 7월 콩고민주공화국의 로랑 카빌라(Laurent Desire Kabila)가 대통령에 취임한 이후 자신을 지원해 준 투치족을 국내에서 축출하는 과정에서 제2차 콩고 전쟁이 일어났다. 로랑 카빌라 정권에 대항하는 반군 단체가 형성되어 내전 상태에 돌입하였고 인근 5개국이 참여하면서 국제전으로 확대되었다. 앙골라, 짐바브웨, 나미비아가 콩고민주공화국 정부를, 르완다와 우간다가 반군을 지원 하였다.

4) 르완다에서 제노사이드 기간 중 일반인들까지 대량학살에 가담한 원인에는 미디 어의 힘이 컸다. 밀 콜린(Mille Collines)은 벨기에 식민지배의 앞잡이 노릇을 한

투치는 바퀴벌레이고 살인자들이라 비난하였으며 이들을 모두 없애야 한다고 선동했다.

5) 가차차(gacaca)는 '잔디가 깔린 넓은 뜰'을 의미한다.

6) 르완다 하원의원 총 의석(80석)중 53석은 자유경쟁의석이며 나머지 27석은 여성(24석), 청소년(2석), 장애인(1석) 대표가 단체별 간접선거에 의해 선출된다. 또한 르완다 헌법 58조는 대통령과 하원의장이 각각 다른 정당에 속해야 함을 명시하고 있다.

7) "Ce sera sans doute mon dernier mandat," *Jeune Afrique* (May 21, 2017).

---

06 ──────────────────────────────

1) 요한 갈퉁 지음, 이재봉 외 옮김, 『평화적 수단에 의한 평화』 (서울: 들녘, 2000), p. 200.

2) "반세기 내전 끝났지만⋯콜롬비아서 작년 옛 FARC 반군 77명 피살," 『연합뉴스』 (2020년 1월 2일).

3) 차경미, "21세기 라틴아메리카의 폭력과 평화: 콜롬비아의 평화협정을 통해 고찰한 불법무장조직 등장의 사회문화적 배경을 중심으로," 『국제언어문학』 (38)호 (2017), p. 62.

4) 차경미(2017), p. 63; Daniel Pécaut, *Orden y violencia: Evolución socio-política de Colombia entre 1930 y 1953* (Grupo Editorial Norma, 2001), pp. 70−75.

5) Ortiz Bernal and José Afranio, *El mundo campesino en Colombia, siglo XX: Historia agraria y rebelión social* (Ibagué: Fondo Mixto para la Promoción de la Cultura y las Artes del Tolima, 1999), pp. 166−170.

6) 차경미(2017), p. 67.

7) 차경미, "콜롬비아의 평화협정의 성과와 과제," 북한연구학회 주최 춘계학술대회 발표 자료집(2018. 3. 30), p. 282.

8) 미주: KIDA 세계분쟁 데이터 베이스. https://terms.naver.com/entry.nhn?docId=1053808&cid=42147&categoryId=42147 (검색일: 2020. 1. 15).

9) 추종연, "콜롬비아 평화협상과 평화정착 주요 과제," 『이베로아메리카』 제15권 (2)호, (2013), p. 308.

10) 차경미(2017), p. 69.

11) 차경미(2017), p. 71.

12) 차경미(2018), pp. 284−285.

13) 루이스 알베르토 레스트레포·소코로 라미레스, "콜롬비아의 평화협정 부결: 평화에 대한 놀람과 충격," 서울대학교 라틴아메리카연구소 지음, 『2017 라틴아메리카: 국제정세 변화와 영향』 (파주: 동명사, 2017), p. 34.

14) 차경미(2017), p. 72; Colombian government and ELN rebels agree ceasefire

(BBC News, 2020.9.4.) https://www.bbc.com/news/world-latin-america-41147416 (검색일: 2020. 2. 15).

15) "내전 종식 위한 34년 여정…콜롬비아 정부-FARC, 평화협상 일지,"『연합뉴스』(2016년 8월 25일).

16) 루이스 알베르토 레스트레포·소코로 라미레스(2017), p. 39.

17) 알바로 우리베 전 대통령이 직접 낙점한 정치적 후계자인 두케 대통령은 중도 우파로서 2018년 8월 7일 대통령에 취임하였으며, 취임 이후 기존 정치 관행을 과감히 근절하고자 노력하고 있으며, 각료에 정치권 인사를 배제하고 전문가 위주로 구성하였고, 대선 공약 이행 및 주요 개혁정책 등을 적극 추진하고 있다는 평가를 받고 있음.

18) Megan Janetsky, "How to keep the Colombian Peace Deal Alive," *Foreign Policy News* (September 8, 2019). https://foreignpolicy.com (검색일: 2020. 5. 1).

07

1) (남)사이프러스의 유럽연합 가입 과정과 그에 대한 북사이프러스 및 터키의 반응에 관해서는 James Ker-Lindsay, *The Cyprus Problem: What Everyone Needs to Know* (Oxford: Oxford University Press, 2011), pp. 56-61을 참조.

2) 이 장에서 다루는 사실은 우덕찬, "키프로스 문제의 역사적 배경과 경과,"『중앙아시아연구』(8)호 (2003), pp. 71-86; 조상현, "변수의 역학관계와 상호작용으로 본 키프로스 분쟁,"『한국군사학논총』제5집 (2)권 (2016), 72-80; 위키피디아 한국 사이트, ko.m.wikipedia.org (검색일: 2019. 11. 22) 등을 참조한 것이다.

3) 조상현, "사이프러스 평화프로세스의 시사점: 통일협상과 교류협력을 중심으로," 통일연구원·대진대학교 DMZ연구원 공동주최 2020 DMZ 평화포럼: 한반도 평화경제와 남북 인간안보 협력 학술회의 자료집 (포시즌스호텔 서울: 2020. 9. 18), pp. 24-28.

4) 이하 특별한 언급이 없거나 평가를 제외한 회담의 경과는 법무부,『남북 키프로스 교류협력 법제연구』(법무자료 제290집, 2009), pp. 49-109를 인용하였다.

5) 합의된 바는 남북 사이프러스는 보장조약(1960. 8. 16) 승인, 두 국가의 헌법질서 보장, 사이프러스의 비무장화 등을 이행하고, 유엔은 무기금수 조치를 취하고 합의사항을 준수하기 위해 섬 전역에 국제병력을 배치한다 등이다.

6) 법무부(2009), pp. 110-203.

7) ▷사이프러스 통일 5원칙: 2지역 2공동체 연방제 통일, 정치적 평등, 현상유지 수용 불가, 포괄적 해결, 일상 및 실질문제 동시 협의, 신뢰구축 노력.
▷3개 이행과제 : 기술위원회 출범, 본질적 문제 협의 목록 교환, 지도자 회담 수시개최.

8) 7개 실무반 주제는 권력분점, EU문제, 영토, 소유권, 경제, 안보, 시민권·동맹·

이주·망명 등이고, 9개 기술위원회 주제는 범죄, 경제·통상, 문화유산, 위기관리, 인도적 문제(실종자 등), 건강의료, 환경, 양성평등, 문화 등이다.

9) 2008년 7월 25일 니코시아 유엔 관할 구역에서 유엔평화유지군 대표의 참석 하에 남사이프러스 크리스토피아스(Christofias) 대통령과 북사이프러스 탈랏(Talat) 대통령은 정상회담을 갖고 향후 6개 의제(통치구조와 권력공유, 재산권, EU문제, 경제문제, 영토조정문제, 안전보장)를 본격 협상하기로 합의했다.

10) Alexandros Lordos, Erol Kaymak, and Nathalie Tocci, *A People's Peace in Cyprus* (Brussels: Center for European Policy Studies, 2009), p. 11.

11) 아래는 법무부(2009), pp. 101 − 109; 우덕찬, "키프로스통일 문제에 관한 연구," 『지중해지역연구』 제10권 (2)호 (2008), pp. 46 − 48; 조상현(2016), pp. 80 − 83을 참조.

12) 가령, (남)사이프러스는 1995년 발효된 도난 및 불법수출 문화재 보상에 관한 국제규약 UNIDROIT에 가입했지만 터키는 가입하지 않았다. Marino de Medici, "Cyprus: One island, two opposite standards," *The Northern Virginia Daily*, March 24, 2020 (검색일: 2020. 4. 1).

13) Lisa Fuhr, *We Ae Cypriots, Wir Sind Zyprer* (Icon Verlag 2019) 참조.

08

1) Dilip Hiro, *The Longest August: The Unflinching Rivalry Between India and Pakistan* (Bold Type Books, 2015), pp. 4 − 5.

2) "35A.Saving of law with respect to permanent residents and their rights. − Notwithstanding anything contained in this Constitution, no existing law in force in the State of Jammu and Kashmir, and no law hereafter enacted by the Legislature of the State, − (a) defining the classes of persons who are, shall be, permanent residents of the State of Jammu and Kashmir; or (b) conferring on such permanent residents any special rights and privileges or imposing upon other persons any restrictions as respects − (i) employment under the State Government; (ii) acquisition of immovable property in the State; (iii) settlement in the State; or (iv) right to scholarships and such other forms of aid as the State Government may provide..." (APPENDIX I: The Constitution(Application to Jammu and Kashmir) Order, 1954, pp. 360 − 361, https://www.india.gov.in/sites/upload_files/npi/files/coi_appendix. pdf). 2019년 8월 인도 정부는 무슬림 다수의 주인 잠무와 카슈미르에 대한 특별 권리를 보장하는 헌법 35A 조항을 폐지하였다. 이에 따라 인도 중앙정부는 이 지역에 대한 더 강력한 정치적 통제를 할 수 있게 되었는데, 예를 들어 지방 경찰에 대한 직접적 통제가 가능하게 되었다. Amy Kazmin, "India scraps Kashmir's special status and imposes lockdown," *Financial Times* (2019.8.5).

3) D. C. Jha, "Indo − Pakistani Relations Since the Tashkent Declaration," *The*

Indian Journal of Political Science 32−4 (1971), pp. 502−521.

4) 이후 파키스탄에 기반을 둔 테러단체 Lashkar−e−Taiba 소속 무장단체가 뭄바이를 공격하여 약 174명의 사망자를 냄으로써 양국 간 평화 협상의 재개는 완전히 물거품이 되고 말았다. Ahmed Rashid, "A Peace Plan for India and Pakistan Already Exists," *New York Times* (2019. 3. 7), https://www.nytimes.com/2019/03/07/opinion/india−and−pakistan.html

5) Stephen A. Kocs, "Territorial Disputes and Interstate War, 1945−1987," *The Journal of Politics* 57−1 (1995).

6) Samuel P. Huntington, *The Clash of Civilizations and the Remaking of World Order* (New York: Simon & Schuster, 1996), pp. 255−256.

7) Huntington(1996), p. 271.

8) Kenneth Boulding, *Stable Peace* (Austin, TX: University of Texas Press, 1978), p. 3.

---

09 ────────────────────────────────────

1) Selam Kidane and Martin Plaut, "Eritrea and Ethiopia: A Year of Peace, A Year of Dashed Hopes," (July 8, 2019), https://africanarguments.org/2019/07/08/eritrea−and−ethiopia−a−year−of−peace−a−year−of−dashed−hopes (검색일: 2020. 1. 20); 황규득. "에티오피아−에리트레아 평화정착 사례와 역내 적용 가능성," 『아프리카 주요이슈 브리핑』 제1권 (1)호 (2018), p. 52.

2) 황규득(2018), pp. 53−54.

3) Kidane and Plaut (2019).

4) 아프리카 토착 기독교의 본산이지만 에티오피아 인구의 약 31%는 이슬람교도다. 테와헤도 정교회를 포함한 기독교와 이슬람교가 오랫동안 평화롭게 공존해왔다. 1936년부터 1941년까지 5년 간 이탈리아의 지배를 받은 것 외에는 외세의 통치 하에 놓인 적이 없다.

5) 황규득(2018), p. 32.

6) CIA World Factbook, "Ethiopia," http://www.cia.gov/library/publications/the−world−factbook/geos/et.html (검색일: 2020. 5. 1).

7) Elias Gebreselassie, "Between Peace and Uncertainty after Ethiopia−Eritrea Deal," (July 9, 2019), https://www.aljazeera.com/indepth/features/peace−uncertainty−ethiopia−eritrea−deal−190708115216882.html (검색일: 2019. 2. 12).

8) 에리트레아는 유럽으로 유입되는 난민 수에 있어서 시리아, 아프가니스탄, 이라크와 더불어 상위권에 속한다.

9) Ezega News, "Ethio−Eritrea Relations and the Challenges Ahead," (August 21, 2018), https://www.ezega.com/News/NewsDetails/6531/Ethio−Eritrea−

Relations−and−the−Challenges−Ahead (검색일: 2019. 2. 10).

10) 1989년 군사쿠데타로 집권한 수단의 오마르 알−바시르(Omar al−Bashir)는 하산 알−투라비(Hassan al−Turabi)와 같은 이슬람주의 지도자들과 연합하여 통치하였다. 알−카에다 지도자 오사마 빈 라덴(Osama Bin Laden)에게 은신처를 제공하면서 1993년 미국은 수단을 테러지원국으로 지정하였다.

11) 황규득(2018), p. 36.

12) 황규득(2018), pp. 39−40.

13) Omar Mahmood and Meressa K. Dessu, "Can Improved Ethiopia−Eritrea Relations Stabilise the Region?" (July 20, 2018), https://issafrica.org/iss−today/can−improved−ethiopioa−eritrea−relations−stabilise−the−region (검색일: 2019. 2. 6).

14) Abraham T. Zere, "The Lifting of UN Sanctions Will Not Solve Eritrea's Problems," (November 20, 2018), https://www.aljazeera.com/indepth/opinion/lifting−sanctions−solve−eritrea−problems−181119110748755.html (검색일: 2019. 2. 13).

15) Susan Stigant and Michael V. Phelan, "A Year After the Ethiopia−Eritrea Peace Deal, What Is the Impact?" (August 29, 2019), https://www.usip.org/publications/2019/08/year−after−ethiopia−eritrea−peace−deal−what−impact (검색일: 2020. 3. 5); Gebreselassie(2019).

16) 황규득(2018), p. 43.

17) Bronwyn Bruton, "Ethiopia and Eritrea Have a Common Enemy," (July 12, 2018), https://foreignpolicy.com/2018/07/12/ethiopoia−and−eritrea−have−a−common−enemy−abiy−ahmed−isaias−afwerki−badme−peace−tplf−eprdf (검색일: 2019. 2. 8).

18) Ezega News(2018).

19) Mahmood and Dessu(2018).

20) CIA World Factbook, "Eritrea," http://www.cia.gov/library/publications/the−world−factbook/geos/er.html (검색일: 2020. 5. 1).

21) James Jeffrey, "What Is Saudi Arabia Up To In The Horn of Africa?" (December 3, 2018), https://www.theamericanconservative.com/articles/what−is−saudi−arabia−up−to−in−the−horn−of−africa (검색일: 2019. 2. 5).

22) Taimur Khan, "Ethiopia−Eritrea Reconciliation Offers Glimpse into Growing UAE Regional Influence," (July 13, 2018), https://agsiw.org/ethiopia−eritrea−reconciliation−offers−glimpse−into−growing−uae−regional−influence (검색일: 2019. 2. 11).

23) Khan(2018).

24) Khaled M. Batarfi, "Ethiopian−Eritrean Peace Agreement — How and Why?"

(September 18, 2018), https://saudigazette.com.sa/article/543600/Opinion/OP
－ED/Ethiopian－Eritrean－peace－agreement－mdash－how－and－why
(검색일: 2019. 2. 13).

25) 황규득(2018), pp. 49－50.

26) Economist, "How Ethiopoia and Eritrea Made Peace," (July 17, 2018), https:
//www.economist.com/the－economist－explains/2018/07/17/how－ethiopia
－and－eritrea－made－peace (검색일: 2019. 2. 5).

27) Khan(2018).

28) Elias Gebreselassie, "China Rides the Rails of Ethiopia's Development,"
(October 26, 2015), https://www.aljazeera.com/indepth/features/china－rides
－rails－ethiopia－development－151020101955760.html (검색일: 2019. 2. 12).

29) Stigant and Phelan(2019).

30) Bruton(2018).

31) Stigant and Phelan(2019).

32) Al Jazeera, "Sudan Deploys More Troops to Eritrea Border," (January 15,
2018), https://www.aljazeera.com/news/2018/01/sudan－deploys－troops－
eritrea－border－180115053325960.html (검색일: 2019. 2. 5).

33) Mahmood and Dessu(2018).

34) Zere(2018).

35) Abraham T. Zere, "Eritrea's State of Uncertainty: Senior Government Sources
Reveal...Nothing," (December 19, 2018), https://africanarguments.org/2018/
12/19/eritrea－senior－government－sources－reveal－nothing－isaias (검색
일: 2019. 2. 15).

10 ──

1) Virginia Page Fortna, *Peace Time* (Princeton: Princeton University Press, 2004),
pp. 25－30.

2) 조성렬, 『뉴한반도비전: 비핵·평화와 통일의 길』 (서울: 백산서당, 2012), p.
206.

3) Eugene K. Lawson, *The Sino-Vietnamese Conflict* (New York: Praeger, 1984), p.
308.

4) 정천구, "중월전쟁의 원인과 결과,"『한국과 국제정치』제2권 (2)호 (1986), p.
136.

5) 謝益顯 편, 『중국외교사 4(1979－1994)』 (서울: 지영사, 2000), p. 179.

6) Brantly Womack, *China and Vietnam* (New York: Cambridge University Press,
2006), p. 191.

7) 1883년부터 1885년 사이에 있었던 청불전쟁(중국 청나라와 프랑스의 베트남을 둘러싼 전쟁, 淸佛戰爭) 이후 프랑스가 청나라 정부를 압박하여 체결된 국경조약으로, 당시 북베트남 통킹 지역에 대한 프랑스의 상권이 인정되고 이 지역에서 중국군이 철수하며 북베트남에 대한 프랑스의 권익이 인정되었다. 이에 따라 프랑스 정부가 베트남 식민지배를 위해 자국에 유리하게 통킹만의 해상 경계를 결정하여 중국은 이를 인정하지 않았다.(https://baike.baidu.com, 검색일: 2020. 6. 29.)

8) 자오찬성, 『중국의 외교정책』(서울: 오름, 2001), p. 84.

9) 郭明, 『中越关系演变四十年』(广西: 南宁出版社, 1992), pp. 272−273.

10) 로버트 서터 저, 김영문 옮김, 『毛澤東 이후의 중국외교정책』(서울: 대광문화사, 1989), pp. 96−97.

11) 김재선, "베트남−중국 관계(베트남 공산화 이후 중월전쟁까지)에 대한 고찰," 『중부대학교 논문집』 제14집 (1999), pp. 240−241.

12) 김국진, 『동남아 국제정치론』(서울: 정음사, 1985), pp, 86−87.

13) Sheldon W. Simon, "China, Vietnam, and ASEAN: The Politic of Polarization," *Asian Survey* 19−12 (December 1979), p. 1173.

14) Womack(2006), p. 196.

15) 謝益顯 편(2000), p. 131.

16) Robert Samuel Ross, *Indochina Triangle: China's Vietnam Policy* 1975−1979 (New York: Columbia University, 1988), p. 436.

17) 정천구(1986), pp. 130−131.

18) 정천구(1986), p. 148.

19) 소련은 공식성명에서 "중국은 침공으로부터 일어나는 모든 결과에 대해 책임을 져야 한다"고 하면서 중국에 대한 경고 메시지를 보냈다. 또한 2월 22일부터 베트남에 대한 군사물자 공급을 시작하고 흑해에 있던 항공모함 민스크호를 남지나해에 급파시키는 등 위협적 조치를 취하였다.

20) Womack(2006), p. 223.

21) Alexander L. Vuving, "Strategy and Evolution of Vietnam's China Policy: A Changing Mixture of Pathways," *Asian Survey* 46−6 (2006), pp. 812−813.

22) Womack(2006), p. 217.

23) Ang Cheng Guan, "Vietnam−China Relations since the End of the Cold War," *Asian Survey* 38−12 (1998), p. 1124.

24) Guan(1998), p. 1127.

25) Ibid., p. 1133.

26) Womack(2006), p. 227.

27) 구자선, "남중국해 인공섬 관련 갈등 분석," 『IFANS 주요국제문제분석』 2015−

22 (2015), p. 8.

28) Le Hong Hiep, "Vietnam's Hedging Strategy against China since Normalization," *Contemporary Southeast Asia* 35－3 (2013), p. 351.

29) Carlyle A. Thayer, "The Tyranny of Geography: Vietnamese Strategies to Constrain China in the South China Sea," *Contemporary Southeast Asia* 33－3 (2011), p. 363.

30) Ruonan Liu and Xuefeng Sun, "Regime Security First: Explaining Vietnam's Security Policies towards the United States and China(1992－2012)," *The Pacific Review* 28－5 (2015), p. 766.

31) Thayer(2011), p. 357.

32) 구자선(2015), p. 9.

33) Vuving(2006), p. 813.

34) Womack(2006), p. 225.

35) Thayer(2011), p. 351.

36) Vuving(2006), pp. 816－817.

37) Le Hong Hiep(2013), p. 357.

38) Liu and Sun(2015), p. 768.

39) 김성철, "남중국해 분쟁과 베트남의 대중국 헷징,"『중소연구』제41권 (4)호 (2017/2018 겨울), pp. 117－123.

결론

1) Peter Wallensteen, *Quality Peace: Peacebuilding, Victory, and World Order* (Oxford: Oxford University Press, 2015) 참조.

2) 홍석률,『분단의 히스테리－ 공개문서로 보는 미중관계와 한반도』(파주: 창비, 2012); 김병로·서보혁 편,『분단폭력: 한반도 군사화에 관한 평화학적 성찰』 (파주: 아카넷, 2016) 참조.

3) Kristine Höglund, *Peace Negotiations in the Shadow of Violence* (Leiden: Mertinus Nijhoff, 2008); 스웨덴 웁살라대학교의 평화분쟁학과(Department of Peace and Conflict Research)가 운영하는 'Uppsala Conflict Data Program' 참조. https://ucdp.uu.se/ (검색일: 2020. 8. 14).

참고문헌

1. 국문자료

강순원. "분단극복을 위한 북아일랜드 통합교육운동의 역사적 성격."『비교
교육연구』제25권 6호 (2015).
_____. "필리핀의 평화교육과 평화과정 – 민다나오를 중심으로."『비교교
육연구』제19권 3호 (2009).
_____. "1998년 벨파스트 평화협정과 북아일랜드 평화교육의 상관성 – 상
호이해교육(EMU)에서 민주시민교육(CE)으로."『비교교육연구』제13권
2호 (2003).
_____. "1998년 벨파스트 합의안 이후 북아일랜드 평화교육의 새로운 조
건– 교회의 지역사회 평화교육을 중심으로."『신학사상』121호 (2003).
강정애·태정원·양혜현·김현아·조은영.『리더십론』서울: 시그마프레스,
2010.
고병헌·임정아·김찬호·정지석·강정숙.『평화교육의 개념과 내용체계에
관한 연구– 평화지향적 통일교육의 성격과 내용, 교육원리를 중심으로』
서울: 통일교육원, 2007.
구자선. "남중국해 인공섬 관련 갈등 분석."『IFANS 주요국제문제분석』
2015–22 (2015).
기타지마 기신. "일본의 화해 인식과 아시아의 화해 전망." 서보혁·홍석훈·
나용우·김주리·이찬수·최규빈·주드 랄 페르난도·기타지마기신.『화
해협력 이론과 사례 그리고 한반도』서울: 통일연구원, 2019.
김광수. "남아프리카공화국의 인종 갈등과 화해 그리고 공존을 향한 '평화
개념' 맥락화에 대한 역사적 고찰: 우분투(Ubuntu)와 진실화해위원회

(TRC)를 중심으로." 『한국아프리카학회지』 제53집 (2018).

김국진. 『동남아 국제정치론』 서울: 정음사, 1985.

김동석. "에티오피아-에리트레아 평화 구축 분석과 전망." 『IFANS 주요국 제문제분석』 2019-5 (2019).

김동진. "북아일랜드 평화프로세스와 지속가능한 평화구축." 『통일과 평화』 제7집 2호 (2015).

_____. "평화 프로세스의 지속가능성: 북아일랜드와 한반도 평화프로세스 비교연구." 경기도·신한대학교 주최 한반도 평화공존과 지역의 역할 국 제학술회의 발표 자료집(2017. 11. 11).

김명기. 『한반도평화조약의 체결-휴전협정의 평화조약으로의 대체를 위 하여』 서울: 국제법출판사, 1994.

김명환·은재호·김상묵·이승모·김동현. "갈등전환: 새로운 관점에 대한 논의." 『국가정책연구』 제31권 4호 (2017).

김병로·서보혁 편. 『분단폭력: 한반도 군사화에 관한 평화학적 성찰』 서울: 아카넷, 2016.

김성철. "남중국해 분쟁과 베트남의 대중국 헷징." 『중소연구』 제41권 4호 (2017/2018 겨울).

김용우·박경귀. "기능주의의 관점에서 본 남북경제공동체의 건설가능성." 『한국정책과학학회보』 제4권 3호 (2000).

김이연. "평화협상과 지역 국제기구의 역할." 『한국과 국제정치』 제31권 4 호 (2015).

김재선. "베트남-중국 관계(베트남 공산화 이후 중월전쟁까지)에 대한 고 찰." 『중부대학교 논문집』 제14집 (1999).

김재천. "민주 평화론(Democratic Peace Theory)과 비밀전쟁(Covert War)." 『한국정치학회보』 제38집 3호 (2004).

_____. "민주평화론: 논의의 현주소와 동북아에서의 민주평화 담론." 『21 세기정치학회보』 제19집 2호 (2009).

김정노. 『아일랜드 평화 프로세스』 서울: 늘품플러스, 2015.

김정운. "갈등수준별 갈등관리 방안 연구: 전시 정치지도자와 군사지도자의
　　리더십 갈등사례를 중심으로." 『한국갈등관리연구』 제2권 1호 (2015).

데스몬드 투투 지음. 홍종락 옮김. 『용서없이 미래없다』 서울: 홍성사,
　　2009.

로버트 서터 저. 김영문 옮김. 『毛澤東 이후의 중국외교정책』 서울: 대광문
　　화사, 1989.

루이스 알베르토 레스트레포 · 소코로 라미레스. "콜롬비아의 평화협정 부결:
　　평화에 대한 놀람과 충격." 서울대학교 라틴아메리카연구소 지음. 『2017
　　라틴아메리카: 국제정세 변화와 영향』 파주: 동명사, 2017.

문재인. "제100주년 3 · 1절 기념식사(2019년 3월 1일)." www.president.
　　go.kr (검색일: 2020. 6. 2).

문정인. "김대중 정부와 한반도 평화체제 구축." 『국가전략』 제5권 2호
　　(1999).

박주화 · 김갑식 · 이민규 · 최훈석 · 박형인 · 현인애 · 권영미. 『평화의 심리학:
　　한국인의 평화인식』 서울: 통일연구원, 2018.

박채복. "독일 – 폴란드 국경선 분쟁과 역사적 화해: 문화의 융합과 혼종화
　　그리고 새로운 정체성." 『한국정치외교사논총』 제39집 2호 (2017).

법무부. 『남북 키프로스 교류협력 법제연구』 법무자료 제290집, 2009.

謝益顯 편. 『중국외교사 4(1979 – 1994)』 서울: 지영사, 2000.

서보혁. 『배반당한 평화: 한국의 베트남, 이라크 파병과 그 이후』 서울: 진
　　인진, 2017.

＿＿＿. 『유엔의 평화정책과 안전보장이사회』 서울: 아카넷, 2013.

＿＿＿. 『한국 평화학의 탐구』 서울: 박영사, 2019.

서보혁 · 이찬수 편. 『한국인의 평화사상 Ⅰ · Ⅱ』 서울: 인간사랑, 2018.

서상현. "남아공의 정치체제와 선거에 대한 분석: 2004년 선거결과를 중심
　　으로." 『아프리카 연구』 17호 (2004).

손기웅 · 김미자 · 김유정 · 노명환 · 배규성 · 신종훈 · 전혜원 · 정영태. 『EC/EU
　　사례분석을 통한 남북 및 동북아공동체 추진방안 – 유럽공동체형성기를

중심으로』서울: 통일연구원, 2012.

엘리자베스 A. 콜 저. 김원중 옮김.『과거사 청산과 역사교육: 아픈 과거를 어떻게 가르칠 것인가』서울: 동북아역사재단, 2010.

오재익·조원빈. "선거제도와 민주주의 공고화: 아프리카 3개국 비교분석." 『한국아프리카학회지』제53집 (2018).

요제프 클레멘스 주교. "독일교회가 걸어온 화해와 평화의 길." 천주교 서울 대교구 민족화해위원회 평화나눔연구소 주최 평화의 문화 한반도의 길 포럼 자료집(2019. 5. 18).

요한 갈퉁 지음. 이재봉·강종일·정대화·임성호·김승채 옮김.『평화적 수 단에 의한 평화』서울: 들녘, 2000.

우덕찬. "키프로스 문제의 역사적 배경과 경과."『중앙아시아연구』8호 (2003).

_____. "키프로스 통일 문제에 관한 연구."『지중해지역연구』제10권 2호 (2008).

윤철기. "북아일랜드 평화프로세스의 정치경제학."『북한연구학회보』제23 권 1호 (2019).

이기범·이성숙·정영철·정용민·정진화·최관의.『한반도 평화교육 어떻게 할 것인가』서울: 살림터, 2018.

이민효.『분쟁에서의 희생자 보호와 국제인도법: 비국제적 분쟁을 중심으로』 파주: 한국학술정보, 2006.

이상근. "'안정적 평화' 개념과 한반도 적용 가능성."『한국정치학회보』제 49집 1호 (2015).

이신화·이성현. "내전의 재발방지와 유엔의 안보역할— 아프리카 전후(戰後) 평화구축활동의 성과격차 연구."『대한정치학회보』제23집 3호 (2015).

이재승.『국가범죄: 한국 현대사를 관통하는 국가범죄와 그 법적 청산의 기 록』서울: 앨피, 2010.

이찬수. "분쟁의 시대, 평화의 꿈: '감폭력'으로서의 평화에 대하여." 서울대 학교 통일평화연구원 주최 제6기 평화아카데미 강의 자료집(2018. 10. 2).

이한규. "남아프리카 공화국의 화해 과정과 그 의미."『4·3과 역사』 2호 (2002).

이혜정. "민주평화론의 패러독스: 칸트 평화사상의 왜곡과 오용."『한국정치 외교사논총』 제29권 2호 (2008).

자오찬성.『중국의 외교정책』 서울: 오름, 2001.

전재춘. "북아일랜드의 정치 갈등과 합의 과정에서 종교의 역할: 1969년부 터 2006년까지의 경험을 중심으로." 전북대학교 정치학과 박사학위논문 (2014).

정천구. "중월전쟁의 원인과 결과."『한국과 국제정치』 제2권 2호 (1986).

조상현. "변수의 역학관계와 상호작용으로 본 키프로스 분쟁."『한국군사학 논총』 제5집 2권 (2016).

_____. "사이프러스 평화프로세스의 시사점: 통일협상과 교류협력을 중심 으로." 통일연구원·대진대학교 DMZ연구원 공동주최 2020 DMZ 평화포 럼: 한반도 평화경제와 남북 인간안보 협력 학술회의 자료집. 포시즌스 호텔 서울: 2020. 9. 18.

조성렬.『뉴한반도비전: 비핵·평화와 통일의 길』 서울: 백산서당, 2012.

조지프 나이 지음. 양준희·이종삼 옮김.『국제분쟁의 이해: 이론과 역사』 파주: 한울, 2009.

조한승. "건설적 관여의 역동적 시스템 모델을 통한 미국-쿠바 관계 개선 분석: 교황의 중개외교를 중심으로."『평화학연구』 제17권 4호 (2016).

존 폴 레더라크 지음. 김동진 옮김.『평화는 어떻게 만들어지는가: 지속 가 능한 평화 구축을 위하여』 서울: 후마니타스, 2012.

진행남.『국내외 평화교육 프로그램 실태 분석』 제주평화연구원, 2008.

차경미. "콜롬비아의 평화협정의 성과와 과제." 북한연구학회 주최 춘계학 술대회 발표 자료집. 동국대: 2018. 3. 30.

_____. "21세기 라틴아메리카의 폭력과 평화: 콜롬비아의 평화협정을 통해 고찰한 불법무장조직 등장의 사회문화적 배경을 중심으로."『국제언어문 학』 38호 (2017).

찰스 케글리·그레고리 레이몬드 저. 김경순 역.『평화를 어떻게 구축할 것인가』서울: 국방대학교 안보문제연구소, 2000.

최진철·정진성. "독일·폴란드 접경도시 '괴를리츠/즈고젤레츠'의 분단과 화해 과정 연구."『독일어문학』제88집 (2020).

최태현. "외교적 방식에 의한 영토분쟁의 해결."『법학논총』제24집 4호 (2007).

추종연. "콜롬비아 평화협상과 평화정착 주요 과제."『이베로아메리카』제15권 2호 (2013).

테드 R. 거 지음. 이신화 역.『민족 대 국가: 21세기 세계인종분쟁의 추이와 전망』서울: 나남출판, 2003.

테오 W. 무디, 프랭크 X. 마틴 엮음. 박일우 옮김.『아일랜드의 역사』서울: 한울아카데미, 2009.

프리실라 B. 헤이너 지음. 주혜경 옮김.『국가폭력과 세계의 진실위원회』서울: 역사비평사, 2008.

한승헌·강민아. "내전 후 평화의 달성을 위한 정부의 질(quality of government): 질적비교연구방법론(QCA)의 적용."『국제정치연구』제18집 1호 (2015).

한용섭.『한반도 평화와 군비통제』서울: 박영사, 2015.

허창배·황수환. "평화의 조건: 보스니아의 평화는 무엇으로 결정되었나?"『평화학연구』제21권 2호 (2020).

허창배·황수환·최진우. "평화의 과정: 보스니아 평화협정, 사라예보에서 데이튼까지,"『국제정치논총』제59집 3호 (2019).

홍석률.『분단의 히스테리 - 공개문서로 보는 미중관계와 한반도』파주: 창비, 2012.

황규득. "에티오피아-에리트레아 평화정착 사례와 역내 적용 가능성."『아프리카 주요이슈 브리핑』제1권 1호 (2018).

황수환. "평화협정의 유형과 성격 연구- 한반도 평화체제 구축에 대한 함의." 한국외국어대학교 정치외교학과 박사학위논문 (2016).

David P. Barash · Charles P. Webel 지음. 송승종 · 유재현 옮김. 『전쟁과 평화』 서울: 명인문화사, 2018.

2. 영문자료

Aiken, Nevin T. "Learning to Live Together: Transitional Justice and Intergroup Reconciliation in Northern Ireland." *International Journal of Transitional Justice* 4−2 (July 2010).

Akinola, Adeoye O., and Ufo Okeke Uzodike. "*Ubuntu* and the Quest for Conflict Resolution in Africa." *Journal of Black Studies* 49−2 (2018).

Azar, Edward E., Paul Jureidini, and Ronald McLaurin. "Protracted Social Conflict: Theory and Practice in the Middle East." *Journal of Palestine Studies* 8−1 (Autumn 1978).

Batarfi, Khaled M. "Ethiopian−Eritrean Peace Agreement — How and Why?" (September 18, 2018), https://saudigazette.com.sa/article/543600/Opinion/OP−ED/Ethiopian−Eritrean−peace−agreement−mdash−how−and−why (검색일: 2019. 2. 13).

Bernal, Ortiz and José Afranio. *El mundo campesino en Colombia, siglo XX: Historia agraria y rebelión social.* Ibagué: Fondo Mixto para la Promoción de la Cultura y las Artes del Tolima, 1999.

Boulding, Kenneth. *Stable Peace.* Austin, TX: University of Texas Press, 1978.

Bruton, Bronwyn. "Ethiopia and Eritrea Have a Common Enemy." (July 12, 2018), https://foreignpolicy.com/2018/07/12/ethiopoia−and−eritrea−have−a−common−enemy−abiy−ahmed−isaias−afwerki−badme−peace−tplf−eprdf (검색일: 2019. 2. 8).

Call, Charles T. "Knowing Peace When You See It: Setting Standards for Peacebuilding Success." *Civil Wars* 10−2 (2008).

Caplan, Richard and Anke Hoeffler. "Why Peace Endures: an Analysis of Post—Conflict Stabilization." *European Journal of International Security* 2—2 (March 2017).

Center for Strategic and International Studies and Association of the United States Army. *Post-Conflict Reconstruction: Task Framework* (2002).

CIA World Factbook. "Ethiopia." http://www.cia.gov/library/publications/ the—world—factbook/geos/et.html (검색일: 2020. 5. 1).

Collier, Paul and Anke Hoeffler. "Greed and Grievance in Civil War." World Bank Policy Research Working Paper 2355 (April 2016).

Collier, Paul, Anke Hoeffler, and Måns Söderbom. "Post—Conflict Risks." *Journal of Peace Research* 45—4 (June 2008).

Dandala, Mvume H. "Cows Never Die: Embracing African Cosmology in the Process of Economic Growth." In R. Lessem & B. Nussbaum eds. *Sawabona Africa: Embracing Four Worlds in South African Management.* Johannesburg: South Africa, 1996.

Darilek, Richard E. *A Crisis or Conflict Prevention Center for the Middle East.* Santa Monica, CA: RAND, 1995.

De Medici, Marino. "Cyprus: One island, two opposite standards." *The Northern Virginia Daily.* March 24, 2020 (검색일: 2020. 4. 1).

Doyle, Michael W., and Nicholas Sambanis. "International Peacebuilding: A Theoretical and Quantitative Analysis." *The American Political Science Review* 94—4 (December 2000).

Economist. "How Ethiopoia and Eritrea Made Peace." July 17, 2018, https://www.economist.com/the—economist—explains/2018/07/17/ how—ethiopia—and—eritrea—made—peace (검색일: 2019. 2. 5).

Ezega News. "Ethio—Eritrea Relations and the Challenges Ahead." (August 21, 2018), https://www.ezega.com/News/NewsDetails/6531/ Ethio—Eritrea—Relations—and—the—Challenges—Ahead (검색일: 2019. 2. 10).

Fortna, Virginia Page. *Peace Time.* Princeton: Princeton University Press, 2004.

Fuhr, Lisa. *We Ae Cypriots, Wir Sind Zyprer*. München: Icon Verlag, 2019.

Gebreselassie, Elias. "Between Peace and Uncertainty after Ethiopia−Eritrea Deal." (July 9, 2019), https://www.aljazeera.com/indepth/features/peace−uncertainty−ethiopia−eritrea−deal−190708115216882.html (검색일: 2019. 2. 12).

_____. "China Rides the Rails of Ethiopia's Development." (October 26, 2015), https://www.aljazeera.com/indepth/features/china−rides−rails−ethiopia−development−151020101955760.html (검색일: 2019. 2. 12).

Guan, Ang Cheng. "Vietnam−China Relations since the End of the Cold War." *Asian Survey* 38−12 (1998).

Hartzell, Caroline and Matthew Hoddie. "Institutionalizing Peace: Power Sharing and Post−CivilWar Conflict Management." *American Journal of Political Science* 47−2 (April 2003).

Hegre, Håvard, Tanja Ellingsen, Scott Gates, and Nils Petter Gleditsch. "Toward a Democratic Civil Peace? Democracy, Political Change, and Civil War, 1816−1992." *The American Political Science Review* 95−1 (March 2001).

Hiep, Le Hong. "Vietnam's Hedging Strategy against China since Normalization." *Contemporary Southeast Asia* 35−3 (2013).

Hiro, Dilip. *The Longest August: The Unflinching Rivalry Between India and Pakistan*. Bold Type Books, 2015.

Huntington, Samuel P. *The Clash of Civilizations and the Remaking of World Order*. New York: Simon & Schuster, 1996.

ISS(Institute for Security Studies). *ISS Annual report* (2014).

Jazeera, Al. "Sudan Deploys More Troops to Eritrea Border." (January 15, 2018), https://www.aljazeera.com/news/2018/01/sudan−deploys−troops−eritrea−border−180115053325960.html (검색일: 2019. 2. 5).

Jeffrey, James. "What Is Saudi Arabia Up To In The Horn of Africa?" (December 3, 2018), https://www.theamericanconservative.com/arti-

cles/what−is−saudi−arabia−up−to−in−the−horn−of−africa
(검색일: 2019. 2. 5).

Jha, D. C. "Indo−Pakistani Relations Since the Tashkent Declaration."
The Indian Journal of Political Science 32−4 (1971).

Judt, Tony. *Epoca postbelica: O istorie a Europei de dupa 1945.* Bucureşti: Grup
Editorial Litera, 2019.

Kazmin, Amy. "India scraps Kashmir's special status and imposes lock-
down." *Financial Times* (August 5, 2019).

Ker−Lindsay, James. *The Cyprus Problem: What Everyone Needs to Know.*
Oxford: Oxford University Press, 2011.

Khan, Taimur. "Ethiopia−Eritrea Reconciliation Offers Glimpse into
Growing UAE Regional Influence." July 13, 2018, https://agsiw.org/
ethiopia−eritrea−reconciliation−offers−glimpse−into−growing−
uae−regional−influence (검색일: 2019. 2. 11).

Kidane, Selam and Martin Plaut. "Eritrea and Ethiopia: A Year of Peace,
A Year of Dashed Hopes." July 8, 2019, https://africanarguments.
org/2019/07/08/eritrea−and−ethiopia−a−year−of−peace−a−year
−of−dashed−hopes (검색일: 2020. 1. 20).

Kocs, Stephen A. "Territorial Disputes and Interstate War, 1945−1987."
The Journal of Politics 57−1 (1995).

Kress, Moshe. "Modeling Armed Conflict." *Science* 336 (May 2012).

Kristine Höglund. *Peace Negotiations in the Shadow of Violence.* Leiden: Mertinus
Nijhoff, 2008.

Lawson, Eugene K. *The Sino-Vietnamese Conflict.* New York: Praeger, 1984.

Little, Adrian. *Enduring Conflict: Challenging the signature of peace and democracy.*
Bloomsbury Academic, 2014.

Liu, Ruonan and Xuefeng Sun. "Regime Security First: Explaining
Vietnam's Security Policies towards the United States and China
(1992−2012)." *The Pacific Review* 28−5 (2015).

Lordos, Alexandros, Erol Kaymak, and Nathalie Tocci. *A People's Peace in*

Cyprus. Brussels: Center for European Policy Studies, 2009.

Mahmood, Omar and Meressa K. Dessu. "Can Improved Ethiopia—Eritrea Relations Stabilise the Region?" July 20, 2018, https://iss-africa.org/iss—today/can—improved—ethiopioa—eritrea—relations—stabilise—the—region (검색일: 2019. 2. 6).

Mangaliso, Mzamo P. "Building Competitive Advantage from *Ubuntu*: Management Lessons from South Africa." *The Academy of Management Perspectives* 15—3 (2001).

Maoz, Zeev and Ben D. Mor. *Bound by Struggle: The Strategic Evolution of Enduring International Rivalries.* Ann Arbor: University of Michigan Press, 2002.

Megan Janetsky. "How to Keep the Colombian Peace Deal Alive." *Foreign Policy News* September 8, 2019. https://foreignpolicy.com (검색일: 2020. 5. 1).

Miall, Hugh. "Conflict Transformation: A Multi—dimensional Task." In Austin, Alex, Martina Fischer, and Norbert Ropers eds. *Transforming Ethnopolitical Conflict: The Berghof Handbook.* Wiesbaden: VS Verlag, 2004.

Mitrany, David. *A Working Peace System.* Chicago: Quadrangle Books, 1966.

Ndletyana, Mcebisi. *Institutionalising Democracy: The story of the Electoral Commission of South Africa: 1993-2014.* Africa Institute of South Africa, 2015.

Norris, Pippa. *Driving Democracy: Do Power-Sharing Institutions Work?* New York: Cambridge University Press 2008.

O'Donnell, Guillermo A. "Horizontal Accountability in New Democracies." In Andreas Schedler, Larry Diamond, and Marc Plattner eds. *The Self-restraining State: Power and Accountability in New Democracies.* Lynne Rienner Publishers, 1999.

Pécaut, Daniel. *Orden y violencia: Evolución socio-política de Colombia entre 1930 y 1953.* Grupo Editorial Norma, 2001.

Ramsbotham, Oliver, Tom Woodhouse, and Hugh Miall. *Contemporary Conflict Resolution.* 4th Edition. Cambridge: Polity Press, 2016.

Rashid, Ahmed. "A Peace Plan for India and Pakistan Already Exists." *New York Times* (2019. 3. 7).

Rennack, Dianne E. and Robert D. Shuey. "Economic Sanctions to Achieve U.S. Foreign Policy Goals: Discussion and Guide to Current Law." Congressional Research Service (June 1998).

Reynal－Querol, Marta. "Ethnicity, Political Systems, and Civil Wars." *Journal of Conflict Resolution* 46－1 (February, 2002).

Rokkan, Stein. *Citizens, Elections, Parties: Approaches to the Comparative Study of the Processes of Development.* Olso: Universitetsforlaget, 1970.

Ross, Robert Samuel. *Indochina Triangle: China's Vietnam Policy 1975-1979.* New York: Columbia University, 1988.

Simon, Sheldon W. "China, Vietnam, and ASEAN: The Politic of Polarization." *Asian Survey* 19－12 (December 1979).

Stigant, Susan and Michael V. Phelan. "A Year After the Ethiopia－Eritrea Peace Deal, What Is the Impact?" August 29, 2019, https://www.usip.org/publications/2019/08/year－after－ethiopia－eritrea－peace－deal－what－impact (검색일: 2020. 3. 5).

Thayer, Carlyle A. "The Tyranny of Geography: Vietnamese Strategies to Constrain China in the South China Sea." *Contemporary Southeast Asia* 33－3 (2011).

U.S. Department of State. *UN Sanctions Against Belgrade: Lessons Learned for Future Regimes.* Washington D.C.: U.S. Department of State, 1996

Vuving, Alexander L. "Strategy and Evolution of Vietnam's China Policy: A Changing Mixture of Pathways." *Asian Survey* 46－6 (2006).

Wallensteen, Peter. *Peace Research: Theory and Practice.* London and New York: Routledge, 2011.

＿＿＿＿＿＿＿＿＿. *Quality Peace: Peacebuilding, Victory, and World Order.* London and New York: Routledge, 2011.

Womack, Brantly. *China and Vietnam.* New York: Cambridge University Press, 2006.

World Bank. The Worldwide Governance Indicators (WGI) project 2014 (2015).

Wright, Quincy. "The Nature of Conflict." In John Burton and Frank Dukes (eds.). *Conflict: Readings in Management & Resolution*. New York: St. Martin's Press, 1990.

Zere, Abraham T. "Eritrea's State of Uncertainty: Senior Government Sources Reveal...Nothing." December 19, 2018, https://africanarguments.org/2018/12/19/eritrea－senior－government－sources－reveal －nothing－isaias (검색일: 2019. 2. 15).

_____. "The Lifting of UN Sanctions Will Not Solve Eritrea's Problems." November 20, 2018, https://www.aljazeera.com/indepth/ opinion/lifting－sanctions－solve－eritrea－problems－181119110748755. html (검색일: 2019. 2. 13).

3. 중문자료

郭明. 『中越关系演变四十年』 广西: 南宁出版社, 1992.

4. 기타자료

Agencija za statistiku Bosne i Hercegovine. "Popis stanovništva, doma-ćinstava i stanova u Bosni i Hercegovini." http://www.popis2013. ba/popis2013/doc/Popis2013prvoIzdanje.pdf (검색일: 2020. 2. 11).

KIDA 세계분쟁 데이터 베이스. https://terms.naver.com/entry.nhn?docId ＝1053808&cid＝42147&categoryId＝42147 (검색일: 2020. 1. 15).

찾아보기

필자소개

서보혁

한국외국어대학교에서 정치학 박사학위를 취득하였다. 주요 연구분야는 평화와 안보, 인권, 화해 이론과 한반도 적용문제이다. 이화여대, 서울대 등에서 연구교수를 역임하였고 현재 통일연구원 연구위원이다. 약 20년 동안 여러 국가 및 정부기관과 비정부기구 등에서 한반도 정책을 자문해오고 있다. 근래 저작으로『한국 평화학의 탐구』,『배반당한 평화: 한국의 베트남·이라크 파병과 그 이후』,『한국인의 평화사상 Ⅰ·Ⅱ』(공편),『평화운동: 이론·역사·영역』,『세계평화개념사』,『화해협력 이론과 사례 그리고 한반도』,『한반도 평화체제 관련 쟁점과 이행방안』(이상 공저), *The Light of Peace: Churches in Solidarity with the Korean Peninsula*(근간, 공저) 등이 있다.

차승주

서울대학교 윤리교육과에서 논문 "북한 조선소년단에 관한 연구: 사회통합기제로서의 역할을 중심으로"로 교육학 박사학위를 받았다. 북한교육과 함께 통일교육과 평화교육에 대하여 관심을 가지고 연구하고 있다. 서울교육대학교, 공주교육대학교, 동국대학교 등에 출강했으며 현재 경인교육대학교, 성공회대학교 등에서 강의하고 있다. 문재인 정부 초대 통일부 장관의 정책보좌관으로 근무했으며, 현재 민주평화통일자문회의의 청년분과 상임위원과 경기도 평화정책자문위원회 자문위원으로 활동하고 있다. 최근 저작으로는 공저『김정은 시대, 유럽연합과 북한』과 논문 "평화·통일교육의 핵심 내용으로서 '화해'에 대한 시론적 고찰", "통일교육의 윤리적 기초: 용서를 중심으로", "북한의 시대별 교육담론" 등 다수가 있다.

조우현

동국대학교 북한학과에서 박사과정을 수료하였다. 동국대학교 분단/탈분단연구센터와 SK경영경제연구소에서 연구보조원으로 근무하였다. 한반도 분단체제, 국가폭력과 전환기 정의 등에 관심을 갖고 공부하고 있다. 저서 및 논문으로『분단의 행위자-네트워크와 수행성』(2015, 공저), "한반도 평화체제 구축 과제: 한국의 역할을 중심으로"(2018, 공저) 등이 있다.

황수환

한국외국어대학교에서 정치학(국제정치) 박사학위를 취득하고 현재 고려대학교 일민국제관계연구원 객원연구위원으로 재직 중이다. 주요 연구분야는 평화협정, 평화연구, 남북한관계, 한반도 통일이다. 현재 민주평화통일자문회의 상임위원/자문위원, 천주교 민족화해위원회 산하 평화나눔연구소 연구위원, 한국세계지역학회 총무이사, 한국평화연구학회 편집이사로 활동하고 있다. 주요 연구로는『연방제 통일과 평화협정』(공저).『한반도 통일과 비정부기구: 국제기구와 NGO의 역할』(공저),『가톨릭교회 평화론과 평화 사상』(공저), "평화학적 관점에서 본 한반도 평화의 방향"(2019), "평화의 과정: 보스니아 평화협정, 사라예보에서 데이튼까지"(2019)(공동), "평화의 조건: 보스니아의 평화는 무엇으로 결정되었나?"(2020)(공동) 등이 있다.

허창배

한양대학교 대학원에서 국제정치 전공으로 정치학 박사과정을 수료했으며, 현재 고양시정
연구원에서 일하고 있다. 전공분야는 국제정치, 유럽정치이며 주로 중동부유럽의 정치경
제 현상이 관심분야다. 통일연구원, 한국외국어대, 한양대 평화연구소 등에서 일한 경험이
있으며, 2020년 1월 결혼, 코로나 19가 확산된 위험사회에서 허니문을 꿈꾸고 있다. 대표
논문으로는 "평화의 과정: 보스니아 평화협정, 사라예보에서 데이튼까지"(「국제정치논총」
2019)와 "유럽연합 에너지 협력 실패에 대한 이론적 소고: 나부코 프로젝트 사례를 중심
으로"(「21세기정치학회보」 2019), "지역의 선택: 우크라이나와 몰도바 국내정치와 지역무
역협정 정책"(「동유럽발칸연구」 2018) 등이 있다. 대표저서로는 『루마니아: 미완의 혁명』
(서울: 한양대학교 출판부, 2018) 등이 있으며, 참여한 연구보고서는 「남북 보건의료협력
추진체계 구축을 위한 고양시 자원조사」(고양: 고양시정연구원, 2020) 등이 있다.

조원빈

미국 미시간주립대에서 정치학 박사를 취득했으며, 미국 켄터키대 정치학과 조교수로 재
직한 뒤 현재 성균관대학교 정치외교학과 부교수로 재직하고 있다. 정치학 중 비교정치
분야를 전공했으며 신생민주주의 국가들, 특히 아프리카 지역 내 국가들의 민주화 과정과
정치제도가 정치행태에 미치는 영향 등을 연구해 왔다. 최근에는 성균관대학교 좋은민주
주의연구센터 소장으로 '뉴노멀 시대, 뉴데모크라시'를 연구 제목으로 하는 SSK 중형단계
연구단을 이끌며, 다양한 뉴노멀 현상이 민주주의 정치체제와 권위주의 정치체제에 미치
는 영향과 과정 중심적인 민주주의 개념을 수정하고 민주주의 체제의 결과의 중요성도 동
시에 평가되어야 한다는 연구를 수행하고 있다. 연구 결과물의 하나로 최근 『뉴노멀 시대,
아시아의 뉴데모크라시』 편저를 출간했다. 이 밖에도, 「한국정치학회보」와 「국제정치논총」
등 국내 학술지와 *Comparative Political Studies*와 *Governance, Electoral Studies, Journal of Asian
Studies* 등 해외 저널에도 학술논문을 출판해왔다.

권영승

한국외국어대학교를 졸업하고, 성균관대학교에서 "아프리카의 신가산제 유형과 경제발전"
으로 정치학 박사학위를 받았다. 현재 좋은민주주의연구센터에서 선임연구원으로 재직 중
이다. 성균관대학교와 덕성여자대학교에서 정치학을 강의하였으며, 주로 제3세계 권위주
의 국가들의 정치변동과 평화 문제에 관심을 두고 연구를 진행 중이다. 주요 연구로는
"부룬디의 저발전 원인에 대한 연구(2019)", "발전형 가산제로의 이행에 대한 연구: 르완
다 사례 분석(2019)" 등이 있다.

홍석훈

성균관대학교 정치외교학과를 졸업하고, 조지아대학교에서 정치학 박사학위를 받았다. 통
일연구원 연구위원으로 재직 중이며 민주평화통일자문회의 자문위원 통일교육위원 서울
협의회, 한국국제정치학회 대외협력이사를 맡고 있다. 성균관대 정치외교학과 겸임교수
(2017-2018), 조지아대 국제관계학과 Instructor(2011-2012), 조지아대 국제문제연구소
연구원(2009-2013)을 역임하였다. 주요저서 및 논문으로 『12개 주제로 생각하는 통일과
평화, 그리고 북한』(박영사 2020, 공저), 『남북한인도협력 방안과 과제: 인도·개발·평화
의 트리플넥서스』(통일연구원 2019, 공저), "North Korea's Transition of its Economic
Development Strategy: Its Significance and the Political Environment of the Korean
Peninsula," *The Korean Journal of Defense Analysis* Vol.30 No.4(2018) 등이 있다.

조원득

위스콘신주립대(밀워키)에서 정치학 박사학위를 취득하였으며, 전공은 국제정치(외교정책)이고 주요 연구 분야는 경제제재, 인도–태평양(아세안/인도)의 국제관계, 미국의 남아시아 외교정책이다. 현재 국립외교원 아세안인도연구센터 연구교수로 재직 중이며, 이전에는 위스콘신주립대와 캐롤대에서 국제관계와 비교정치를 강의하였다. 최근 저작으로는 "Making Dictators' Pockets Empty: How Do US Sanctions Influence Social Policies in Autocratic Countries"(Defence and Peace Economics, 2019), "미중 경쟁과 트럼프 행정부의 남아시아 전략: 인도와 파키스탄 중심으로"(국가전략, 2019), "인도 모디정부의 신동방정책(Act East Policy)과 동아시아"(국립외교원 2018) 등이 있다.

김동석

미국 일리노이대학교에서 정치학 박사학위를 받았으며, 현재 국립외교원 조교수로 재직 중이다. 연구 분야는 아프리카 정치, 내전, 과도기 정의 등이며 주요 논문으로는 "Coup, Riot, War: How Political Institutions and Ethnic Politics Shape Alternative Forms of Political Violence"(2018), "Autocracy, Religious Restriction, and Religious Civil War"(2017), "Foreign Aid and Severity of Civil Conflict in Sub–Saharan Africa"(2018), "아프리카의 진실과 화해 추구 보편화에 관한 고찰"(2017) 등이 있다. 또한 아프리카의 여러 이슈에 관한 다수의 정책보고서를 작성하였다.

이상숙

이화여자대학교 중어중문학과를 졸업하고, 동국대학교에서 정치학 박사학위를 받았다. 국제정치, 북한 정치 및 외교, 북중관계 등을 연구하고 있으며, 현재 국립외교원 연구교수로 재직 중이다. 베이징대 방문학자, 동국대 겸임교수, 민주평화통일자문회의 상임위원, 북한연구학회 연구이사 등을 역임하였다. 대표적인 연구로는 『북한의 선군정치』(2019, 공저), "김정일 시대와 김정은 시대의 당군관계 특성 비교"(2018), "북한 김정은 시기 국가기구의 특징"(2019), "1980년대 초 북한 외교 환경 변화와 아웅산 테러"(2016) 등이 있다.

분쟁의 평화적 전환과 한반도: 비교평화연구의 이론과 실제

초판발행	2020년 10월 20일
중판발행	2021년 9월 10일
엮은이	서보혁·권영승
펴낸이	안종만·안상준
편 집	한두희
기획/마케팅	이영조
표지디자인	이미연
제 작	고철민·조영환
펴낸곳	(주)**박영사**
	서울특별시 금천구 가산디지털2로 53, 210호(가산동, 한라시그마밸리)
	등록 1959. 3. 11. 제300-1959-1호(倫)
전 화	02)733-6771
f a x	02)736-4818
e-mail	pys@pybook.co.kr
homepage	www.pybook.co.kr
ISBN	979-11-303-1079-4 93340

* 파본은 구입하신 곳에서 교환해 드립니다. 본서의 무단복제행위를 금합니다.
* 엮은이와 협의하여 인지첩부를 생략합니다.

정 가   19,000원